Eine Veröffentlichung von AMORC – die Rosenkreuzer
Der Alte und Mystische Orden vom Rosenkreuz
Verlag AMORC-Bücher
1. Auflage 2015

AMORC-Bücher
Lange Str. 69, D-76530 Baden-Baden
www.amorc-verlag.de * bav@amorc.de
ISBN 978-3-925972-19-5

Der Erlös aus dem Verkauf sämtlicher Produkte des Verlags AMORC-Bücher fließt ausschließlich in die Verbreitung der universalen Lehren der Rosenkreuzer, die von AMORC als authentischer Nachfolgeorganisation der historischen Rosenkreuzer bewahrt werden und in der Tradition der ältesten spirituellen Überlieferungen der Menschheit stehen.

die schönheit des höheren selbst

im zeichen des rosenkreuzes

die schönheit des höheren selbst

im zeichen des rosenkreuzes

INHALTSVERZEICHNIS

ANHANG

VORWORT

Es ist uns eine besondere Freude, anlässlich des 65. Geburtstags unseres verehrten Großmeisters Maximilian Neff einige Texte zu veröffentlichen, die er im Lauf des letzten Jahrzehnts geschrieben hat. Maximilian Neff ist seit fast 40 Jahren Mitglied bei AMORC, dem Alten und Mystischen Orden vom Rosenkreuz, und seit 15 Jahren Großmeister für die deutschsprachigen Länder. Er ist passionierter Rosenkreuzer und lebt die Lehren des AMORC auf authentische Weise, wie nur wenige dazu in der Lage sind. Die Tiefe seines Wissens und seiner Erfahrungen mit der spirituellen Tradition der Rosenkreuzer kommt in den hier vorliegenden Texten zum Ausdruck.

Ursprünglich waren diese Texte zunächst nur an Mitglieder des AMORC gerichtet und enthalten gewisse Elemente, die für das persönliche Studium auf dem spirituellen Weg im Zeichen des Rosenkreuzes von besonderer Bedeutung sind. Da die behandelten Themen üblicherweise dem Studierenden auf dem Rosenkreuzer-Pfad vorbehalten sind, hoffen wir, mit dieser Zusammenstellung für eine breitere Öffentlichkeit eine Auswahl an Texten getroffen zu haben, die auch für Außenstehende verständlich und für deren persönliche Entwicklung von Nutzen ist.

Jedem der einzelnen Texte ist eine besondere Meditation beigefügt, die im Zusammenhang mit der jeweils behandelten Thematik steht. Durch diese Meditationen können innere Erfahrungen erreicht werden, die allein durch Verstandestätigkeit nicht zugänglich sind. Daher finden Sie auch am Ende des Buches eine detaillierte Beschreibung über die Bedeutung und Durchführung einer Meditation, wie sie die authentischen Rosenkreuzer nach alter Tradition lehren. Es ist dabei zu empfehlen, sich schon vor Beginn der eigentlichen Lektüre der einzelnen Kapitel dieses Buches damit vertraut zu machen, was für ein besseres Verständnis dienlich ist. Durch die Meditation wird die Entfaltung der Seelenkräfte angeregt, die gerade in der heutigen Zeit allzu oft von der Hektik der äußeren Welt unterdrückt werden, für des Menschen spirituelle Entwicklung aber von hohem Wert sind.

So sind diese Meditationen gleichsam Schlüssel, die im Menschen tiefen inneren Frieden sowie eine Stärkung seines Geistes hervorrufen können. In diesem Sinne raten wir dem geneigten Leser, die Texte zunächst auf sich wirken zu lassen, dann aber auch – zu geeigneter Stunde, an einem ruhigen Ort – eine Meditation zum jeweiligen Thema vorzunehmen. Es hat sich gezeigt, dass die im Anschluss daran gemachten Notizen auch nach Jahren noch hilfreich sein können, um den eigenen Stand der Entwicklung zu begutachten und somit den eigenen Fortschritt auf dem mystischen Pfad besser beurteilen zu können.

In diesem Sinne wünschen wir eine erkenntnisreiche Lektüre und viele wertvolle Erfahrungen, die auf dem persönlichen Weg hilfreich sein mögen.

November 2014 Der Herausgeber

DAT ROSA MEL APIBUS.

ÜBER DIE SEELE ALS MYSTISCHE ROSE MEINES WESENS

Die Sprache der Symbole hat die Menschen zu allen Zeiten fasziniert, seien damit Zeichen gemeint, die etwas Bestimmtes darstellen sollen, seien es jene tiefgreifenden und umfassenden mystischen Symbole, die die rosenkreuzerische Tradition immer schon begleiteten. Ja mehr noch, sie sind das Wesen der mystischen Belehrungen, die einesteils einen psychischen Weg aufweisen, zugleich aber über die Psyche die spirituelle Ebene des Menschen anregen, bis hin zur kosmischen Ebene, welche die Heimat der mystischen Symbole ist.

Was ist die besondere Qualität der mystischen Symbole? Sie stellen etwas dar, das alle drei Ebenen des Menschen anspricht. Vom rein äußeren Verstehen her regen sie das Innere Selbst des Menschen an und können ihm den Weg zu höheren Erfahrungen frei machen. Es heißt, dass ein mystisches Symbol, wie sie die Lehren von AMORC vermitteln, unerschöpflich ist. Es überträgt seine Botschaft dem Menschen in jeder Phase seiner Entwicklung. Er selbst entscheidet, wann es für ihn erschöpft ist. Das Wort „Symbol" bedeutet soviel wie „etwas Zusammengefasstes". Auf ein mystisches Symbol ausgeweitet, bedeutet dies, dass in diesem Zeichen das gesamte Wesen einer Gegebenheit verborgen ist, in einer Fülle, wie es rein verbal nicht erschöpfend zum Ausdruck gebracht werden kann. Wenn man sich ein mystisches Symbol richtig erarbeiten möchte, so wird man nicht umhin können, neben der herkömmlichen Erarbeitung bis hin zur Betrachtung, darüber auch zu meditieren. Man unterscheidet dabei zwischen Symbolen, die kosmischen Grundmustern entsprechen, und Symbolen, die nach alter Tradition von Mystikern gestaltet worden sind, deren Bewusstsein von kosmischem Geist so durchdrungen war, dass sie es vermochten, mystische Bilder zu erstellen, die von besonders hoher Symbolkraft waren. Hierdurch inspirierten sie die Schatzkammer des Gedächtnisses, die dem Inneren Selbst zugehörig ist, Erfahrungen freizugeben, die wiederum den kosmischen Anteil im Menschen anregten, aus der kosmischen Schatzkammer des Gedächtnisses kosmische Grundwahrheiten freizugeben.

Von den einfachen mystischen Symbolen erfährt der Schüler des AMORC bereits zu Beginn seines Weges, wie zum Beispiel von der mystischen Bedeutung des Punktes, des Kreises, der zwei Säulen, des Dreiecks, des Quadrates, des Fünfecks (Pentagramm), des Sechsecks (Hexagramm) sowie des Siebenecks (Heptagramm), womit die grundlegendsten genannt sind. Alle weiteren Symbole bauen darauf auf.

Sie sind in der Tat kosmische Grundmuster und zeigen dem Menschen etwas vom Wesen der Schöpfung, von ihren Grundlagen, wie der Schöpfer sie verwandte, um die Schöpfung zu gestalten und mit jenen Attributen zu versehen, die sie ewig existieren lassen, bis der Schöpfer selbst entscheidet, sie wieder zurückzuziehen, wenn Zeit und Raum sich erfüllt haben.

Darüber hinaus gibt es symbolische Werke, Symbol-Denkmodelle, wie sie zur rosenkreuzerischen Tradition gehören, wie zum Beispiel der Lebensbaum oder der Tarot, die eine eigene überlieferte und unerschöpfliche rosenkreuzerische Tradition haben. Diese eröffnet sich dann, wenn die Pforten der höheren Schau erreicht sind, wie sie den Eingeweihten erwarten, wenn er dem Weg treu geblieben ist, Geduld bewiesen und die Schwelle des niederen Egos überschritten hat.

Von noch umfassenderer Bedeutung sind die großen allegorischen Werke, wie wir sie in den verschiedenen Darstellungen in der Genesis vorfinden, wie auch die Genesis im Gesamten. Auch die Rosenkreuzer kennen ein solch umfassendes allegorisches Werk, das wie ein großes Symbol den Einweihungsweg und die Lehre wiedergibt, wenn auch verschlüsselt und nur für denjenigen erfahrbar, der sich auf diesen mystischen Weg begibt: die „Fama Fraternitatis".

Es ist das erste rosenkreuzerische Manifest, das erstmals 1614 und 1615 in Deutschland öffentlich gemacht wurde. Bis in die jüngste Zeit hat unser Orden die Manifeste fortgesetzt; sie sind für jedermann erhältlich. Doch die Fama Fraternitatis erzählt die Geschichte eines Wesens, personifiziert als Bruder C.R., der mit fünf Jahren in ein Kloster gegeben wurde und sich von dort nach acht Jahren aufgemacht hat, um sich auf eine Reise zu begeben. Als er von seiner Reise, die ihn an bestimmte Ziele führte, mit unaussprechlichen Erfahrungen wieder zurückkehrte, war eine Lehre entstanden, die er ordnete und mit weiteren Brüdern ausarbeitete und verankerte. Er errichtete ein Gebäude, um diese Lehre aufzubewahren und für alle Zeiten zu schützen sowie für all jene lebendig zu erhalten, die in dieses Gebäude aufgenommen werden konnten. Hierfür mussten sie bereit sein, die darin befindlichen Räume kennen zu lernen und die in den jeweiligen Räumen aufbewahrten Geheimnisse, die symbolhaft dargestellt waren, zu entschlüsseln und damit ihre geistige Entwicklung soweit zu fördern, dass sie das Zentrum erreichen konnten. Dort sollen sich die letzten Geheimnisse offenbaren, sofern man dazu bereit ist.

Als Frater R.C. durch die Transition ging, wusste keiner von den Nachfolgern mehr, wo er begraben lag – bis eines Tages ein Bruder N.N. an dem Gebäude etwas verändern wollte und dadurch eine Messingtafel entdeckte, die mit einem Nagel am Mauerwerk befestigt war. Als er diesen Nagel herauszog, fiel Mauerwerk von der Wand, und es wurde eine verborgene Tür sichtbar sowie ein Raum dahinter, der von besonderer Beschaffenheit war. Er bestand aus sieben Wänden, alle mit charakteristischen Gegenständen versehen. Der Raum war lichtdurchflutet, obwohl nirgendwo eine Lichtquelle zu entdecken war. Im Zentrum des Raumes befand sich ein runder Altar, mit einem Messingplättchen belegt, das wiederum mit besonderen symbolischen Worten versehen war. Unter der Altarplatte aber, als man diese abnahm, „befand sich ein schöner und ruhmwürdiger

Leib, unversehret, und ohn alle Verwesung", mit allem Ornat und angelegten Dingen versehen. Über der freigelegten Tür zu diesem Raum stand in Latein geschrieben: „Post CXX Annos Patebo" („Nach 120 Jahren werde ich offenstehen").

Das zweite rosenkreuzerische Manifest berichtet davon, dass dieser R.C. 1378 geboren wurde und 106 Jahre alt war, als er verstarb. Da sein Grabmal nach 120 Jahren wieder entdeckt wurde, ist leicht zu errechnen, dass dies im Jahre 1604 gewesen ist.

Als 1614/1615 die Fama Fraternitatis erschien, erregte sie unter den Gelehrten damals viel Aufsehen, und so mancher gab zu erkennen, dieser Bruderschaft anzugehören oder Näheres zu wissen. Erstmals hörte man vom Orden R.C. Auch machte man sich auf die Suche nach diesem Gebäude und dem darin verborgenen Grabmal, und so mancher schien sich sicher, dieses auch gefunden zu haben. Andere wiederum errechneten sich aus diesen Zahlen durch übliche Addition eine persönliche Beziehung, um sich dadurch den Schein des Besonderen oder Mystischen zu geben. Das Ego der Menschen trieb seltsame Blüten – und dies bis heute.

Das ist nicht weiter verwunderlich, wenn man die Darstellungen und auch die Jahreszahlen wörtlich nimmt – ein Fehler, den die meisten Forscher schon in Bezug auf andere allegorische Werke gemacht haben, wie zum Beispiel bei der Genesis. Und sie tun es bis heute. Und doch vermischt sich manches Mal Symbolik mit zeitlichen Gegebenheiten, wie dies in der Regel bei Allegorien der Fall ist. In der Akademie Rosae Crucis wird in besonderen

Seminaren für die Oberen und Hochgrade die symbolische Bedeutung, vor allem auch dieser Zahlen, mündlich weitergegeben. Hier weiß man um deren tieferen Sinn, der mit zeitlichem Ablauf nur wenig zu tun hat, da es sich vielmehr um Stufen der Entwicklung des Bewusstseins handelt, bis hin zu den höchsten Erfahrungen. Überhaupt tut man gut daran, symbolische Zahlen nicht einfach aufzuaddieren, nach rein rationaler Rechenart. In der Mystik ist nun einmal zum Beispiel 3 x 50 nicht 150, sondern 3 x 50. Dies bedeutet, dass die 50 in drei verschiedenen Qualitäten dargestellt ist und bei 3 x 50 sich diese zu einem Ganzen vereinen. Würde man dies einfach aufaddieren und den Wert 150 erhalten, wäre der mystische Sinn verloren.

Die Bedeutung der Fama Fraternitatis für den rosenkreuzerischen Weg ist grundlegend. Sie kann aber nicht erfasst werden, wenn man nicht in der erforderlichen Weise darin eingeführt wurde. Es ist hier wie mit vielen anderen symbolischen Werken, dass, wie es heißt, das eigentliche rosenkreuzerische Wissen niemals in Büchern niedergeschrieben wurde. Und dies nicht, um etwas vorzuenthalten, sondern weil die Schrift selbst nicht ausreicht, innere Erfahrungen zu erklären. Es muss die persönliche Erfahrung hinzukommen, sodass sie einen persönlichen Wert erhält. Der wahre Gehalt und dessen Geheimnisse eröffnen sich durch die Arbeit an sich selbst. Dies gehört zur menschlichen Natur.

Das Erscheinen der Fama Fraternitatis zu Beginn des 17. Jahrhunderts weist auch keineswegs auf das Entstehen der in ihr enthaltenen Allegorie hin, denn diese ist weit älter als aus der Zeit, in der sie bekannt wurde. Sie gelangte damals lediglich erstmals an die Öffentlichkeit, was einfach andeutete, dass sich ein Zyklus vollendete. Es ist auch hier wie mit dem rosenkreuzerischen Einweihungsweg, der nach alter Tradition bis heute in Stufen verläuft, durch die man zu sich selbst und zu den höheren Ebenen seines Wesens geführt werden kann, um jene geistigen Wahrheiten zu erfahren, die man ohne diese Stufen der spirituellen Entwicklung nicht erfassen könnte.

Wenn die Stufen der rosenkreuzerischen Entwicklung durchlaufen sind, werden sich auch die symbolische Bedeutung des R.C. offenbaren und die damit verbundenen alles erneuernden Weisheiten freigegeben. Die Kosmischen Instanzen auf der spirituellen Ebene, in der sich das Geistige Zentrum des Ordens befindet, werden dafür Sorge tragen, dass diese Weisheiten sich dann eröffnen, wenn die Zeit dafür gekommen ist. Sodann werden die symbolischen 120 Jahre erfüllt sein, ganz gleich, wie viele irdische Jahre vergangen sind. Dann wird der Mensch in seiner Entwicklung dort angekommen sein, wo sich die höchste Erfahrung offenbart. Alle anders lautenden Aussagen darüber mögen zwar verlockend sein, drängen aber lediglich den Ungeduldigen, der nicht ausharren mag. Doch ist es gerade die Geduld, die einen Studierenden der Mystik auszeichnet – und das Vertrauen. Denn nichts geht verloren, so heißt es. All die Dinge werden offenbart werden; Ungeduld kann dies lediglich verzögern, ja oft sogar verhindern.

Wie Frater C.R. mag man sich ebenfalls auf die Reise begeben, die bereits vorgegeben ist. Es ist schließlich die Reise, die dafür sorgt, dass dieses Ziel erreicht werden kann – und die Art und Weise, wie man sich auf diese

Reise macht. Ein Schüler des AMORC hat es dabei relativ einfach, denn es werden ihm die Stationen der Reise durch die Grade und die Initiationen vorgegeben. Und wenn er einmal die Oberen und die Hochgrade erreichen sollte, ist er selbst dabei, jenes persönliche geistige Gebäude für seine Höher-Entwicklung zu errichten, von dem auch die Fama berichtet. Dieses Gebäude entsteht in dem Maße, wie der Studierende selbst ernsthaft an dessen Errichtung herangeht. Und wenn dann die Räume in diesem Gebäude errichtet sind, zieht auch das Geistige des jeweiligen Raumes mit ein und bleibt dort verborgen, bis all dies in diesem Raum erarbeitet und erfahren wurde, sodass das Geistige erkennbar wird. Der Zeitpunkt wird kommen, an dem die verborgene Tür entdeckt wird – und das dahinter liegende Gewölbe mit den merkwürdigen Eigenschaften. Und so, wie sich daraufhin in dem mystischen Wanderer und Entdecker jene unbeschreibliche Freude ausbreiten wird, wird auch das Innere voll tiefer Freude sein, denn wieder ist jemand heimgekehrt, hat sein geistiges Universum entdeckt und schließlich das, was das Universum belebt. Wer ausharrt, der wird schließlich belohnt werden; durch eine Belohnung, die mit irdischen Gütern nicht darstellbar ist. Dies war zu allen Zeiten so. Die höhere innere Instanz in uns weiß, wann die Zeit gekommen ist; der äußere Mensch kann dies erahnen, wenn er bereit ist, seine äußeren, zeitlich erdachten Vorgaben aufzugeben. Schließlich ist es diese höhere innere Instanz in uns, welche unsere Entwicklungsstufen genauestens kennt.

In den letzten Tagen des Monats Juni bereiten wir uns auf das „Fest der Rose" vor. Es sind jene Tage, an denen man der symbolischen Rose, wie sie sich im Rosenkreuz wiederfindet, gedenkt. Sie symbolisiert die bewusste Erfahrung und das Erwachen der Seelen-Persönlichkeit im Menschen, in ihren fünf Phasen der Entwicklung. Möge diese symbolische Rose Kraft und Einsicht vermitteln und jene Impulse, die weiter voranschreiten lassen auf dem persönlichen mystischen Pfad des Rosenkreuzes, sodass sich das Bewusstsein weiter veredeln kann.

Mit den besten Wünschen für wahren, inneren Frieden.

Es sei im Anschluss dieser Ausführung eine Meditation über die mystische Bedeutung der Rose empfohlen. Zuvor sollten Sie notieren, was Sie unter der persönlichen mystischen Rose verstehen. Denken Sie dann darüber nach und vervollständigen damit Ihre Notizen.

MEDITATION

„Ich bitte
um eine Erfahrung
über die mystische
Rose meines
Wesens“

Für die Meditation empfehlen wir, sich folgende Bitte zurechtzulegen, was auch mit eigenen Worten geschehen kann: „Ich bitte um eine Erfahrung über die mystische Rose meines Wesens!"

Nachdem man seine Notizen beendet hat, entzünde man einen Moosrose-Räucherkegel und sodann die Kerze. Dann nehme man die Übung zur Harmonisierung des Bewusstseins vor. Dann entlasse man all seine Gedanken und lasse nur noch die Frage bzw. Bitte vor seinem inneren Bildschirm erscheinen, die man für die Meditation vorbereitet hat. Schließlich entlasse man auch diese und bitte den Gott seines Herzens, über einen zu verfügen, wie ER dies für richtig hält. Dann trete man frei von allen Gedanken ein in die Große Stille.

Man beende diese Stille dann nach etwa sieben Minuten und achte auf die Eindrücke, die kamen oder noch kommen können. Anschließend bedanke man sich dafür bei dem Gott seines Herzens und beende die Meditation. Die Antworten, die nun kommen wollen, sollte man sich notieren.

VERTRAUEN IN DEN PERSÖNLICHEN WEG

Für das Vertrauen sind auf dem mystischen Pfad gerade die Übungen von großer Bedeutung, denn sie sind wie kleine Schlüssel, die etwas öffnen und die noch verborgenen und brach liegenden Fähigkeiten anregen.

Seien Sie dabei nicht ungeduldig, wenn eine Übung noch nicht so recht gelingen mag. Gerade bei mystischen Übungen der höheren Grade kann die Wirkung nicht immer äußerlich erkannt werden.

Trotzdem ist es wichtig, dass man sie durchführt, denn sie sind für das Unterbewusstsein in Verbindung mit der subjektiven Phase des Oberbewusstseins nie nutzlos. Immer wirken sie anregend, und es vergeht oft eine geraume Zeit, bis man ihren Wert wirklich erkennen kann. Manches Mal braucht es für eine äußerlich erkennbare Wirkung einen Weg dorthin, und dieser Weg ist das Üben. Der beste Platz für diese Übungen ist dabei das Heimsanktuarium. Dies ist vor allem dann wichtig, wenn man diese Übung erstmals durchführt. Später kann ein anderer ruhiger Platz, an den man sich ungestört zurückziehen kann, ausreichen. Wenn man dabei eine Kerze entzünden kann, so wird dies für das Bewusstsein anregend sein.

Das Heimsanktuarium aber sollte für jeden Studierenden der wichtigste Platz für den rosenkreuzerischen Weg sein. Hier kann das Bewusstsein sich am leichtesten abstimmen und auch in Verbindung mit den höheren Bewusstseins-Ebenen treten. Es hat schon seinen tiefen Grund, wenn es heißt, dass die Monografien nicht für das rein intellektuelle Studium am Schreibtisch verfertigt sind, denn sie dienen nicht nur als reine Wissens-Beschaffer. Vielmehr sind sie ein Leitfaden, der einerseits das Äußere Bewusstsein mit dem erforderlichen Grundwissen ausstattet, auf der anderen Seite aber das Bewusstsein von Grad zu Grad für das verborgene Wissen vorbereitet und es darin einführt. Der schon fortgeschrittene Studierende wird erkannt haben, dass jeder Studiengrad ein exoterisches Wissen und ein esoterisches Wissen beinhaltet. Man mag sich dabei aber die Frage stellen, was denn der Unterschied zwischen dem exoterischen und dem esoterischen Wissen sei. Wenn man berücksichtigt, wie man – und dies nicht ganz schadenfrei – mit dem Begriff „Esoterik" umgeht, so tut Aufklärung von Zeit zu Zeit in der Tat Not. Eigentlich, wenn für Literatur geworben wird, die als „esoterische Literatur" bezeichnet wird, ist dies in der Regel keine. Damit wird zumeist lediglich jene Literatur bezeichnet, die kein wissenschaftlich fundiertes Wissen anbietet, sondern von jenem Wissen berichtet, das entweder auf Überlieferung oder auf den persönlichen Erkenntnissen eines Menschen basiert und das auf Mensch, Natur und Kosmos ausgerichtet ist – ein Wissen, das man sonst auf herkömmliche Weise nicht kennt. Esoterik aber ist nach der rosenkreuzerischen Tradition ganz etwas anderes.

Selbst die Monografien kann man noch nicht in ihrer herkömmlichen Schriftform als „Esoterik" bezeichnen. Esoterisch werden sie erst in ihrer ganz einzigartigen, auf alter Tradition basierenden Wirkung, die sie beim Erarbeiten des Inhalts hervorrufen, und durch die auf inneren Erfahrungen basierenden Erkenntnisse, die aus der mystisch-spirituellen Ebene des menschlichen Bewusstseins fließen. Es sind jene Erfahrungen, die durch sorgsame Führung des Bewusstseins ausgelöst werden und dem Menschen zeigen, dass die Welt geistiger Natur ist. Jene geistige Natur aber hat in ihren Erfahrungsbereichen eine genauestens aufgebaute geistige Hierarchie. Diese Hierarchie reicht von den physisch-psychischen Erfahrungen des Menschen über die psychisch-spirituellen oder kosmischen bis zur höchsten Erfahrung des Göttlichen. Es sind hiermit Erfahrungen gemeint, die eigentlich gar nicht verbal dargestellt werden können – und wenn, dann recht unzureichend, denn die verbale menschliche Sprache würde für die Darstellung dieser Erfahrungen nicht ausreichen. Wenn es heißt, dass Mensch und Natur – die gesamte Schöpfung also – im Grunde geistiger Natur sind, und dass die irdischen Wahrnehmungen nur ein kleiner Anteil davon sind, so kommen wir der Struktur von Mensch, Natur und folglich der Schöpfung schon sehr nahe.

Durch die entsprechend dargestellten Themen in den einzelnen Graden und die damit verbundenen Übungen und Abstimmungen nimmt der auf dem mystischen Pfade sich befindende Studierende Verbindung zu den höheren Ebenen auf und festigt diese Verbindung immer mehr. Im Grunde festigt er damit sein Bewusstsein und erneuert seinen Bund mit dem Inneren Selbst, wie das Innere Bewusstsein auch bezeichnet werden kann und wodurch er seine Erfahrungen mit der Kosmischen und der Göttlichen Ebene machen kann. Für den Mystiker bedeutet Ganzheitlichkeit des Menschen, dass er seine Bewusstseinsebenen neu erkennt und sie auch wieder neu miteinander verbindet. Dies ist das eigentliche Geheimnis wirklicher Entwicklung. Alle ernst zu nehmenden wirklichen Geistesgrößen, die große Persönlichkeiten waren, hatten eine gute Verbindung mit den in ihnen befindlichen höheren Ebenen des Bewusstseins bis hinauf zu den göttlichen Erfahrungen. Dies ist wohl auch der Grund gewesen, warum wirklich große und schöpferische Persönlichkeiten immer von der Präsenz des Göttlichen im Menschen und in der Schöpfung überzeugt waren. Sie waren es nicht deshalb, weil es ihnen jemand sagte, sondern durch eigene Erfahrungen.

Entsprechend sagt auch AMORC von seinen Lehren und seinem Weg, dass es ein Weg der praktischen Mystik sei – das heißt, eine Mystik, die auch angewandt werden kann und sich nicht nur im abstrakten Raum befindet.

Aus ihrer Abstraktheit herausgenommen, dienen die Übungen und die verschiedenen empfohlenen Anwendungen dem Studierenden nicht nur zur Erweckung seiner geistigen Fähigkeiten; sie geben ihm auch die Möglichkeit, sich das, was er studiert, zu beweisen. Diese Beweise durch die Erfahrungen aus den Übungen und Abstimmungen heraus geben ihm die Gewissheit, dass etwas wirklich so ist, was sein Äußeres Bewusstsein ungemein bestärkt. Er weiß nicht nur aus rein logischen Schlussfolgerungen, die lediglich sein intellektuelles Gemüt befriedigen würden, sondern durch Erfahrungen.

Dabei ist eine der wichtigsten Erfahrungen, dass nichts, was nicht mit dem Inneren Selbst als Partner entstanden ist, wirklich Bestand hat. Dies gibt ihm eine ungemeine Festigung. Diese Festigung wiederum ist eine notwendige Grundlage für seinen weiteren Weg. In den Oberen Graden sind die Erfahrungen der Übungen der unteren Grade von großer Bedeutung, denn sie bauen darauf auf. Das heißt, dass die Übungen der Oberen Grade umso leichter gelingen werden, je mehr man sich den früheren Übungen gewidmet hat.

Eigentlich – so sagte ein Studierender einmal, der in den Hochgraden angekommen war – sind all unsere Übungen recht leicht und einfach gehalten. Oft erkennt man dies aber erst hinterher. Zum Gelingen bedarf es allerdings einer großen Eigenschaft, die ein Studierender auf dem RC-Wege haben sollte, und dies ist Vertrauen.

Vertrauen

Einesteils braucht man vor allem Vertrauen in sich selbst, andererseits aber auch Vertrauen in den eingeschlagenen rosenkreuzerischen Weg. Beide zusammen wiederum bilden eine starke Brücke zu den höheren Erfahrungen. Vertrauen aber ist keine Eigenschaft, die von selbst daher kommt, sondern muss erst einmal gebildet werden. Am besten wird Vertrauen durch Erfahrungen erworben. Diese wiederum bilden sich am besten durch Übungen und die Abstimmungen.

Vom Wert der Abstimmung

Insbesondere sind auch die Abstimmungen für den rosenkreuzerischen Weg von Bedeutung, denn durch sie erst beginnt man die tiefere Bedeutung eines jeden Themas zu verstehen. Abstimmungen sind Einstimmungen des Bewusstseins, die das Bewusstsein unbedingt braucht. Denn dadurch kann es sich auf das ausrichten, was es schließlich ergreifen und begreifen soll. Für das mystische Verstehen ist dies beinahe unabdingbar, denn die innere Welt zu verstehen und daran stark zu werden und schließlich zu einem schöpferischen und kreativen Menschen im Sinne des Schöpfers zu werden – dies ist ohne die Beteiligung des Inneren Selbst nicht möglich.

Für den Studierenden gibt es vier verschiedene Formen der mystischen Abstimmung, die nach alter Tradition bis heute unverändert gelten:

Es ist eine alte Erfahrung, dass der Tag ganz anders verläuft, wenn man sich auf ihn vorbereitet; wenn man sich auf ihn eingestimmt und dadurch sich auch bewusst gemacht hat, was man von diesem Tag erwartet. Ein solcher Tag wird anders verlaufen als ohne eine solche Vorbereitung. Sicherlich wird er nicht immer so verlaufen, wie der äußere Mensch dies genau möchte. Schließlich ist es der innere Mensch, der in der Regel besser weiß, was an diesem Tag notwendig ist. Dennoch hat man durch seine Einstimmung seine äußeren und seine inneren Sinne darauf ausgerichtet, diesem Tag zu begegnen und ihm das zu entnehmen, was für einen bestimmt ist. Wie viele Dinge finden an einem Tag statt, die für einen bestimmt sein sollten, die man aber gar nicht bemerkt und die so an einem vorbeiziehen. Die bewusste Einstimmung in einen Tag aber wird dies verändern und das Bewusstsein dahingehend stimulieren.

Dies gilt auch für das bewusste Hinübergleiten in die Nacht und damit in den Schlaf. Von so manchen Studierenden kann man in ihren Briefen an das Studien-Kollegium lesen, wie verändert ihr Schlaf und ihre Träume geworden sind, seitdem sie beherzigen, sich bewusst in den Schlaf zu begeben.

Dies bedeutet, bevor man in den Schlaf geht, den Tag noch einmal bewusst in umgekehrter Reihenfolge vorüberziehen zu lassen, die Ereignisse zu betrachten, festzuhalten, was von Bedeutung war, und sich dann ganz bewusst zu verabschieden in den Schlaf.

Dabei bedanke man sich beim Gott seines Herzens für alles, was man erleben durfte, und bitte die Kosmischen Meister, die über einen wachen, um ihren Segen, ihren Schutz und ihre Führung für die Nacht. Die Folge wird sein, dass der Schlaf wesentlich erholsamer sein wird und die Träume erbaulicher und nicht so bedrückend.

Der kürzlich an alle unsere Studierenden vom Imperator herausgegebene „Lebens-Kodex eines Rosenkreuzers" gibt hierzu ausgezeichnete Hinweise. Man sollte sich diesen wirklich gut verinnerlichen, denn die darin enthaltenen Gebote sind die Basis rosenkreuzerischen Verhaltens in den verschiedenen Lebenssituationen.

Abstimmung ist auch von Bedeutung, wenn man sich auf ein wichtiges Ereignis vorbereitet. Immer sollte man dabei sein Bewusstsein entsprechend ausrichten und um Schutz und Führung aus dem kosmischen Raum bitten.

○ Die zweite Form

Abstimmungen begleiten auch den mystischen Weg, wie es der Rosenkreuzer-Weg ist. Dies geschieht vor allem durch die Einrichtung eines Heim-Sanktuariums, wie es schon zu Beginn der Mitgliedschaft empfohlen wird; man sollte es regelmäßig aufsuchen. Zusammen mit den entsprechenden traditionellen Ritualgegenständen wie den Kerzen, dem Weihrauch, dem Spiegel sowie dem Neophyten- bzw. dem Rosenkreuz kann hier der harmonischste und zugleich kraftvollste Ort für den Studierenden des Rosenkreuzes entstehen, den man, nachdem die ersten Erfahrungen gemacht wurden, nicht mehr missen möchte. Hier ist der Studierende zuhause, bei sich selbst. Hier, in der immer stärker vertrauten Umgebung, findet auch die Abstimmung mit dem „Kosmischen Sanktum", dem große Quell seines rosenkreuzerischen Weges, statt. Dort knüpft er seine Verbindungen zur höheren Ebene, von denen er zugleich für seinen Weg gekräftigt, aber auch angeregt wird. Es ist auch der Ort des Studiums der Monografien, die dort ihr Geheimnis lüften und das freigeben, was sich zwischen den Zeilen befindet und dann erkannt werden kann, wenn in kontemplativem Zustand des Bewusstseins das Innere beginnt, seine Erfahrungen freizugeben.

Die dritte Form

Die nächst wichtige Form ist die Abstimmung durch die Rituale des Ordens, zusammen mit den anderen Brüdern und Schwestern – sei es die gemeinsame Abstimmung auf das Kosmische Sanktum im Atrium, seien es die Rituale eines Pronaos, eines Kapitels oder einer Loge. Diese „Konvokationen", wie sie genannt werden, stimulieren das Bewusstsein, sich auf die höhere Ebene aus dem kosmischen Raum einzustellen und so das Bewusstsein zu bereichern für das Leben und die Erfahrungen in dieser Inkarnation. Geistig vereint mit allen Brüdern und Schwestern, gliedert man sich hier in ganz besonderer Form in den Egregor des Ordens ein, in dem alle Brüder und Schwestern miteinander verbunden sind, auch mit den Meistern der Vergangenheit auf beiden Ebenen. Es ist ein Ort der Angleichung an die kosmischen Kräfte, die wiederum bereichernd auf den rosenkreuzerischen Weg wirken.

□ Die vierte Form

Die höchste Form der rosenkreuzerischen Abstimmung ist die Initiation. Sie hat eine wegweisende Funktion und bereitet den Studierenden auf die Botschaft des folgenden Grades vor. Man könnte eine Initiation auch als eine mystische Pforte bezeichnen, durch die man schreitet und bei der man alles Notwendige erhält, um das Thema des nachfolgenden Grades nicht nur intellektuell, sondern auch psychisch und spirituell aufnehmen zu können.

☆

Wenn dann der Studierende auf dem rosenkreuzerischen Pfade in der Tat zu einem Eingeweihten des R. C. geworden ist, so ist er bereit für die höchste und edelste Form der Abstimmung, die alle anderen mit einschließt und als das „Summum Bonum" bezeichnet werden kann, als die Stufe der höchsten Erleuchtung, die aber nur aus dem geistigen Raum erteilt werden kann. So ist er in die Halle der Erleuchteten eingegangen, die ihn zum Höchsten befähigt, was für einen Menschen erreichbar ist und nur wenigen zuteil wird.

Wenn es dem Studierenden auf dem rosenkreuzerischen Weg aber gelingt, die vier verschiedenen Formen der Abstimmung zu beherzigen, die ihm angeboten werden, so hat er in der Tat das beste Rüstzeug für seine Lebenssituationen in der Hand, das ihn stark macht gegen abträgliche Einflüsse und das seine drei Ebenen, auf denen sich das Bewusstsein manifestiert, verbindet und eint. Denn eines der wichtigsten Dinge, die es für den Pfad des Rosenkreuzes zu erreichen gilt, ist, in Harmonie mit diesen drei Ebenen zu kommen: mit der physischen, der psychischen und der damit verbundenen spirituellen Ebene. Hat er dies erreicht, so ist er bestens für alle Situationen gerüstet.

Dies ist auch der Ausgangspunkt, um von einem Studierenden der Mystik zu einem Mystiker zu reifen. Von dieser Form der Harmonie ist in vielen rosenkreuzerischen Schriften immer wieder die Rede. Keine Harmonie des Stillstandes ist hiermit gemeint, sondern vielmehr jener Einklang, der erst jene Erfahrungen ermöglicht, die zu einem erfüllten Leben führen.

Für die Sommerzeit, verehrte Studierende, verehrter Studierender auf dem rosenkreuzerischen Wege, wünsche ich Ihnen von Herzen, dass Sie diesen Einklang erreichen mögen, der für unsere Lebensgestaltung so wichtig ist. Mögen die Ferientage mit dazu beitragen und wahrer, innerer Friede Sie dabei stets begleiten.

Eine Übung zur Ferienzeit

Ferienzeit ist die Zeit, in der man wieder mehr zu sich selbst kommen sollte. Es ist eine Zeit, in der man Neues entdecken will, aber zugleich auch zur Entspannung kommen soll, von den Alltagslasten, von denen man das ganze Jahr über eingenommen ist.

Auf Reisen gehen, Neues entdecken, um seinem Bewusstsein neue Eindrücke zu übermitteln und dieses somit zu stärken und für andere Einflüsse empfänglich zu machen – auch dies alles gehört zur Entspannung, da man sich von den das ganze Jahr über vorgegebenen Schranken des Alltags befreit.

Es ist aber unwesentlich, wie weit man reist, denn nicht nur eine große Auslandsreise, auch der kleine Ausflug in die nähere Umgebung kann so viele neue Eindrücke bringen, wenn man nur bereit ist, dies bewusst zu erleben.

Bewusst zu leben aber beginnt stets mit kleinen Schritten, und immer bei sich selbst, ganz gleich, wo man sich befindet.

Übung zur Steigerung des Bewusstseins

Wir empfehlen Ihnen eine Bewusstseins-Übung, die Ihnen helfen soll, ganz bewusst und frei von fremden Gedankeneinflüssen zu werden.

Die Kunst des bewussten Erlebens liegt vor allem darin, sich in dem Moment des Erlebens mit seinen Gedanken und seinem Bewusstsein nur dort zu befinden und nirgends sonst. Dies ist auch das Geheimnis des Gelingens von Übungen und Abstimmungen. Der Erfolg von Übungen und Abstimmungen hängt ganz wesentlich davon ab, wie sehr Sie mit Ihrem Bewusstsein und den damit verbundenen Gedanken dabei sind und somit Gedanken und Bewusstsein nicht abschweifen lassen. Schließlich sollte man geübt sein, so zu leben, als ob nur das Jetzt Gültigkeit hat und nichts anderes – indem sich Vergangenheit, Gegenwart und Zukunft zu einem absoluten Jetzt fokussieren.

Diese Übung eignet sich sehr gut für die Durchführung im Freien, kann aber notfalls auch zuhause durchgeführt werden. Am besten ist es, einen Platz zu finden, der neu für Sie ist, an dem Sie sich aber wohlfühlen. Darüber hinaus sollte man dafür sorgen, ungestört zu sein.

Wenn Sie dementsprechend vorbereitet sind, sollten Sie sich an einen dafür vorgesehenen Platz setzen, an dem es Ihnen möglich ist, wie auf einem Stuhl die Füße getrennt voneinander auf den Boden zu setzen, sodass die positive Energie so ungestört wie möglich fließen kann. Die Hände sollen dabei – mit den Handflächen nach unten – auf den Oberschenkeln ruhen. Nehmen Sie dann die Übung zur Harmonisierung Ihres Bewusstseins vor, indem Sie zuerst dreimal tief einatmen, den Atem dann etwas anhalten und kräftig, aber locker wieder ausatmen. Dann atme man ganz normal ein und aus und wandere mit seinem Bewusstsein zuerst durch den Körper, von den Fußsohlen bis zu den Haarspitzen.

Wenn Sie dann diese Übung durchgeführt haben, bei den Haarspitzen angekommen sind und sich bei dem Gott Ihres Herzens dafür bedankt haben, erheben Sie sich und setzen, so bewusst wie möglich, einen Schritt nach dem anderen. Seien Sie bemüht, nichts anderes zu tun und zu denken, als einen Schritt vor den anderen zu setzen. Denken Sie dabei an nichts anderes als nur an diesen Schritt, den Sie gerade tun. Lassen Sie dabei all Ihre anderen Gedanken beiseite. Wenn Sie dann den ersten Schritt getan haben, so vollziehen Sie den nächsten und denken dabei an nichts anderes. Nach etwa sieben Schritten können Sie diese Übung wieder beenden und andere Gedanken zulassen.

Diese Übung dient zur Stärkung Ihres Bewusstseins im Jetzt, in dem man sich gerade befindet. Ein Mangel in dieser Hinsicht ist in der Regel das größte Hindernis bei Übungen, aber auch bei Lebenssituationen, um diese zu meistern. Gerade heute, in einer Zeit, in der die Menschen ständig von nie gekannten Einflüssen umgeben sind, ist dies von Bedeutung geworden. Für alle Übungen gilt, dass der Erfolg vor allem davon abhängig ist, inwieweit man es vermag, sein Bewusstsein auf die Übung auszurichten. Es ist eine Schwäche des Menschen, dass er mit seinen Gedanken ständig umher schwirrt, während er aber bewusst bei einer Sache sein sollte. Die Übung mit dem bewussten Voransetzen von Schritten hat zur Folge, wenn wir diese öfter durchführen, dass unser Bewusstsein dahingehend trainiert wird, im Hier und Jetzt, in der gegenwärtigen Situation und im gegenwärtigen Tun zu verweilen und nicht abzuschweifen.

Wir wünschen Ihnen ein gutes Gelingen dabei.

MEDITATION

„Wie erhalte ich mehr Vertrauen in meinen Weg?“

Wir empfehlen eine Meditation über den Sinn des Vertrauens. In der vorausgegangenen Botschaft wurde bereits darauf eingegangen. Zuvor sollten Sie notieren, was Sie darunter verstehen.

Für die Meditation empfehlen wir, sich folgende Frage zurechtzulegen, was auch mit eigenen Worten geschehen kann: „Wie erhalte ich mehr Vertrauen in meinen Weg?"

Nachdem man seine Notizen beendet hat, entzünde man den Moosrose-Räucherkegel und sodann die Kerze. Dann nehme man die Übung zur Harmonisierung des Bewusstseins vor.

Dann entlasse man all seine Gedanken und lasse nur noch die Frage vor seinem inneren Bildschirm erscheinen, die man für die Meditation vorbereitet hat. Schließlich entlasse man auch diese und bitte den Gott seines Herzens, über einen zu verfügen, wie ER dies für richtig hält. Dann trete man frei von allen Gedanken ein in die Große Stille.

Man beende diese Stille dann nach etwa sieben Minuten und achte auf die Eindrücke, die kamen oder noch kommen können. Anschließend bedanke man sich dafür bei dem Gott seines Herzens und beende die Meditation. Die Antworten, die nun kommen wollen, sollte man sich notieren.

VON DER NATUR DER GOTTESVORSTELLUNG

Es gibt einige grundlegende Fragen, die gestellt werden, wenn jemand um Aufnahme in den AMORC bittet. Eine dieser Fragen, bei der man geneigt ist, sie als die leichteste unter ihnen anzusehen, lautet:

„Glauben Sie an eine höhere, schöpferische Existenz?"

In der Regel ist die Antwort ein einfaches „Ja". Doch ist diese Frage von tiefgreifender Bedeutung für das rosenkreuzerische Studium.

Wendet man sich dieser Frage noch einmal zu, nachdem man bereits den Einweihungspfad des Rosenkreuzes eine Weile beschritten hat, so lässt sich dieser Frage hinzufügen:

„Wie stelle ich mir diese höhere, schöpferische Existenz vor?"

Oder noch besser:

„Welche Vorstellung einer höheren, schöpferischen Existenz trage ich in meinem Herzen?"

Spätestens hier wird ein Bild in uns auftauchen, das uns unserer tief in uns verborgenen Vorstellung von einer höheren, schöpferischen Existenz näherbringt.

In der Tat tragen die Menschen eine Vorstellung dieser höheren, schöpferischen Existenz in sich, doch sind sie sich dieses inneren Bildes gar nicht richtig bewusst. Dies gilt nicht nur für dieses Bild, sondern auch für so viele andere, die Menschen in ihrem Herzen tragen, ohne dass sie sich dessen so recht bewusst geworden sind. Die inneren geistigen Bilder aber sind es, die die Menschen in ihrem Denken und Handeln leiten. Sie sind die Grundlage ihrer Meinungsbildung und Einschätzung der verschiedenen Lebens-Situationen, und es sind die verborgenen Leitbilder der Menschen bei ihrer Entwicklung der Seelen-Persönlichkeit.

In den verschiedenen Conclaven und Seminaren der Großloge wird diese Frage hin und wieder gestellt, und die Brüder und Schwestern besinnen sich vor allem darauf, was für ein Gottesbild sie in sich tragen. Damit ist im Grunde nicht jenes Bild gemeint, das man durch die Gabe der Visualisation gezielt in sich erstehen lässt. Es ist kein Bild der äußeren Vorstellung, das heißt jener, die uns sofort zugänglich wird. Die hohe Gabe der Visualisation, wofür wir bereits Übungen in den Atriumgraden vorfinden, dient mehr dazu, die Fähigkeit zu entwickeln, geistige Bilder zu erzeugen.

Mit den inneren Bildern aber, die Menschen so mit sich herumtragen, sind jene gemeint, die durch die Erfahrungen während der Inkarnationen und der geistigen Entwicklung im Unterbewusstsein entstanden sind, welche uns zumeist unbewusst leiten. Dabei ist das wichtigste erstandene Bild überhaupt, überragend gegenüber allen anderen, das Gottesbild in uns, begleitet von den Bildern über die höhere Existenz in uns und im geistigen Universum. Das dritte und wichtigste Bild in dieser Aufteilung ist jenes, das wir über diese Welt im Allgemeinen in uns tragen. All dies sind Grundpfeiler unserer Persönlichkeit.

Das Gottesbild ist deshalb so überragend gegenüber den anderen Bildern in uns, weil alle anderen Bilder und die von ihnen begleiteten inneren Gedanken davon geleitet werden.

Darum ist es von großer Bedeutung, sich hin und wieder diese Frage zu stellen und herauszufinden, inwieweit sich die entsprechenden Bilder in uns gegenüber unserer nachvollziehbaren Vergangenheit geändert haben.

Es sind die inneren Bilder und die inneren Gedanken, von denen wir geleitet werden. Diese begleiten uns ständig und tragen zu unseren Einschätzungen der verschiedenen Lebenssituationen in hohem Maße bei. Jeder Mensch trägt ein gewisses Gottes-Verständnis in sich, ganz gleich, ob er einer oder welcher Religion er zugehörig ist. Zumindest ist es die innere Vorstellung jeder Art von Höherwertigkeit, welche wiederum die verschiedensten Ausmaße haben kann.

Wenn sie sich jetzt gerade, während Sie diese Zeilen lesen, in einer ruhigen, harmonischen Umgebung befinden – am geeignetsten für diese Botschaften ist das Heimsanktuarium –, so achten Sie einmal darauf, welches innere Bild in Ihnen entsteht, wenn Sie an die Vorstellung einer höheren, schöpferischen Existenz denken. Halten Sie dieses Bild fest, am besten, indem Sie sich Notizen oder eine entsprechende Zeichnung machen, und denken Sie anschließend darüber nach, was dieses Bild für Sie bedeutet. Sie werden durch höchste Erkenntnisse über sich selbst sowie durch Vorstellungen von den höheren Dingen bereichert werden.

Dem Menschen sind in der Tat großartige Fähigkeiten mitgegeben worden, um dem Auftrag gerecht zu werden, diese Welt zu hegen und zu pflegen und die Verbindung mit dem Göttlichen zu erneuern. Es sind Eigenschaften, die keiner anderen Kreatur auf dem irdischen Plan zu eigen sind, so achtungsvoll auch unsere Vorstellung von den anderen Kreaturen der Tier- und Pflanzenwelt sein sollte.

Wenn uns die Genesis im Alten Testament der Bibel berichtet, dass GOTT den Menschen in diese Welt gesetzt hat, um diese zu hegen und zu pflegen, so zeigt dies auch die hohe Verantwortung, die er ihm dadurch aufgetragen hat. Wie die Menschen damit umgehen, können wir jeden Tag erleben.

Zuerst aber verändern wir die Welt in uns, so sagen unsere Lehren weiter, denn der Mensch trägt das Bild dieser Welt in sich, das sich einerseits durch seine Entwicklung ständig formt, andererseits aber verbunden ist mit dem Zustand dieser Welt im Allgemeinen.

Jene Fähigkeiten, die vor allem dem Menschen eigen sind, sind die der bewussten Visualisation sowie der Gedankenbildung und die daraus hervorgehende Verstandes-Entwicklung, woraus sich wiederum die Vernunft bildet. Die Gabe der Visualisation befähigt den Menschen, Bilder zu erzeugen, die vom Unterbewusstsein aufgenommen werden und dieses zu veranlassen, sie zu verwirklichen, so, wie es der Entwicklung des Menschen, der diese Visualisation vornimmt, entspricht. Einem Studierenden des Rosenkreuzes wird empfohlen, sich hierin zu üben. Er sollte dies stets tun mit der Schlussformel:

„Es möge geschehen, so, wie es die Kosmischen Meister für richtig halten."

Dann kann er davon ausgehen, dass die erzeugten Bilder stets den schöpferischen, aufbauenden Weg gehen.

Imaginativ ist der Mensch aber zugleich von seinen inneren Bildern umgeben, die ihm oft gar nicht so richtig bewusst sind, die für ihn aber von großer Bedeutung sind, da sie ihn leiten. Es ist daher wichtig, von Zeit zu Zeit diese Bilder zu überprüfen und festzustellen, inwieweit man sie für sich noch akzeptieren kann oder inwieweit sie sich verändern sollten. Diese Überprüfung, die sehr viel Ehrlichkeit sich selbst gegenüber erfordert, ist der erste wichtigste Schritt zur Veränderung.

Zweifellos vermindern sich destruktive Bilder durch den rosenkreuzerischen Weg. Sie verändern sich durch das Heimstudium, durch die Abstimmungen im

Heimsanktuarium, durch die Meditationen sowie durch die Konvokationen in den Städtegruppen und durch die Initiationen und Seminare, die zur Vertiefung angeboten werden.

Wie viele Menschen tragen Angstbilder in sich, die vielleicht über Inkarnationen hin in ihnen wirken und bis heute nicht aufgelöst wurden. Oft kommen Menschen zu AMORC, geprägt von schlimmen Erfahrungen, die sie im Leben gemacht haben und die sie noch nicht aufarbeiten konnten. Dies hat in ihnen Bilder entstehen lassen, die zu negativen Leitbildern geworden sind. Die Erfahrung zeigt immer wieder, wie sich diese Bilder im Verlauf des Studiums und des Mitwirkens in den Tempelarbeiten veredeln. Dies ist jedoch in der Regel ein langsamer Prozess. Es kann gar kein anderer sein, denn das Unterbewusstsein unterliegt nicht den äußeren Zeit-Vorstellungen, sondern hat seine eigene Wertigkeit, was Perioden anbelangt. Alles andere wären marktschreierische Versprechungen, die es ebenfalls zuhauf gibt. Wenn daran gearbeitet wurde, wird die Zeit kommen, in der die Auflösung gereift ist, und das innere Bild wird sich verändern.

Man kann aber sehr viel dazu beitragen, indem man sich überprüft und vor allem eine positive Einstellung allem gegenüber pflegt, was uns so bewegt. Dies ist die erste Voraussetzung dafür. Es ist auch einer der Gründe, warum positives Denken von so großer Bedeutung ist. Denn es ist die Voraussetzung dafür, dass sich Dinge zum Guten wenden. Wie oft können wir auch erleben, dass ein Mensch, den wir in unguter Erinnerung haben, grundlegend verändert wahrgenommen wird, wenn wir nur unsere persönliche Einstellung über ihn ändern. Wie oft geschieht es, dass Menschen anderen Menschen ihre Vorstellung über sie aufprägen, so dass deren Erscheinungsbild verzerrt wird. Die Welt ist voll von diesen Erfahrungen.

Ein „guter" Mensch zu sein, bedeutet, sich stets den positiv aufbauenden Dingen zuzuwenden und nicht die abträglichen Bilder zu nähren, die oft stärker sind. Dies bedeutet keinesfalls, blind gegenüber den Tatsachen zu sein. Dies wäre kein positives Denken, da sich letzteres immer auch überprüft. Positives Denken zeichnet einen Studierenden des Rosenkreuzes in ganz besonderem Maße aus, denn er zeigt dadurch, dass er nicht bereit ist, die schädlichen Dinge zu nähren. Und dies tut man, wenn man diese mit pflegt.

Wie oft treten wir Menschen gegenüber, an denen wir erkennen, wie sehr sie doch von destruktiven Gedanken geprägt sind, die sie auch äußern. Als Brüder und Schwestern, die den Einweihungsweg beschreiten, sollten wir uns aneignen, den bisherigen Bildern (bzw. Vorstellungen) positive Gedanken hinzuzugesellen oder, falls notwendig und angebracht, Aufklärungsarbeit zu leisten, ohne lehrerhaft zu wirken.

Dies ist der beste Weg der Tat, um schädliche Einflüsse zu verändern. Die AMORC-Lehren sagen, dass der Kosmos auf negative Gedanken und Bilder nicht reagiert. Er reagiert lediglich auf positiv aufbauende Bilder, die er gerne annimmt und umsetzt, denn der Kosmos selbst kann nur schöpferisch, aufbauend und erhaltend tätig sein. Dies ist seine grundlegende Aufgabe. Es sind die

Menschen selbst, die negative und schädliche Einflüsse für sich aufnehmen, oft aus Unwissenheit, aus Angst und durch unaufgelöste, noch nicht gewandelte Bilder in ihnen selbst. Der geistige Schutz des AMORC aber sorgt dafür, dass seine Studierenden diesen Einflüssen nicht ausgesetzt sind. Wenn sie den vorgegebenen Weg in der vorgegebenen Ordnung beschreiten, so können sie gewiss sein, dass Schaden von ihnen abgewendet wird. Doch dann sollte der Mensch selbst auch danach handeln, in seinen Bildern, Gedanken, Worten und Taten. Sicher bleibt es nicht aus, dass Menschen Erfahrungen für ihre Entwicklung machen müssen und dass unaufgelöste Bilder in ihnen zur Wirkung kommen, wenn sie für ihre Entwicklung notwendig sind. In den vielen Briefen unserer Studierenden finden wir auch immer zugleich die persönliche Erkenntnis, warum man durch diese Erfahrung gerade hindurch muss. Ungeachtet dessen aber wirkt der Schutz und sorgt dafür, dass diese Erfahrung unbeeinflusst von äußerer schädlicher Einwirkung gemacht werden kann.

AMORC ist, wie jedem von uns bekannt ist, die Abkürzung für die Bezeichnung „Alter und Mystischer Orden vom Rosenkreuz". Der Begriff „Orden" ist dabei ein alter Begriff und bedeutet insbesondere „Ordnung". Das heißt, dass für diesen Weg eine gewisse Ordnung erforderlich ist. Im Grunde ist es hilfreich zu sagen: „Die Ordnung vom Rosenkreuz", denn dadurch wird deutlicher, dass hier ein Weg angedeutet ist; ein Weg, der durch die Symbolik und die Lehre des Rosenkreuzes den Menschen, akzeptiert er diese Ordnung für sich, unweigerlich zu höherem Bewusstsein führt.

Dies braucht seine Zeit, seine äußere Zeit und seine inneren Perioden. Es braucht auch Geduld und Ausdauer, die einen Mystiker auszeichnen. Dies sind zwei Tugenden, die gerade heute, in einer Zeit der Rastlosigkeit, von ganz besonderer Bedeutung sind. Letztendlich werden jene aus dieser Zeit gestärkt hervorgehen, die Geduld und Ausdauer bewiesen haben.

Die äußere Zeit und Ordnung auf dem Weg des Rosenkreuzes ist durch die Grade und deren Initiationen vorgegeben. Die inneren Perioden der Stärkung und der Ausrichtung auf die Höherwertigkeit des Lebens werden durch das Sich-Einfinden in die Tempelgrade und die Initiationen bewirkt. Sie stärken die Persönlichkeit des Menschen und geben ihm jene Bilder, die ihm wiederum helfen, seine eigenen Bilder diesen neuen anzupassen. Die so umfassende Symbolwelt, die zur Tradition der Rosenkreuzer gehört, gibt Zeugnis davon und hilft dem Menschen, sein Bewusstsein damit zu bereichern und zu stärken. Jedes dieser Symbole führt den Studierenden, wenn er sie sich innerhalb der vorgegebenen Ordnung aneignet, zu höheren Erfahrungen. Dies ist die große Stärke der rosenkreuzerischen mystischen Symbole – und zwar von den einfachen Symbolen zu Beginn des Weges, wie es Punkt, Kreis, die beiden Säulen, wie es das Dreieck, das Quadrat, das Pentagramm des erhöhten Menschen usw. sind, bis hinein in die hohe Symbolwelt der Oberen Grade, welche jene Symbolmodelle umfasst, die wir als die mystische Welt der Zahlen, der Hebräischen Buchstaben, des Rosenkreuzerischen Tarot, des Lebensbaums kennen, bis hin zur tiefen Symbolik der Fama Fraternitatis, die sich nur jenem offenbart, der in dieser Ordnung durchhält, Geduld und Ausdauer zeigt, bis die Zeit dafür gekommen ist.

Über all dies sind viele Bücher geschrieben worden, die wir überall erwerben können. Doch die Geheimnisse dieser traditionellen alten, ewig neuen und auch für die Zukunft unveränderten Symbole kann nur dort weitergegeben werden, wo man sich in der vorgegebenen Ordnung befindet, im Egregor Rosae Crucis, der den Pilger auf dem Einweihungsweg zu den höchsten Höhen führt und ihm jene Geheimnisse eröffnet, die unaussprechlich sind und auch nicht schriftlich wiedergegeben werden können. Schon der Versuch eines Buches darüber wäre sinnlos.

Äußere Werte spielen dabei eine sekundäre, aber trotzdem wichtige Rolle. Diese müssen sein, um den äußeren Rahmen aufrechtzuerhalten, der notwendig ist, damit sich der Weg entfalten kann.

Ist auch die äußere Ordnung im rechten Rahmen, so entfalten sich das Geheimnis und die Kraft des Rosenkreuzes und offenbaren allen, die diesen Weg in der vorgegebenen Ordnung beschreiten, von seiner unendlichen Größe, seiner erhabenen und unvergänglichen Schönheit. Denn das Rosenkreuz beinhaltet alle Weisheiten, die wir in den verschiedenen Symbol-Modellen, vom einfachen mystischen Symbol bis hin zu den Konvokationen, die ebenfalls lebendige Symbole sind, wiederfinden, und die sich der rosenkreuzerischen Ordnung gemäß entfalten, so man dies möchte.

Am Ende steht die Große Erleuchtung, die vom Kosmos aus erteilt wird, wenn die Zeit dafür gekommen ist.

Mögen diese Gedanken, verehrte Studierende auf dem rosenkreuzerischen Pfad, dazu beitragen, in Ihnen das Bild der höheren, schöpferischen Existenz leuchten zu lassen. Und mögen Ihnen daraus Harmonie, Kraft und Entfaltung zuteil werden.

MEDITATION

„Ich bitte um ein Bild über meine Gottesvorstellung.“

Wir empfehlen eine Meditation über die Gottesvorstellung in Ihnen. In der vorausgegangenen Botschaft wurde bereits darauf eingegangen. Zuvor sollten Sie notieren, was Sie darunter verstehen.

Für die Meditation empfehlen wir, sich folgende Bitte zurecht zu legen, was auch mit eigenen Worten geschehen kann: „Ich bitte um ein Bild über meine Gottesvorstellung."

Nachdem man seine Notizen beendet hat, entzünde man den Moosrose-Räucherkegel und sodann die Kerze. Dann nehme man die Übung zur Harmonisierung des Bewusstseins vor.

Dann entlasse man all seine Gedanken und lasse nur noch die Frage vor seinem inneren Bildschirm erscheinen, die man für die Meditation vorbereitet hat. Schließlich entlasse man auch diese und bitte den Gott seines Herzens, über einen zu verfügen, wie ER dies für richtig hält. Dann trete man frei von allen Gedanken ein in die Große Stille.

Man beende diese Stille dann nach etwa sieben Minuten und achte auf die Eindrücke, die kamen oder noch kommen können. Anschließend bedanke man sich dafür bei dem Gott seines Herzens und beende die Meditation. Die Antworten, die nun kommen wollen, sollte man sich notieren.

ZEIT FÜR MEINEN WEG IM ZEICHEN DES ROSENKREUZES

Stets, wenn ein neues Kalenderjahr beginnt, übermitteln wir untereinander die besten Wünsche für ein erfolgreiches Jahr. Auch wenn AMORC seine eigene traditionelle Zeitrechnung hat, die auf die Neuöffnung der Weisheitsschule im Alten Ägypten zurückgeht, so unterscheidet man doch zwischen der internen Zeitrechnung und jener, in welcher wir als Bürger dieser Welt leben.

Die Überlieferung weist darauf hin, dass diese Weisheitsschule von der Großen Weißen Loge in Ägypten ins Leben gerufen wurde. (Diese Bezeichnung hat nichts mit ähnlichen Bezeichnungen, wie sie heute von manchen Gemeinschaften gerne verwendet werden, zu tun.) Diese Weisheitsschule bewahrte das Urwissen der Menschheit über die Schöpfung, über den Sinn der Schöpfung, über die Geheimnisse der Natur und des Menschen, über seine Entstehung und weiter noch.

Es heißt, dass dieses Wissen seit der Vertreibung Adams aus dem Paradies existiert und jene Geheimnisse beinhaltet, die den Menschen wieder dorthin führen können. Die Überlieferung sagt außerdem, dass dieses Urwissen aus dem untergegangenen Atlantis nach Ägypten kam, indem Weise ausgesandt wurden, um Orte zu finden, wo dieses Wissen bewahrt und weitergegeben werden konnte. Erstmals geöffnet wurde diese Schule in der 18. Dynastie, die eine große Epoche in der kulturellen Entwicklung von Ägypten war, ähnlich wie die Renaissance des Abendlandes vor mehr als 400 Jahren. Das Urwissen, das nach Ägypten kam, bezog sich anfangs noch auf die eine große GOTTheit, die man als Aton kannte, und die in allem wirksam ist. Als äußeres materielles Symbol galt die Sonne, welche, im materiellen Universum im Zentrum unserer Welt befindlich, alles erleuchtet, erstrahlen lässt und am Leben hält. Es würde allerdings dem hohen Wissen nicht gerecht werden, die Verehrung lediglich auf die äußere Sonne zu beziehen. Schließlich war das Wissen nicht nur ein Naturwissen, sondern vielmehr ein Wissen, dessen Ordnung man auch in der Natur vorfinden konnte. Die Vielgötterei, wie sie vor allem im Amun-Kult herrschte, von den Priesterschaften der damit verbundenen gelenkten Religionen streng bewacht, entwickelte sich erst sehr viel später, nachdem die Mysterien von Memphis aus der Alten Zeit sich mehr und mehr veräußerlichten. Wiederum viel später war es dann Echnaton, der zum großen Reformer hin zu den Ursprüngen wurde und sich berufen fand, die Mysterien wieder auf die ursprüngliche Bedeutung zurückzuführen.

Das Urwissen erzählt vom mystischen Werden des Menschen, wie er selbst herabstieg und in diese grobstoffliche Welt kam. Wir dürfen dieses Wissen aber nicht als ein lediglich intellektuelles Wissen begreifen – wie in einem herkömmlichen Buch, das man lesen kann und worin alles darüber steht. Immer war dies eine Überlieferung, die mündlich weitergegeben wurde und darüber hinaus mit Übungen, Zeremonien und Ritualen, aber auch mit Prüfungen verbunden war. Die Übungen und Rituale schließlich machten dieses Wissen für das menschliche Bewusstsein begreiflich. Noch bis zur 18. Dynastie konnte man zwar an den Säulen vor allem in den Vorhallen zu den Tempeln vieles über dieses Wissen erfahren, was allerdings nur einführend war und den Schülern galt. Von den Ramses-Pharaonen, insbesondere Ramses II., wurden diese Säulen-Inschriften zerstört und hauptsächlich mit Lobpreisungen an den Herrscher versehen.

Doch war dieses äußere Wissen für die Neophyten bestimmt, die dort belehrt und vorbereitet wurden.

Es wurde etwas „erzählt". Das Verb weist schon darauf hin, dass etwas „aufgezählt" wurde, was wiederum bereits einem vorgegebenen System entsprach, das aber mit unseren heutigen rationalen Systemen nur wenig gemein hat. Der Begriff des „Erzählens" in seinem Ursprung hat eine hohe symbolische Bedeutung und hat viel mit dem Geheimnis der mystischen „Zahlen" gemeinsam. Diese „Erzählung" war von Beginn an ein Einweihungsweg, denn dieses Wissen kann man auf herkömmlichem Wege nicht aufnehmen; es ist für den ganzen Menschen bestimmt.

Der ganze Mensch aber, wie unsere Lehren sagen, besteht aus dem Äußeren, rationalen und aus dem Inneren Bewusstsein. Darüber hinaus trägt der Mensch den Zugang zum Kosmischen Bewusstsein in sich und weiter noch von dort den Zugang zum Göttlichen Bewusstsein. In sich selbst, in seinem inneren Wesen bewahrt er die Zugänge auf, die ihn zu höheren Erfahrungen führen, welche wiederum weit über das rationale Verstehen hinausreichen. Doch es ist ebenso eine uralte Erfahrung, dass man dafür vorbereitet werden muss. Daran kann man schon erkennen, dass dieses Wissen nicht in herkömmlichen Büchern erscheinen kann, denn dieses Wissen zu erfahren, setzt einen Weg voraus, für den man sich bereit machen muss, um diesen beschreiten zu können und dies dann auch zu tun.

Der Mensch im Allgemeinen ist doch ein recht einseitiges Wesen geworden, was bedauerlich ist. Im Grunde ist er ganz auf das Außen gerichtet. Seine innere Welt ist so vernachlässigt, dass er gar nicht mehr weiß, ja nicht einmal ahnt, wer er eigentlich ist. Wenn Menschen landläufig von ihren inneren Erfahrungen sprechen, so meinen sie damit lediglich Reaktionen ihrer Psyche aufgrund unaufgearbeiteter und ungelöster Ereignisse in ihrem äußeren Leben. Die größte Unzufriedenheit des Menschen resultiert einfach aus der Tatsache, dass er sich zu sehr von sich selbst und darüber hinaus von seiner geistigen Herkunft entfernt hat und den Zugang nicht mehr findet. Gerade heute erleben wir wieder eine Zeit, in welcher sich der Materialismus sehr ausbreitet. Materialismus meint dabei nicht nur, dem niederen Ego zu frönen, sondern auch, dass unsere Welt sich immer stärker an materielle Fesseln kettet.

Nur wenige kennen überhaupt die Unterschiede, und noch weniger finden die Möglichkeit und auch die Courage, sich davon zu lösen. Der Anfang dafür aber findet immer zuerst in den Gedanken und den inneren Bildern statt, die durch das rechte Denken verändert werden können.

Das alte Wissen aber soll den Menschen wieder dorthin führen, ihm die Zugänge öffnen und ihm seine edle Herkunft wieder bewusst werden lassen. Sicherlich: nach der Darwin'schen und empirischen Evolutions-Lehre stammt der Mensch vom Primaten ab, hat also mit Affen gemeinsame Vorfahren. Doch ist dies nur eine Seite der Wahrheit, lediglich die äußere physische.

Nach der Überlieferung brauchte es eine Zeit, bis die körperliche Entwicklung des Menschen so weit war, dass sein originäres und einzigartiges Bewusstsein Einzug halten konnte.

Wir finden hier sogar eine Entsprechung in der Lehre des AMORC über die Geburt des Menschen und den Einzug der Seele, wenn es heißt, dass die Seele mit der Seelen-Persönlichkeit erst beim ersten Atemzug in den neugeborenen Körper einzieht. Erst dann, so heißt es, ist der Mensch „fertig" geworden, denn im Grunde ist er erst ein vollwertiger Mensch, wenn der herangewachsene Körper aus dem Mutterleib, der solange mit der Seele der Mutter verbunden ist, nun mit der ihm zugewiesenen Seele und Seelen-Persönlichkeit vollkommen vereint ist. Sicherlich, die Seelen-Persönlichkeit befindet sich bereits in der Umgebung von Mutter und im Mutterleib, während der kleine Körper heranwächst, und hat gewiss Anteil an der Entwicklung des Körpers. Jede sensible Mutter kennt solche Erfahrungen, und es gibt eine Fülle von Berichten davon. Doch erst, wenn der Körper so fertiggestellt ist, dass die Seele mit der Seelen-Persönlichkeit darin entsprechend aufgehen kann, wird sie einziehen.

Entsprechend vollzog sich dies auch mit dem Bewusstsein des Menschen, dessen erstes vollwertiges Auftreten sich im Nebel der Evolution verliert, in deren Verlauf sich Zeit und Raum im Bewusstsein des Menschen herausbildeten. Als eine der vielen Verkörperungen auf dem irdischen Plan für den Einzug der menschlichen Seele geeignet war, vollzog sich dieser, und der Mensch begann nunmehr seinen irdischen Lauf als ein Wesen von Körper, Geist und Seele, in welcher sich wiederum der Göttliche Funken verbarg.

Im Körperlichen aber verbarg sich des Menschen wahre Herkunft, und es begann sich ein neues Bewusstsein zu entwickeln, das durch die Verbindung des körperlichen und seelischen Menschen zum Entstehen kam. In den Oberen Graden können wir erfahren, wie die Genesis darauf hinweist, wenn wir es verstehen, die Allegorie von Kain, Abel und Seth, als den ersten „Geborenen" in dieser Welt, entsprechend zu deuten.

Als besondere Fähigkeit ist dem Menschen jene des Denkens zugeordnet. Als hohe Bewusstseinsstufe werden die persönlichen Gedanken des Menschen Weg und Wirken prägen, was wiederum das Bewusstsein des Menschen weiter entwickelt, wie es in hohem Maße heute seinen Ausdruck findet. Doch ist das Denken des Menschen heute vor allem nach außen gerichtet. Je mehr sich der Mensch, oft durch Hochmut, von seiner inneren Welt entfernt, desto stärker veräußerlicht sich auch sein Tun. Umso mehr aber droht das innere Band zu reißen, welches den Menschen in seiner Ganzheitlichkeit, als Körper, Geist und Seele zusammenhält. Es wird nicht wirklich reißen, doch verschütten die Zugänge. Im selben Maße verschwindet des Menschen Ahnung und Wissen von einer höheren Welt. In diesem Zustand befindet sich der Mensch im Allgemeinen.

Die Lehren unseres Ordens weisen den Weg heraus aus diesem Desaster und zeigen ihm seine wahre Beschaffenheit auf, so dass er sein Leben als vollwertiger Mensch meistern lernt. Durch den Einweihungsweg mit seinen vielfältigen Möglichkeiten wird er aus dem Dickicht der Irrtümer herausgeführt und beginnt, sich als ein Wesen mit beinahe unendlichen Fähigkeiten zu erfahren. Er wird lernen, jene Fähigkeiten zu entwickeln, die er für die Meisterung seines Lebens in dieser Inkarnation benötigt, und gleichermaßen, wenn er dem Weg treu bleibt, unweigerlich jene erhabene befreiende Erfahrung machen, unendlich zu sein.

Aus dieser wunderbaren Geburt der Weisheitsschule im antiken Ägypten durch die Große Weiße Loge und durch die daraus sich in der irdischen Welt entwickelnde Große Weiße Bruderschaft sind dem Ordo Rosae Crucis bis heute die äußere Lehre, die seit Beginn des Aktivitäts-Zyklus im vergangenen Jahrhundert auf psychologisch-mystischer Ebene schriftlich in Form von Monografien vermittelt wird, und die innere Lehre anvertraut.

Ein großer Teil der inneren Lehre vermittelt sich durch die Initiationen und die Rituale, wie wir sie in den Konvokationen der Logen, Kapitel und Pronaoi erleben. Selbst diese sind wiederum Stufen, die einmal zu jenem verborgenen Portal führen, durch das nur wenige, die durchgehalten haben, schreiten können. Es ist eine Erfahrung, die sich in der Stille vollzieht, denn Erleuchtung meidet das äußere Spektakel. Dies war zu allen Zeiten so. Diejenigen, die dies erfahren durften, werden darüber schweigen, denn es kann nicht mitgeteilt werden. Doch werden sie wiederum zu jenen Adepten, auf denen die Verantwortung des Bewahrens und der Weitergabe ruht. Wie eine große kosmische Leiter führt der Weg über die Lehre, durch die Initiationen und über die verschiedenen Formen der Rituale und Zeremonien zu den oberen Räumen dieses symbolischen Tempel-Gebäudes, auf deren unterer Ebene die Vorbereitung steht: das Bereitmachen. Nicht der Mensch selbst entscheidet, wann er für höhere Erfahrungen bereit ist. Dies bleibt ausschließlich den Kosmischen Meistern vorbehalten. Selbst wenn sich bei so manchem das Gefühl ausbreiten mag, vielleicht dafür übersehen worden zu sein, so ist dies doch nur ein dem äußeren Ego entstammendes Gefühl. Es ist noch keiner übersehen worden, aber auch noch keiner unvorbereitet dorthin gelangt. Auf diesem Wege ist in der Tat jeder gleich; nur das Maß seiner mystischen Entwicklung entscheidet.

Mut zur Tat, manches Mal auch das Unmögliche zu wagen –

Bescheidenheit, sich auf das Wesentliche zu beschränken –

Wohlwollen allem Aufbauenden gegenüber –

Fleiß durch Studium und Anwendung –

Geduld und Ausdauer –

sowie das Heranreifen der universalen Liebe –

sind das Maß, an dem sich diese Entwicklung vollzieht.

Gerade in unserer Kultur fällt es uns oft nicht leicht, die nötige Geduld aufzubringen. Oft meinen wir auch, nicht genügend Zeit zu haben. Doch sollten wir uns an die Aussagen über die Beziehung zu „Raum und Zeit" erinnern, worüber wir bereits in den Einführenden Monografien erfahren können.

Stets ist es der Mensch selbst, der über Raum und Zeit entscheidet, die lediglich Energien auf der materiellen Ebene sind, und deren Verhältnis der Mensch selbst in seinen Gedanken festlegt.

Es ist eine Tatsache, dass, wenn der Mensch sich über das Innere Selbst für einen Weg entschieden hat, gleichermaßen Zeit und Raum dafür vorhanden sind. Es ist lediglich das Äußere Ich, das daran gerne zweifelt und sich von anderen Dingen verführen lässt, die oft unausweichlich scheinen. Fasst man aber den entsprechenden Entschluss, und zwar einen Entschluss, der mit dem Inneren Selbst abgestimmt ist, dann wird man erfahren können, wie „Raum und Zeit" sich zu verändern beginnen.

Eine gute Erfahrung mit Raum und Zeit ist die Pflege des Heimsanktuariums und die Teilnahme an den so wichtigen Konvokationen, wie sie von den AMORC-Städtegruppen angeboten werden. Oft erhält das Studien-Kollegium Erfahrungsberichte von Studierenden, die zeigen: Bleibt man konsequent in der Zeit-Einteilung für das Heimsanktuarium mit dem Studium und den Übungen sowie mit der Teilnahme an den Konvokationen, so hat man die besten Voraussetzungen für den rosenkreuzerischen Weg geschaffen. Mit der Zeit wird man eine bessere und wesentlich umfassendere Übersicht über sein Leben erhalten. Und man wird erstaunt erfahren können, wie Raum und Zeit sich den Bedürfnissen für die wirkliche Entwicklung der Persönlichkeit immer mehr anpassen. Dies ist gerade heute eine wichtige Erfahrung, in der das dem Menschen für seine Persönlichkeits-Entwicklung zugleich mitgegebene Zeit- und Raum-Kontinuum leicht droht, von im Grunde unwesentlichen Beschäftigungen überlagert zu werden. Im Extremfall kann dies so stark sein, dass er die wirklichen Dinge, die zu ihm gehören, so verdrängt, bis sie sich nur noch ganz zart und nur dann melden, wenn er wieder in der Stille angekommen ist.

So wünsche ich Ihnen, verehrte Studierende, dass Sie im neuen Kalenderjahr jene Zeit finden, die Sie für das weitere Voranschreiten auf dem rosenkreuzerischen Pfad benötigen.

MEDITATION

„Ich bitte um Stärkung für meinen weiteren persönlichen Weg in Zeit und Raum."

Wir empfehlen eine Meditation über „Zeit und Raum." In der vorausgegangenen Botschaft wurde bereits darauf eingegangen. Zeit und Raum zur Entfaltung seiner Persönlichkeit sind für jeden Menschen im entsprechenden Maße für seine Inkarnation vorhanden. Dies gilt auch für den Weg im Zeichen des Rosenkreuzes, denn es ist kein Zufall, auf diesen Weg gestoßen zu sein. Notieren Sie zunächst, was Sie unter Zeit und Raum verstehen.

Für die Meditation empfehlen wir, sich folgende Bitte zurecht zu legen, was auch mit eigenen Worten geschehen kann: „Ich bitte um Stärkung für meinen weiteren persönlichen Weg in Zeit und Raum."

Nachdem man seine Notizen beendet hat, entzünde man den Moosrose-Räucherkegel und sodann die Kerze. Dann nehme man die Übung zur Harmonisierung des Bewusstseins vor.

Dann entlasse man all seine Gedanken und lasse nur noch die Frage vor seinem inneren Bildschirm erscheinen, die man für die Meditation vorbereitet hat. Schließlich entlasse man auch diese und bitte den Gott seines Herzens, über einen zu verfügen, wie ER dies für richtig hält. Dann trete man frei von allen Gedanken ein in die Große Stille. Man beende diese Stille dann nach etwa sieben Minuten und achte auf die Eindrücke, die kamen oder noch kommen können. Anschließend bedanke man sich dafür bei dem Gott seines Herzens und beende die Meditation. Die Antworten, die nun kommen wollen, sollte man sich notieren.

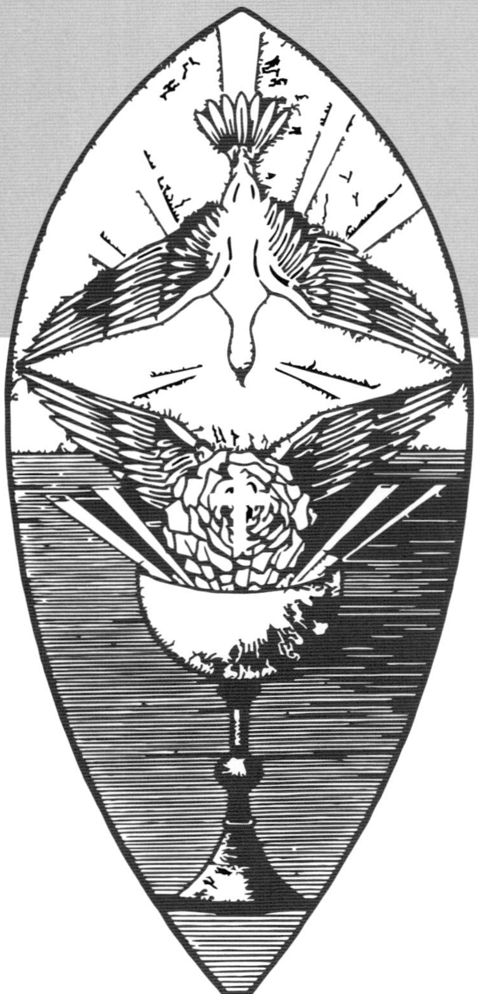

VOM HOHEN WERT ZUR MYSTISCHEN SYMBOLIK

Einen großen Teil der rosenkreuzerischen Lehren nimmt die Lehre der mystischen Symbole ein. Eigentlich müsste man sie als Grundlage des gesamten rosenkreuzerischen Lehrmodells betrachten, da sie jenes höhere Wissen, vor allem auch das verborgene Wissen, als Grundlage beinhalten, worauf die Lehren sich in der für den äußeren Menschen zugänglichen und verständlichen Sprache entwickelten. Man könnte sie als Essenz betrachten. Doch ist dies eine Essenz, die man nicht so einfach wie in einer Küche verwenden und daraus eine Menüfolge erstellen kann. Diese Essenz kann nur durch langes Studium, im Einklang mit dem Inneren Menschen, erreicht werden. Daher werden die rosenkreuzerischen Symbole auch als mystische Symbole bezeichnet. Der Grund dafür ist, dass ihr Inhalt, ihre Bedeutung und vor allem ihre Sprache nur durch Kommunikation mit dem Inneren Selbst erfahren werden kann. Viele der Symbole und der Symbol-Modelle, die wir in den Lehren unseres Ordens wiederfinden und die zu einer jahrhundertelangen, ja jahrtausendelangen Tradition gehören, finden wir auch in Büchern dargestellt, und sie sind der profanen Welt nicht fremd. Ja man kann sagen, dass jedes dieser in den Oberen Graden gelehrten Symbol-Modelle in verschiedenen Kultur-Epochen der abendländischen Welt eine große Faszination ausgelöst hat. Es hat viele beflügelt, daran zu arbeiten und ihr eigenes Verständnis zu entwickeln. So manche Autoren haben sie herangezogen, um dadurch ihr Verständnis der Welt anhand dieses Modells darzulegen und auch das Wesen Mensch zu erklären. Auch bei unseren Brüdern und Schwestern lösen diese Bücher eine gewisse Faszination aus, und man benützt – vorausgesetzt, man weiß seriöse Literatur von weniger guter zu unterscheiden – diese Bücher als Sekundär-Literatur, um die grundlegenden Bedeutungen, wie sie im Ordo Rosae Crucis bewahrt und gelehrt werden, besser zu verstehen.

Es ist eine faszinierende Welt, die Welt der rosenkreuzerischen und mystischen Symbole. Wenn der Studierende auf dem Einweihungsweg einmal davon innerlich berührt wurde, dann beginnt er, in eine Welt einzusteigen, die mit äußeren Darlegungen nicht mehr erklärt werden kann. Er beginnt damit, seine innere Welt zu erfahren, und nähert sich dem verborgenen Wissen, das ihm zeigt, was die Welt und den Menschen in seinem Innersten zusammenhält.

Es ist eine Eigenart, dass dieses Wissen um die Bedeutung der mystischen Symbole und der daraus entstandenen Modelle eigentlich gar nicht niedergeschrieben werden kann. Sicher kann man grundlegende Bedeutungen darlegen, und diese sind auch notwendig, damit der äußere Mensch dadurch jene Schlüssel finden kann, die ihm die essentielle Bedeutung eröffnen. Doch kann die wahre Bedeutung nur durch tiefgreifendes Studium, verbunden mit Meditation und Abstimmung mit der kosmischen Ebene erfahren werden. Man muss darin eingeführt sein. Über die rosenkreuzerische Symbolwelt aber hat sich ein Weg ausgebreitet, der in unserer Zeit in Form von Monografien weitergegeben wird und der von jedem, der sich dazu entschlossen hat und in den Orden eingetreten ist, beschritten werden kann.

Schon zu Beginn des rosenkreuzerischen Weges, in der Zeit, in der man als Neophyt verweilt, wird man neben Übungen und Hilfen, um sein Leben zum Ausgleich zu bringen und seinen Körper zu harmonisieren, mit den ersten einführenden und noch einfachen Symbolen vertraut gemacht, mit der Bedeutung des Dreiecks, des Kreises, des Quadrates und so weiter. Es werden die grundlegenden Erklärungen vermittelt, und man beginnt, sich deren Bedeutung zu erarbeiten. Man beginnt zu verstehen, warum es heißt, dass jede vollendete Manifestation sich nach dem Gesetz des Dreiecks vollzieht. Der Grund liegt darin, dass unsere Welt, in der wir uns befinden, auf dualen, also zweifachen Gegebenheiten errichtet ist. Dies bedeutet, dass nichts in unserer Welt existieren kann, das nicht bereits sein Gegenstück in sich trägt. Dies zeigen die beiden Säulen, die als schwarze und weiße Säule dargestellt werden und als eines der ältesten Symbole überhaupt bekannt sind. Wäre diese Welt nicht auf diesen dualen Gegensätzen aufgebaut, so wäre sie nicht existent. Alles würde sich aufheben und nichts wäre mehr erkennbar. Dies wiederum ist eines der Geheimnisse der mystischen Bedeutung der Sintflut, die wir alle aus der Genesis kennen. Es ist auch einer der Gründe, warum sich mancher Mensch so schwer entscheiden kann. Die Fähigkeit, eine Entscheidung zu treffen, ist eine der wesentlichen menschlichen Eigenschaften, denn kein anderes Wesen in unserer Welt, sei es Tier, sei es Pflanze, kann dies. Sie folgen anderen Gesetzen. Die Fähigkeit, eine Entscheidung treffen zu können, bedeutet aber zugleich zu wissen, wofür man sich entscheiden soll, und darüber hinaus zu erahnen, welches die richtige Entscheidung ist. Dies aber kann der Mensch wiederum durch eine weitere nur ihm zugeordnete Fähigkeit, nämlich jene des freien Willens. Beide zusammen, der freie Wille und die daraus resultierende Fähigkeit, eine Entscheidung zu treffen, sind die Grundlagen des menschlichen Weges durch die Inkarnationen hindurch.

Dies sind jene zwei Gegebenheiten, die daraus hervorgegangen sind, dass der Mensch sich in einer dualen, also auf Gegensätzen beruhenden Welt befindet.

Wenn zwei Gegensätze einer Gegebenheit, die in der Tradition als positives und negatives Element bezeichnet werden, sich in der rechten Weise miteinander verbinden, so entsteht dadurch eine neue Manifestation: eine neue Einheit, die aus dem Zusammenwirken dieser beiden scheinbaren Gegensätze zum Entstehen kommt. Dies ist nicht nur die Grundlage für die Schöpfung und für die Fortentwicklung in der Schöpfung; es ist auch für den Menschen die Grundlage für ein erfolgreiches Leben.

Wenn wir die beiden grundsätzlichen Eigenschaften des Menschen, den freien Willen und die Fähigkeit zur Entscheidung, wieder heranziehen, so können wir auch hier die Schlussfolgerung ziehen, dass im rechten Zusammenwirken dieser beiden ebenso eine als dritter Punkt bezeichnete neue Manifestation entsteht, die wir als Entwicklung der Persönlichkeit bezeichnen können.

Doch kehren wir von diesem einfachen, aber grundlegenden Beispiel zurück zur Bedeutung der mystischen und rosenkreuzerischen Symbole. Auch wenn wir in den Monografien Erklärungen darüber finden, was die grundsätzliche Bedeutung eines entsprechenden Symbols ist, wie zum Beispiel bei einem Dreieck, einem Kreis, einem Quadrat etc., so erfahren wir deren Wirkung und tiefere Bedeutung doch erst in Verbindung mit Studium, Meditation und kosmischer Abstimmung. Mystische Symbole regen zu Erfahrungen an, die unerschöpflich sind und mit unserem üblichen Wort- und Sprachschatz, der zwar immens ist, doch nur an der Peripherie, also am Rande erfasst werden kann. Es ist auch eine Eigenschaft der rosenkreuzerischen Symbole, dass sie in ihren Bedeutungen unerschöpflich bleiben. Die Erkenntnis daraus wächst mit der eigenen geistigen Entwicklung, die wiederum durch die Arbeit mit Symbolen und den sie begleitenden Weg bewirkt wird.

Nehmen wir nur das für uns so erhabene Symbol des Rosenkreuzes. Jeder von uns kennt dessen grundsätzliche symbolische Bedeutung. Auch in seiner grundsätzlichen Auslegung erkennen wir die duale, also zweifache Gegebenheit alles Schöpferischen wieder: Der Längsbalken symbolisiert die geistige immaterielle Ebene der Schöpfung und des Menschen, der Querbalken die materielle Ebene. Befinden sich beide Ebenen, die geistige und materielle, in einem ausgewogenen Verhältnis, so erwacht die Seelen-Persönlichkeit des Menschen zu einem höheren Leben, zu höherer Schau und zu höheren Erfahrungen. Dies wird durch die Rosenknospe symbolisiert, die nach genauer alter Symbolik eine Knospe ist, die gerade im Aufgehen begriffen ist. Was aber bedeutet dies wirklich? Denn diese Erklärung ist nur eine sehr äußerliche und lediglich intellektuelle, also eine Erklärung des äußeren Geistes des Menschen. Was dies wirklich bedeutet, beginnt man erst zu erfahren, wenn man sich näher damit befasst, wie zum Beispiel in einer Meditation, in der man sich seinem Inneren Bewusstsein zuwendet, und das somit beginnt, uns darüber jene Dinge zu erzählen, die wir rein äußerlich nicht erfahren können – oft wieder unter Zuhilfenahme eines Symbols, das uns übermittelt wird. Hier betreten wir die Ebene der Mystik, was besagt, dass man sich der wahren und ganzheitlichen Gegebenheit eines Sachverhaltes nur nähern kann, wenn man seine inneren Erfahrungen mit einbezieht – das heißt, wenn man also zu den äußeren Erkenntnissen die inneren Erfahrungen, denen man sich auf dem rosenkreuzerischen Weg annähert, hinzuzuziehen lernt.

Viele Unklarheiten im persönlichen Leben und in den persönlichen Erfahrungen beginnen dadurch plötzlich, klarer zu werden, und man erkennt, was im eigenen Leben korrigiert werden muss, damit man sich auf seinem Weg befindet, auf jenem Weg, der eigentlich in einem selbst bereits ruht und der darauf wartet, zur Entfaltung zu kommen. Er kann aber nur zur Entfaltung kommen, wenn der äußere Mensch mit seinem Ego versteht und erkennt. Als erstes und Wichtigstes gilt es zu erkennen, dass er immer fehl geht, wenn er meint, ein nur äußeres Leben führen zu können, ohne seine innere, seine Seelen-Persönlichkeit mit einzubeziehen. Dieses wäre ein sehr einseitiges Leben, und es wäre ganz sicherlich ein Leben, das an ihm selbst, und an seinem Selbst vorbeigeht.

Zuerst einmal kommt es darauf an, sich selbst zu erkennen, wer man wirklich ist. Man könnte auch sagen, sein Selbst zu erkennen. Damit ist der Mensch in seinem eigentlichen Wesen gemeint, wer er wirklich ist. Die meisten Menschen gehen deshalb an ihrem Leben vorbei, weil sie in ihrer Psyche nur jenes Bildnis von sich selbst zulassen, wie sie äußerlich sind, das Äußere Ich mit seiner ganzen Problematik, deren Ursprung der äußere Mensch gar nicht durchschauen kann. Die Menschen möchten sich zwar gerne kennen lernen, wie sie tatsächlich sind, gestatten es sich aber nicht wirklich. Denn immer messen sie alles daran, wie sie sich äußerlich als Mensch wahrnehmen, akzeptieren also nur das äußere Ich mit seinem äußeren Ego. Das wirkliche Wesen des Menschen aber ruht in seinem Inneren, in seinem Inneren Selbst. Wie aber kann man dem näher kommen? Den Weg dorthin wird man durch die Lehren des AMORC kennen lernen. Diese Tatsache ist auch der wichtigste Grund dafür, warum der Name AMORC aus den Worten „Der Alte und Mystische Orden vom Rosenkreuz" gebildet ist.

Das heißt, dass der Orden nicht nur alt ist, sondern auch mystisch. Lassen wir uns dabei nicht von verzerrten Darstellungen in der profanen Welt über den Begriff von „Mystik" irritieren. Ein so alter Begriff gerät zwangsläufig auch in Gefahr, von jenen, die diesen Weg nicht kennen, missdeutet und missverstanden zu werden. Ein Studierender der Mystik ist immer auch ein Mensch, der fest im Leben steht. Er braucht auch dieses Leben, denn es verleiht ihm jene Erkenntnisse und Erfahrungen, die ihm wiederum auf seinem mystischen Pfad behilflich sind und ihn in seiner geistigen Entwicklung voranbringen. Er lernt aber, dass die wahren Werte seines Lebens sich aus jenen Edelsteinen bilden, die in ihm liegen, die er aber wie in einem Bergwerk erst einmal wahrnehmen und dann freilegen muss. Wenn er sie dann freigelegt hat, erkennt er, wie sie von Schlacken umgeben sind und gereinigt werden müssen. Im Verlauf des Reinigens, das er dann vornimmt, wenn er dessen Notwendigkeit erkannt hat, werden diese edlen Steine zu Juwelen voller Kraft, die wiederum das Licht des Göttlichen Geistes widerspiegeln, der in ihm als Göttlicher Funke wohnt und von seiner Seele bewahrt wird. Wenn diese dann zu leuchten beginnen, werden sie zu Kanälen, die ihn an die Peripherie seines Innersten führen, wo alles über ihn, über seine Persönlichkeit, seine Vergangenheit, über seine Aufgaben in der Gegenwart und über die Zukunft aufbewahrt ist.

Damit er diesen Zustand der Erleuchtung erreicht, beschreitet der Studierende der Mystik den Weg, der ihm gewiesen wurde und der ihn zum Einweihungsweg des Rosenkreuzes geführt hat. Durch sein Studium, wofür er sich einen festen Studienplatz in seinem Heim erwählt hat, wo er sich ungestört in sein selbst errichtetes Heim-Sanktum begeben kann, mit den Sanktuariums-Gegenständen versehen, wie sie ihm von der Großloge vermittelt werden. Die Teilnahme an den besonderen

Zusammenkünften, an den Tempelarbeiten, wozu er mit der Zeit zugelassen wird, sowie die Teilnahme an den Einweihungen werden ihm Perle für Perle vermitteln, bis diese aneinander gereihten Perlen sich zu einer Kette formen, an dessen Ende sich der Kreis schließt und man zu einem ganzheitlichen Menschen und weiter zu einem Adepten geworden ist, der das höhere Wissen in sich aufgenommen hat und in dem mystische Weisheit aufgegangen ist.

Er beschreitet den Weg des „Erkenne Dich Selbst", bis er sein Selbst gefunden hat, und wenn er sich in genügendem Maße erkannt hat, erfährt er von den Pfaden, die ihn über seine Persönlichkeit hinaus zu seinem Über-Selbst führen, das wiederum in den kosmischen Wohnungen zuhause ist. Ist dies erreicht, so kann er in der Tat sagen, dass er zum Mystiker geworden ist.

Bis dahin aber führt ihn sachte, behutsam und gefahrlos der Weg des Rosenkreuzes, der – wenn der Studierende ausharrt und seiner Entscheidung, die er getroffen hat, treu bleibt – ihn zu ungeahnten Höhen führt.

Mögen diese Gedanken, verehrte Studierende, Sie auf Ihrem weiteren Weg beflügeln, und möge wahrer, innerer Friede Sie dabei stets begleiten.

MEDITATION

„Was bedeutet Mystik für mich?“

Wir empfehlen eine Meditation über den Begriff „Mystik". In der vorausgegangenen Botschaft wurde bereits darauf eingegangen. Zuvor sollten Sie notieren, was Sie unter Mystik verstehen. Schreiben Sie alles auf, was Ihnen dazu einfällt.

Für die Meditation empfehlen wir, sich folgende Frage zurecht zu legen, was auch mit eigenen Worten geschehen kann: „Was bedeutet Mystik für mich?"

Nachdem man seine Notizen beendet hat, entzünde man den Moosrose-Räucherkegel und sodann die Kerze. Dann nehme man die Übung zur Harmonisierung des Bewusstseins vor.

Dann entlasse man all seine Gedanken und lasse nur noch die Frage vor seinem inneren Bildschirm erscheinen, die man für die Meditation vorbereitet hat. Schließlich entlasse man auch diese und bitte den Gott seines Herzens, über einen zu verfügen, wie ER dies für richtig hält.

Dann trete man frei von allen Gedanken ein in die Große Stille. Man beende diese Stille dann nach etwa sieben Minuten und achte auf die Eindrücke, die kamen oder noch kommen können. Anschließend bedanke man sich dafür bei dem Gott seines Herzens und beende die Meditation. Die Antworten, die nun kommen wollen, sollte man sich notieren.

STÄRKUNG UND HILFE AUF DEM ROSENKREUZERISCHEN PFAD

Wir Menschen sind oft allzu sehr in die Alltagspflichten eingebunden, sodass es oft schwer fallen mag, sich von Zeit zu Zeit davon zu befreien. Mit „Alltag" bezeichnen wir gerne das notwendige wiederkehrende Tages-Geschehen, das wir zur Erhaltung unseres Lebens, unserer beruflichen und gesellschaftlichen Aufgaben und unserer daraus erwachsenden Pflichten benötigen. Es sind jene Aufgaben und Pflichten, die wir zumeist schon gewohnt sind und die immer wieder ablaufen, aber auch getan werden müssen; eben alltäglich, also wiederkehrend sind. Ebenso ist es notwendig, dem Alltag von Zeit zu Zeit zu entfliehen und sein Bewusstsein auf Dinge und Ereignisse auszurichten, die uns eine andere Richtung geben können.

Wir können an dieser Eingangsbetrachtung schon erkennen, dass auch hier die Dualität, die uns überall begleitet, von Bedeutung ist. Es braucht also auch der Alltag sein Gegenüber, um ein differenzierteres und waches Leben zu führen. Wie hier, so können wir immer wieder erkennen, wie in unserem Leben alles seine zwei Seiten hat, um die Lebens-Qualität zu steigern. Diese Gegenüber können sehr verschieden sein, so wie wir Menschen es nun einmal sind.

So wie unser Tag von differenzierten Erfahrungen begleitet sein sollte, so ist es auch mit unserem Leben. So wie unser Tag ein Ein- und Ausatmen braucht, so erfahren wir dies bisweilen auch in unseren Lebensabschnitten. Die grundlegendste Differenzierung und Gegenüberstellung im Leben ist dabei einesteils die Praxis, die sich in den Lebens- und Tagesabläufen ergibt, und als Ausgleich die andere Seite, das Sich-Zurückziehen, um das, was uns im Leben begegnet, aufzuarbeiten: die Tat und die Tat-Betrachtung, könnte man sagen. Dies ist eine sehr sinnvolle und wichtige Einrichtung, die uns die Natur vorgegeben hat, denn es ist wie ein Ein- und Ausatmen, eine Notwendigkeit, die uns auch hier begegnet.

Das lebensnotwendige Ein- und Ausatmen gilt auch für das Leben des Menschen in seinen Taten, seinen Erfahrungen und in seinem Studium des Lebens. Für das profane und allgemeine Tun ist es die Pause; das Innehalten, um Kräfte zu tanken. Für ein differenziertes Leben und für den Weg der Erkenntnis ist es die rechte Betrachtung all dessen, was uns widerfährt. Für die Vermehrung der Lebenserfahrungen aber sowie für ein differenziertes Leben ist es die Pflege unserer geistigen und seelischen Ebene.

Für einen Studierenden auf dem rosenkreuzerischen Wege ist es das Aufnehmen der Lehren und die Pflege der praktischen Anwendung, die Teilnahme oder das Mitwirken an der Tempelarbeit und die Pflege des Heimsanktuariums. Es ist wie das Ein- und Ausatmen auf dem mystischen Pfade. Das Einatmen bewirken wir dabei durch das Studium, das Ausatmen wiederum erfolgt im Einbringen der Erfahrungen unseres Studiums in den Alltag. Immer wieder erfolgt dieses Sich-Zurückziehen und das Wiedereinbringen der Person. Dies ist es, was den Menschen stark und zu einer differenzierten Persönlichkeit macht.

Für den auf dem Pfade der Mystik Wandelnden aber gilt, dass eine Betrachtung ohne die entsprechende Ausrichtung auf die höhere Ebene nur eine oberflächliche Betrachtung ist. Er weiß, dass auf der rein rationalen Ebene alleine nicht die Gänze einer Gegebenheit erfahren werden kann. Er weiß auch, dass alles, was ihm im Leben begegnet, auch seine geistige Seite hat, dass hinter allem Geschehen ein Sinn liegt, auch wenn dieser nicht immer offensichtlich ist. Und als drittes weiß er, dass es gerade die Einbeziehung der höheren Ebene seines Seins und der Schöpfung ist, woraus ihm jene Hilfe zuteil werden kann, ohne die alles sehr erschwert wäre.

Für den religiösen Menschen ist dies die Hinwendung zu GOTT. Die Rosenkreuzer sprechen dabei von dem „Gott ihres Herzens“, denn auch der Mensch trägt einen Funken der Göttlichkeit in sich, das in seinem Unterbewusstsein eine eigene Vorstellung dieses Göttlichen hat entstehen lassen, als das Höchste, Edelste, das in seinem Inneren Selbst aufbewahrt ist. Durch die Überzeugung von einer höheren Existenz in der Schöpfung und auch im Menschen legt er den Weg aus, der ihn zu dem GOTT seines Herzens führt, von dem er den Segen für sein Tun erbitten darf.

Selbst hier können wir die differenzierte und auf ein Gegenüber ausgerichtete Wesenheit des Menschen erkennen. Die eine Seite ist sein Tun im rationalen Alltag und seine Hinwendung an die dort notwendigen materiellen Institutionen; die andere Seite aber die Pflege und das Studium seiner spirituellen und mystischen Seite, die ihn zu den höheren Erfahrungen führt, an deren Spitze die Gotteserfahrung steht.

Der Ausspruch, der Meister Jesus zugeordnet ist: „Gib dem Kaiser, was des Kaisers ist, und gib GOTT, was GOTTes ist“, gilt – natürlich im übertragenen Sinne – auch heute für den im praktischen Leben stehenden Menschen. Das heißt, dass wir den alltäglichen Anforderungen und den Institutionen, mit denen wir unweigerlich zu tun haben, ebenso unsere Aufmerksamkeit schenken sollen wie den geistigen, das heißt der Pflege der mystischen und spirituellen Arbeit. Auch dies ist eine Art des Ein- und Ausatmens.

Man könnte dies fortführen und sagen: Je mehr der Mensch sein spirituelles Wesen und GOTT in sich erkennt und die Hinwendung pflegt, umso bereichernder und schöpferischer kann er sich in des „Kaisers Reich" einbringen und dazu beitragen, diese Ebene vor stumpfem Dasein zu bewahren und Licht in den Alltag bringen.

Unsere wichtigste mystische Hinwendung ist dabei unsere Arbeit und unser Studium im Heimsanktuarium. Es ist der geheiligte Platz eines Studierenden des Rosenkreuzes, den er – wenn möglich – einmal täglich aufsuchen sollte, wozu sich am besten der Morgen oder der Abend – noch besser beides – anbietet. Nicht nur für unseren wöchentlichen Studienabend alleine ist das Heimsanktuarium vorgesehen, wenngleich dies das Minimum sein sollte. Je mehr wir unsere Abstimmungen, unser Studium, unsere mystische Arbeit im Heimsanktuarium pflegen, umso mehr können wir mit der Zeit in unserem Alltag erfahren, wie dieser aufgewertet wird und einen neuen, tieferen Sinn durch höhere Lebenserfahrungen erhält.

So wird das Heimsanktuarium immer mehr zu einem erhabenen Ort, an dem es leicht gelingen kann, sich selbst und darüber hinaus sein Selbst zu erkennen, bis man einmal jene Erfahrungen erlangen kann, welche die Erfahrungen des Über-Selbst sind. Dieses wiederum führt zu jenen erhabenen Erfahrungen des Kosmischen Bewusstseins, die der Studierende des Rosenkreuzes sich ersehnt. Sorgen wir dafür, dass das Heimsanktuarium ein erhabener Ort bleibt, an dem keine profanen Belange Platz haben, so wird er zu einem Ort der Kraft werden; jener Kräfte, welche die Kräfte der Seele sind und welche den Weg zu höherer Schau ebnen, wenn die Zeit gekommen ist.

Auch im Heimsanktuarium sollte alles seinen festen Platz haben. Die Ritualgegenstände, die dafür vonnöten sind, sollten im Verlauf des Weges durch die Atrium- und die Tempelgrade so aufgebaut sein, wie es vorgegeben ist. Dies hat seinen festen Sinn, denn die entsprechende Aufstellung entspricht einer kosmischen Ordnung nach alter Tradition, so dass das Bewusstsein sich leichter empor zu schwingen vermag, da es sich an jene kosmische Ordnung erinnert, die durch die Aufstellung der Ritualgegenstände symbolisiert wird – eine Aufstellung, die aber im Verlauf des Weges durch die Tempelgrade Veränderungen erfahren kann.

Die Pflege des allwöchentlichen Studiums ist ein sehr wichtiges Fundament, das man nicht versäumen sollte. Man legt sich dafür einen Termin fest, bei dem man davon ausgehen kann, dass dieser wöchentlich eingehalten werden kann. Die Regelmäßigkeit wird dafür sorgen, dass das Bewusstsein sich bereits darauf einstellt, was das Studium und die Arbeit im Heimsanktuarium sehr erleichtert. Natürlich kann es vorkommen, dass wirklich wichtige Gründe eine Verschiebung erfordern. Doch sollte man dies nur ausnahmsweise tun und zum normalerweise festgelegten Termin, nach Möglichkeit, sich trotzdem für einige Minuten zurückziehen, in die Stille gehen und sich abstimmen. Man wird merken, wenn man eine Regelmäßigkeit für seinen Studienabend eingeführt hat, dass dies sehr wohltuend ist und auch die Ausnahmesituation erleichtert.

Doch ist es nicht nur die wöchentliche Einkehr in das Heimsanktuarium für den Studienabend alleine, was der Studierende beherzigen sollte. Von Bedeutung ist für den Tagesablauf, wie man den Tag beginnt und wie man ihn beendet. Vor kurzem wurde an alle Studierenden der „Lebens-Kodex Rosae Crucis" gesandt, in dem wichtige praktische und auch ethische Hinweise über das Tages-Verhalten vorgegeben sind. Jeder Studierende weltweit richtet sich nach diesem Lebens-Kodex und erfährt so eine Ausgewogenheit im Alltag und in seinem Leben, als wertvolle Grundlage zur Meisterung seines Lebens. Man sollte sich diesen Lebens-Kodex genau ansehen und, so gut es geht, in seine Erinnerung aufnehmen. Das Befolgen der Regeln darin wird Ihnen helfen, rosenkreuzerisch zu leben und mit allen anderen Brüdern und Schwestern weltweit verbunden zu sein.

Stets sollte man den Morgen bewusst beginnen, indem man für die Führung und den Schutz in der Nacht, während man schlief, dankt. Anschließend sollte man sieben tiefe Atemzüge – möglichst am offenen Fenster – vornehmen und ein Glas Wasser zu sich nehmen.

Die Möglichkeit, das Heimsanktuarium aufzusuchen und dort die Übung zur Harmonisierung des Bewusstseins vorzunehmen, verbunden mit der Bitte an den GOTT Ihres Herzens um den Segen für den heutigen Tag, wird Ihnen zu einem bewussten und freudigen Start in den Alltag verhelfen.

Ebenso sollte dies für den Abend Gültigkeit haben. Bevor man sich in den Schlaf begibt, sollte man den Tag rückwärts vorüberziehen lassen und sich prüfen, auf welche Weise man diesen Tag verbracht hat. Dann sende man Gedanken der Liebe und Harmonie an alle Menschen und an jene, die zu unserem Freundes- oder Familienkreis gehören, sowie insbesondere an jene, von denen wir erfahren haben, dass sie sich in Not befinden. Man bitte die Kosmischen Meister, dass ihnen geholfen werde.

Zum Schluss bitte man um den Segen, um Führung und Schutz für die Nacht. Dies wird uns eine sichere und geruhsame Nacht gewähren, in welcher sich unser Geist und unser Bewusstsein wohl stärken und für den folgenden Tag vorbereiten kann.

Diese Ausrichtungen, verehrte Studierende, sollten Ihre Grundlagen für ein erfülltes Leben werden, das im Einklang mit den höheren Werten des Menschseins steht. Dies wird Ihnen helfen, den inneren Frieden zu vermehren, um zu einem ausgeglichenen Menschen zu werden, der seinen Platz in seinem Leben sowie seine Aufgaben und den tieferen Sinn erkannt hat; der sich aber nicht darauf ausruht, sondern stets bereit ist, die notwendigen Dinge zu tun, wohlweißlich, dass es die Tat ist, welche die notwendigen Hilfen hervorbringt – und nicht alleine der Wunsch danach. Es ist die Vorstellungskraft, welche die Welt bewegt. Es ist die Tat aber, welche die Kräfte hervorbringt und sie für die vorgesehene Ordnung manifestiert.

Möge Ihr Vorstellungsvermögen jene Bilder bewirken, die Sie Ihr Leben meistern lassen, und mögen Ihre Taten jene Ordnung hervorbringen, die Ihren veredelten Vorstellungen entspricht.

MEDITATION

„Bitte um Stärkung und Hilfe auf dem rosenkreuzerischen Pfad."

Wir empfehlen eine Meditation, die mit der vorausgegangenen Botschaft in Verbindung steht. Es soll eine Übung für Ihr Vorstellungsvermögen, für Ihre Visualisation sein. Sie sollten eine Vorstellung davon entwickeln, wie die kommende Zeit verstärkt der geistigen Arbeit gewidmet sein soll. Dies mag Ihre Arbeit im Heimsanktuarium oder Ihren Studienabend betreffen. Zuvor sollten Sie notieren, was Ihnen dazu einfällt. Wie stellen Sie sich Ihre geistige Arbeit in der nächsten Zeit vor? Anschließend nehmen Sie die Übung zur Harmonisierung des Bewusstseins vor.

Dann entlasse man all seine Gedanken und lasse nur noch ein Bild vor seinem inneren Bildschirm entstehen, das für Sie ein Sinnbild Ihrer geistigen Arbeit sein soll. Dies kann ein Bild sein, wie Sie sich im Heimsanktuarium befinden, aber auch irgendein anderes, das Ihnen sinnvoll erscheint. Lassen Sie dieses Bild richtig plastisch vor Ihrem geistigen Bildschirm entstehen. Wenn es genügend von Ihnen erbaut ist und Sie das Empfinden haben, dass es auch lebendig ist, so entlassen Sie dieses Bild voller Vertrauen, versehen mit der „Bitte um Stärkung und Hilfe für die geistige Arbeit auf dem rosenkreuzerischen Pfad."

Schließlich entlasse man auch dies und bitte den Gott seines Herzens, über einen zu verfügen, wie ER dies für richtig hält. Dann trete man frei von allen Gedanken ein in die Große Stille. Man beende diese Stille nach etwa sieben Minuten und achte auf die Eindrücke, die kamen oder noch kommen können. Anschließend bedanke man sich dafür und beende die Meditation.

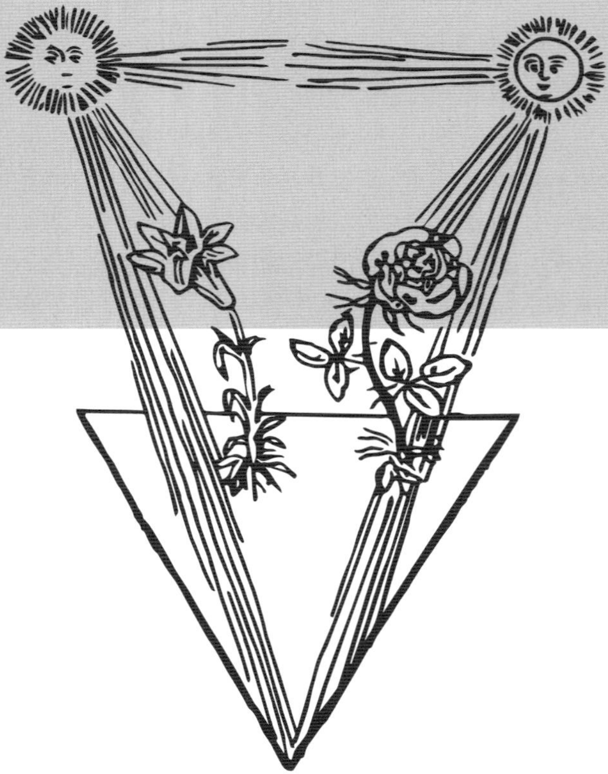

DIE BEDEUTUNG DER GEGENWÄRTIGEN MYSTISCHEN STUFE

Zu Beginn eines neuen Kalenderjahres kann man zumeist auf eine Periode des Nachsinnens und der Erholung zurückblicken, die sich durch die Tage zwischen Weihnachten und dem neuen Jahr ergeben hat. Die „stillen Tage", wie die zwölf Tage nach dem 25. Dezember nach uralter Tradition bezeichnet werden, können in besonderem Maße Erfahrungen frei werden lassen, die für die Ausrichtung unseres Weges und für die Erfahrung unserer Persönlichkeit sehr wertvoll sein können.

Es ist immer interessant zu betrachten, wie viele religiöse Feste mit den alten Traditionen zusammenfallen, die schon vor der Gründung der heutigen Religionen Bestand hatten, was auch für das Weihnachtsfest gilt. Viele dieser Feste kommen aus den Mysterienschulen der alten Kulturen, woraus schließlich auch jene regierenden Häupter oft geschöpft haben, wenn es um die Einteilung des Kalenders ging.

Die Mysterienschulen aber lehrten immer das Wissen um das Verborgene, das sich in uns Menschen und in der Schöpfung befindet und uns meist unbewusst lenkt.

Sie lehrten auch eine hohe Ethik, weil man wusste, dass ethisches Verhalten der beste Träger aufbauender kosmischer Kräfte ist. Sie ließen ihre Schüler in der Erfahrung reifen, dass es die in der menschlichen Seele verborgenen Dinge sind, welche uns in Wirklichkeit lenken. Immer waren solche Mysterienschulen auf der Lehre eines Adepten und Weisen aufgebaut, der das Wissen darum selbst erhielt und in die esoterische Tradition nicht nur wie andere Schüler eingeweiht war, sondern jene höchsten Weihen empfing, die ihn zum Lehren befähigten und berechtigten. Mit einem besonderen Auftrag versehen, hatte er den vorgegebenen Weg zu entwickeln, um suchenden Menschen wiederum diesen Weg zu weisen.

Heute gibt es bekanntermaßen viele Einrichtungen der verschiedensten Art, die sich auf das Wissen dieser Mysterienschulen stützen und ihr entwickeltes System daraus ableiten. Für den noch nicht genügend erfahrenen suchenden Menschen ist es schwer, seriöse und „beauftragte" Schulen von Möchte-Gern-Schulen, die oft mehr finanzielle, auf Gewinn ausgerichtete Unternehmen sind oder dem Ego bzw. Ehrgeiz eines Menschen dienen sollen, zu unterscheiden.

Die Weisen der Vergangenheit, welche den Mysterienschulen vorstanden, die auf dem traditionellen Einweihungssystem aufgebaut sind, waren aber nicht nur Eingeweihte alleine, sondern immer wurden sie von den Trägern dieses Weges mit einem besonderen Auftrag versehen, der sie zur Einrichtung solcher Schulen berechtigte und sie in Kraft setzte, diese Aufgabe überhaupt durchzuführen, was unbedingt einen Kosmischen Auftrag voraussetzt. Es würde also nicht genügen, einfach nur ein „System" aufzubauen, weil man zu Unterlagen kam, aus denen man Anleitungen ausarbeiten konnte. Schriftliche Unterlagen können niemals jenen mystischen Auftrag wiedergeben, der diesen Schriften übergeordnet ist. Gerade heute, in einer Zeit, wo Schriften und Unterlagen in allen möglichen Variationen kursieren, ist dies von besonderer Wichtigkeit, denn sehr schnell kann man dadurch in einen „astralen Dschungel" geraten, wovon man sich nur schwer wieder befreien kann.

Das hohe Wissen der geistigen Welt ist nicht schriftlich erwerbbar. Dies schlägt sich zum Beispiel auch im System unseres Ordens insofern nieder, dass die Monografien nicht erworben werden können.

Sie müssen immer eine Leihgabe für die sich im ordentlichen Stand befindenden Brüder und Schwestern bleiben, also für jene in einer aktiven Mitgliedschaft. Dabei sind die Monografien vor allem auch als Begleitung vorgesehen, um den aufgenommenen Studierenden durch die entsprechenden Grade hindurch jenes Wissen und jene Übungen zu vermitteln, die charakteristisch für den entsprechenden Grad sind, dessen Portal die Initiation ist. Wissen, wie es die Rosenkreuzer gemäß der mystischen Lehre definieren, ist nicht einfach nur Vermittlung von Themen und Sachverhalten. Es sind die Anwendungen, die Übungen, das Bemühen, die erhaltenen Prinzipien umzusetzen, die ganzes Wissen verschaffen.

Auf der Vorderseite jeder Monografie wird man daran erinnert, dass dieses Wissen, das im Orden vorhanden ist und das sich in den Monografien widerspiegelt, nicht erwerbbar ist. Dies entspricht einem esoterischen Gesetz und erinnert an drei esoterische Regeln.

Die erste Regel ist, dass wirkliches Wissen nicht erworben werden kann. Gemeint ist damit, dass es mit herkömmlichen Zahlungsmitteln nicht beglichen werden kann. Das Wissen kann nur dann übermittelt werden, wenn man es sich durch eigenes Bemühen erwirbt und man sich in der Ordnung der initiatischen Weisheitsschule befindet. Die initiatischen Regeln einer Weisheitsschule wiederum spiegeln die kosmischen Gesetzmäßigkeiten wider, was die Form der Vermittlung anbelangt. Sicherlich muss eine Weisheitsschule den ebenso geltenden irdischen Regeln gerecht werden und sich in ihren äußeren Formen danach ausrichten. In ihrer äußeren Form sollte sie „kein besonder Kleid" tragen, wie es schon in der „Fama Fraternitatis", dem ersten rosenkreuzerischen Manifest aus dem 16./17. Jahrhundert, vorgegeben ist, und hat sich den Regeln und Gesetzen eines Landes anzupassen. Diese Regel galt zu allen Zeiten.

Was aber die Form der geistigen Vermittlung anbelangt, unterliegt eine initiatische Weisheitsschule ganz allein den kosmischen Gesetzen und muss diesen auch gerecht werden.

Die zweite Regel ist, dass man gemäß seinen Möglichkeiten dazu beitragen soll, das Große Werk aufrechtzuerhalten. Die geistigen Möglichkeiten entwickeln sich gemäß dem Fortschritt des Einzelnen durch den eingeschlagenen mystischen Weg. Die Erfahrung zeigt, dass die Zeit auch die Möglichkeiten dafür hervorbringt.

Zum Erhalt der äußeren Struktur trägt man durch die Mitgliedsbeiträge und durch Spenden bei, wie es in der Satzung festgelegt ist.

Die dritte Regel ist, dass man Ausschau halten soll, wie man auch in der äußeren Welt sozial dazu beitragen kann, Menschen, die in Not geraten sind, zu helfen.

Diese dritte Regel entspricht dem Gesetz des AMRA, das wir auch im „Liber 777" beschrieben finden. Dieses alte ägyptische Gesetz, das der Legende nach aus dem versunkenen Atlantis überkommen ist, entspricht einem den Kosmos überragenden göttlichen Gesetz.

Für den Menschen besagt dies, dass man zum Ausgleich für die Hilfe und den Beistand aus dem kosmischen Raum auch seinerseits dafür sorgen soll zu helfen, wo Hilfe nötig ist. Die Buchstaben des Wortes AMRA sind von höchst symbolischer Natur. Ihre esoterische Bedeutung wird in der Akademie Rosae Crucis behandelt und besagt soviel wie: dass man als Mensch ein Empfangender höherer Kräfte aus dem Kosmischen Raum war oder ist und diese durch eine Wohltat im Materiellen weitergibt. Hier kann man schon erkennen, dass mit diesem Weitergeben auf der materiellen Ebene insgesamt drei Ebenen entsprochen wurde: der Kosmischen Ebene, woraus man die Segnungen erhalten hat, dem Menschen, der diese empfängt, und der materiellen Ebene, auf der er sich befindet, wo er ebenfalls gibt. Dies geschieht in der Regel im Schweigen, denn einer, der Gutes tut, sollte keine großen Worte um seine Wohltat machen. Damit gibt er frei, was bedeutet, dass seine Wohltat nicht mehr an seine Person gebunden ist. Der Geber gibt in der Absicht, dass seine Gabe nur dem zugute kommen soll, wofür es vorgesehen ist. Diesem Prinzip entspricht auch die Einrichtung des AMORC-Hilfskontos, worauf Brüder und Schwestern AMRA-Spenden entrichten können, die entsprechenden seriösen sozialen Einrichtungen oder in Not geratenen Menschen zugute kommen.

Diese Art zu geben entspricht auch der Art der wirklichen inneren Entwicklung. Wahre menschliche Entwicklung kommt nicht im Kleid der Sensation, sondern im Kleid der Bescheidenheit daher. Innere Kräfte kommen durch auf Äußerlichkeiten aufgebaute Sensationen kaum zum Fließen. Sie werden eher dadurch behindert. Der wirkliche Fluss der geistigen Kräfte ist ein innerer verborgener Fluss, der kaum von den äußeren Sinnen wahrgenommen werden kann.

Seine Widerstände hat er aber dort, wo Mauern durch Sensations-Erwartung oder egoistisch ausgerichtete Bedürfnisse errichtet sind. Dies sind die Mauern des äußeren Geistes, der wiederum durch seinen eigenen Sinn und durch seine Eigen-Entwicklung entscheidet, was er durchlässt und was nicht. Als Sensation erwartet man etwas, das die äußeren Sinne ergreift. Das Wort rührt von daher. Ganzheitliche innere Entwicklung, die zuerst von innen heraus kommen muss, berührt hingegen zuerst die inneren Sinne. Man tut deshalb gut daran, die äußeren Sinne entsprechend auszurichten, damit sie nicht nur auf grobstoffliche Erfahrungen reagieren, sondern auch auf die feinen Empfindungen, welche die inneren Sinne erfahrbar machen. Wenn diese Entwicklung dann die inneren Sinne berührt hat, bringt sie langsam die äußeren Sinne zum Staunen, reguliert sie und bringt sie in neuen Einklang. Der Mensch erfährt dies als ein „Erwachen", was eine Vorstufe der Großen Erleuchtung ist.

Entscheidend ist zunächst das Erlangen der Fähigkeit, sich von seinem Inneren Meister leiten zu lassen, der den Weg weist. Dazu muss man aber auch gelernt haben, die Weisungen des Inneren Meisters von den rein äußeren Beweggründen zu unterscheiden.

Der Innere Meister gibt keine Karriereleiter vor; er kümmert sich auch kaum um äußere Bestrebungen. Dies bleibt dem äußeren Menschen überlassen. Was der Innere Meister vorgibt, sind die Hilfen, die der Mensch zur wirklichen Gestaltung eines sinnvollen Lebens braucht, um im Einklang mit den kosmischen Gesetzmäßigkeiten zu stehen. Diese kennt er wie kein anderer, und er verwaltet sie für den Menschen. Der Einklang mit den kosmischen unabänderlichen Gesetzmäßigkeiten wiederum ist es, der die kosmischen Kräfte freiwerden und segensreich für den Menschen wirken lässt. Der Innere Meister weiß, wenn der Mensch den kosmischen Gesetzmäßigkeiten zuwider handelt, und er weist den Menschen auch darauf hin – oft sehr eindringlich sogar, wenn es notwendig erscheint.

Wenn der Mensch sich dann im Einklang mit den kosmischen Gesetzen befindet, sind auch die besten Grundlagen für die Meisterung seines Lebens gelegt. Dann kann er in der Tat sein Leben leben, so wie es zu ihm gehört. Er kann erfahren, wer er einesteils im Grunde seines Inneren ist, und er erfährt dabei als weiteren Schritt, was das höchste Entwicklungsmaß seiner Inkarnation sein kann.

Sein Leben gestaltet sich dann im Einklang mit seinem Selbst, denn er wird nun jenes geistige Gebäude, das für ihn bestimmt ist, bewusster bewohnen und es zu neuem Leben bringen. Das Wissen einer mystischen Weisheitsschule ist eben hierauf ausgerichtet, wobei diese auch selbst immer wieder darauf ausgerichtet und kosmisch geprüft wird. Es gilt bei mystischen oder esoterischen Schulungen auch zu bedenken, dass es nicht das Wissen alleine ist, das zeigt, inwieweit dieser Weg als ernsthaft zu betrachten ist, sondern auch, auf welcher Bewusstseins-Ebene dieses Wissen vermittelt wird. Halb-Wissen ist hier fehl am Platz und hinderlich, jene Ebene zu erreichen, worauf sich das Kosmische Bewusstsein gründet. Eine Weisheitsschule, die sich in der Einweihungs-Tradition befindet, hat kein Halb-Wissen. Damit könnte sie ihrem Auftrag nicht gerecht werden. Sie kann aber wohl einen Mangel haben, das vorhandene Wissen entsprechend zu übermitteln, das wohl da ist, aber auch lebendig gemacht werden muss. Dies gehört neben der Aufrechterhaltung des „Gebäudes" zum weiteren großen Auftrag, der die Verantwortlichen, die in diesem Auftrag stehen, unermüdlich dafür tätig werden lässt.

Für den Mysten, der sich auf dem Pfad der Einweihung befindet, gilt es oft, äußere Faszination von wirklich inneren Beweggründen, die aus der Seele kommen, zu unterscheiden. Innerlich mag er es zwar spüren, doch können die äußeren Bedürfnisse oder Voreingenommenheiten dies leicht überlagern.

Befindet man sich aber im Einklang mit der Seele, dann kann man auch die Ebene erkennen, aus welcher das Wissen kommt. Oft kann man als Studierender die Erfahrung machen, dass man vor allem im Heimsanktuarium, oder durch die Teilnahme an den Konvokationen in den Städtegruppen, wieder mit seiner Seele und den seelischen Kräften in Einklang kommt und daher leichter hinter die äußeren Täuschungen seiner Welt zu schauen vermag.

Das wirkliche Wissen, das diese Schulen bewahren, lehrt vor allem, den Geist hinter dem Sichtbaren wahrzunehmen. Dies ist eine der wichtigsten Voraussetzungen dafür, um zu erkennen, wie etwas wirklich ist. Dies beginnt zuerst damit, dass man dem Menschen hilft, sich darauf auszurichten, wie seine Psyche beschaffen ist. Wo sind die Zusammenhänge zwischen der irdischen Existenz und dem wahren Sein?

„Erkenne Dich selbst" bedeutet auf dieser ersten Stufe auf dem mystischen Pfad, seine Lebens-Problematik zu erkennen und die Hintergründe wahrzunehmen, warum das eigene Leben so ist und nicht anders. Auf dem Wege des AMORC verhelfen ihm die drei Grade des Neophyten dazu. Er beginnt, sein Leben zu durchschauen und zu erkennen, was er in seinem Leben verändern sollte. Diese Zeit ist eine sehr wertvolle Zeit. Hier entscheidet sich auch, ob er durchhalten kann, um die nächste Stufe zu beschreiten. Wer durchhält, den erwarten Erfahrungen von unbeschreiblicher Schönheit und lichtvoller Kraft, welche die Schatten der Illusion aufzulösen vermögen.

Doch immer gilt es, Stufen zu beschreiten, die in seinem Inneren Selbst bereits vorgegeben sind. Höhere

Schau und die Kräfte aus der Ewigkeit für sich nicht nur erfahrbar zu machen, sondern den Weg dorthin auch zu festigen, kann kein Schnelllehrgang sein, auch wenn unsere so rasant-lebige Zeit dies gerne vorgaukelt. Ein Schnell-Lehrgang ist im Grunde auch nicht notwendig, auch wenn die Einsicht hierzu schwerfällt. Denn immer kommen die Dinge zur entsprechenden Zeit, auch wenn der äußere Mensch dies nur schwer einsehen mag. Die innere Entwicklung richtet sich nicht nach diesen äußeren Maßstäben, die aber für das äußere Wirken notwendig sind. Die Seelen-Persönlichkeit hat ihren eigenen Maßstab, der durch die Zeiten hindurch unverändert bleibt. Dies ist aber der eigentliche Maßstab des Menschen, der ihn, wenn er sich danach ausrichtet, wieder in Einklang mit den kosmischen Kräften bringt. Eine der wichtigsten Erfahrungen auf dem rosenkreuzerischen Weg ist es daher, diesen inneren Rhythmus zu erkennen, was die Voraussetzung dafür ist, dass sich die Himmelsleiter auf dem Pfad der Einweihung ausrollen kann.

Durch das „Erkenne Dich selbst" beginnt man, sich zu durchschauen, wozu gerade in der Zeit des Neophyten die Impulse für ihn bereit gehalten werden, die ihm dann unweigerlich vermittelt werden. Diese Impulse beinhalten nicht nur die entsprechenden Erfahrungen in sich, sondern auch die Kräfte, die zu strömen beginnen und ihm dabei helfen, sein Leben entsprechend im Einklang mit sich selbst und mit dem Kosmos auszurichten. Freude und Glücksempfinden begleiten ihn dabei und zeigen ihm, dass er sich auf dem richtigen Weg befindet.

Dieses Durchhalten vor allem zu Beginn des Weges erinnert an die alte esoterische Tradition, dass man erst dann für diesen Weg bereit ist, wenn man Beharrungsvermögen und Geduld bewiesen hat. Diese Erfahrung gilt nicht nur für den mystischen Weg, sondern ist auch – wie sollte es anders sein – eine wichtige Lebens-Erfahrung für ein erfolgreiches Leben. Geduld ist eines der wichtigsten Prinzipien, die es auf dem mystischen Pfad zu erlernen gilt. Damit beweist der Schüler, dass er den inneren Plan akzeptiert und über die äußeren Zeitvorstellungen setzt, die für die Seele nur sehr bedingt gültig sind.

Der Innere Meister weiß genau, wann die Zeit für den Menschen gekommen ist. Selbst die höchsten Vorstellungen des Menschen an sein Leben können übertroffen werden; doch zuerst ist es notwendig zuzulassen, dass sich das erfüllen kann, was zu seinem persönlichen Leben gehört.

Mein Appell richtet sich daher vor allem an die neu aufgenommenen Studierenden: Harren Sie aus und erwarten Sie nicht gleich alles am Anfang. Es ist die Zeit der Vorbereitung für das Überschreiten der Schwelle. Vor dem Überschreiten wird man auch geprüft. Oft ist gerade die Geduld eine der größten Prüfungen. Ein starkes und meisterhaftes Gebäude kann erst dann entstehen, wenn es gut gegründet ist und den Stürmen auch standhalten kann. Dies kann kein Schnellschuss sein.

Mit den besten Wünschen für Ihren weiteren rosenkreuzerischen Weg, der Sie immer mehr bereichern möge. Und möge wahrer, innerer Friede Sie dabei stets begleiten.

MEDITATION

„Worin liegt die Bedeutung der gegenwärtigen mystischen Stufe für meine Einweihung?“

Eine Meditation in der rosenkreuzerischen Tradition ruft bei entsprechender sorgsamer Durchführung immer zwei Wirkungen hervor: Einerseits bewirkt sie innere Erfahrungen, die auf herkömmlichen Wege nicht erfahrbar sind, sondern die Stufen der Meditation benötigen, die zu jener besonderen inneren Schau führen. Zugleich aber werden dadurch jene Kräfte angeregt, die helfen, jene Dinge zu lösen, weswegen man sich in die Meditation begeben hat. Diese Erfahrung der Meditation ruft ein Gefühl der Befreiung hervor, die im Menschen tiefen inneren Frieden und eine Stärkung seines Geistes bewirkt. Wir empfehlen eine Meditation über die Bedeutung der gegenwärtigen mystischen Stufe auf dem Weg der Höher-Entwicklung. Für diese Meditation sollte man im Vorfeld niederschreiben, was man bereits über die mystischen Stufen weiß, insbesondere in Bezug auf den rosenkreuzerischen Einweihungsweg.

Dann bereite man sich für die Meditation vor, indem man als erstes die Übung zur Harmonisierung des Bewusstseins vornimmt. Dann entlasse man all seine Gedanken und lasse nur noch die aufrichtige Frage vor seinem inneren Bildschirm entstehen, die Sie für die Meditation formuliert haben: „Worin liegt die Bedeutung der gegenwärtigen mystischen Stufe für meine Einweihung?" Wenn diese Frage gut visualisiert ist und Sie das Empfinden haben, dass sie auch lebendig ist, so entlassen Sie diese Frage voller Vertrauen. Schließlich bitte man den Gott seines Herzens, über einen zu verfügen, wie ER dies für richtig hält. Dann trete man frei von allen Gedanken ein in die Große Stille. Man beende diese Stille nach etwa sieben Minuten und achte auf die Eindrücke, die kamen oder noch kommen können. Man vervollständige anschließend seine Notizen, bedanke sich dafür und beende die Meditation.

WIE STÄRKE ICH DAS GUTE IN MIR?

Die höchste Erfahrung, die Mystiker auf dem Wege der Initiationen machen können, ist die Gottes-Erfahrung. Dies ist das Höchste und Erhabenste, so können wir verschiedenen Versionen aus Hinterlassenschaften von Mystikern und Rosenkreuzern aus der Vergangenheit entnehmen, was für den Menschen überhaupt erreichbar ist. Der Weg dorthin führt über die Vervollkommnung seiner Seelen-Persönlichkeit, mit deren Reife er immer mehr des Göttlichen, das in allem wirkt, bewusst wird. Seine Fähigkeiten, die sich auf dem Wege dorthin immer mehr stärken, lassen ihn hinter den Schleier der Illusionen schauen, und er lernt, dass diese Illusionen Teil seines Entwicklungsstandes sind, die zu durchschauen ihm Wissen und Weisheit verschafft. Oft ist man der Ansicht, dass man das esoterische Wissen der Mystiker und Rosenkreuzer in Büchern wiederfinden könne, doch ist dem in Wirklichkeit nicht so.

Diese wussten sehr genau, was man in Büchern darstellen kann und was der persönlichen Unterweisung bedarf. In ihren hinterlassenen Schriften waren sie zwar bemüht, Fenster zu öffnen und die Sicht ausrichten zu helfen; doch die esoterischen Wahrheiten können darin nicht gefunden werden. Dies hat sich im Grunde bis heute nicht geändert. Hier wird auch der Unterschied deutlich zwischen wahrer Esoterik und jenen Dingen, die man verbal und auch per Schrift zu übermitteln vermag.

Unter Gottes-Erfahrung versteht man auf mystischer Ebene jene Erfahrung, die aus dem Inneren kommt und den Menschen wahrnehmen lässt, dass da noch eine höhere Instanz ist, mit der der Mensch verbunden ist. Aus dem Inneren heraus wird der bereite Mensch dann mit seinem Bewusstsein nach oben geleitet, wo das Göttliche thront.

In manchen Schriften lesen wir von dem Gottes-Funken, den der Mensch in sich trägt. Es ist jener Funken, der ihm von GOTT als der höchsten Instanz allen Seins und allen Werdens mitgegeben wurde und der dem Menschen als vollkommene kleinste Einheit innewohnt. Klein ist sie deswegen, so könnte man sagen, weil sie keinen eigenen irdischen Platz benötigt, aber den größten Reichtum in sich birgt, der auf die Menschheit in ihrer Entwicklung wartet. Diese Definition mag anfänglich etwas verwirrend erscheinen. Sie wird dann verständlich, wenn wir bedenken, dass alles, was sich aus den höheren Ebenen des Seins im Menschen kundtut, oftmals als gering erscheint. Seine Größe zeigt es erst, wenn sich daraus ein Weg gebildet hat, der in die Unendlichkeit, jenseits des Räumlichen führt. Rückblickend meist wird dann erst die wirkliche Größe wahrnehmbar. Dieser Weg ist zwar ein Weg in der Zeit, jedoch nicht in Zeit-Einheiten messbar.

In vielen Menschen ruht dieser göttliche Funken für lange Zeit, bis der Mensch in seiner Entwicklung so weit vorangeschritten ist, dass er ihn bewusst wahrnehmen kann. Wenn ihm aber eine erste bewusste Erfahrung des Göttlichen zuteil wird, beginnt ein Erwachen im Menschen. Zuerst noch recht zaghaft, aber doch unerschütterlich – und auch wiederum nicht in einer Zeit-Einteilung messbar. Dieses Erwachen bewirkt, dass der Mensch die Welt und das Leben mit anderen Augen wahrzunehmen beginnt. Es erweckt ihn aus dem grobstofflichen Sensorium zu den feinstofflichen Wahrnehmungen, woraus das Gute, das Wahre sowie das Schöne wahrnehmbar werden.

Das Schöne aber ist nicht irdisch messbar, auch nicht das Wahre; selbst wenn noch so viel darüber gesprochen wird. Selbst das Gute ist in den Vorstellungen, welche die Menschen davon haben, oft Entwicklungsperioden und Epochen unterworfen. Auch die Definition des Schönen und des Wahren unterliegen meist dem Gradmesser der Zeit und der Entwicklungsperioden der Menschen.

Und doch haben diese Ausdrücke als drei Formen der wichtigsten Wahrnehmungen für den Menschen einen so hohen Stellenwert. Sie sind es im Grunde, die ihn leiten und alles ausmachen, was der Mensch vermöge seiner Intelligenz anstrebt. Sie sind die drei

Lenkkräfte, die den Menschen aus der Dumpfheit erwachen lassen, ihn befreien von den Fesseln der Nacht und ihn die Reise zum Licht und zur höheren Schau antreten lassen, wenn die Zeit dafür gekommen ist. Kaum aber ist etwas mehr missbraucht worden als diese drei.

Je mehr der Mensch jedoch aus dem Dickicht der materiellen Verstrickungen und grobstofflichen Erfahrungen erwacht, um so mehr erfährt er auch von der Heimat dieser drei so hohen Begriffe, die ihren Ursprung im kosmischen und weiter noch im göttlichen Raum haben.

In der rein grobstofflichen Wahrnehmung sind diese drei Werte nur sehr verzerrt wahrnehmbar und werden in der Regel vor allem durch die meist rein emotional und egoistisch ausgerichteten Wahrnehmungen dominiert. Der Mensch ist veranlasst, sich Moralgesetze zuzulegen, daran zu glauben und danach zu handeln. Bei seiner Höherentwicklung dienen ihm meist von Religionen ausgelegte Richtungswerte, die ihm helfen, sich nach dem Höheren auszurichten, das allgemein als Gott oder das Göttliche bezeichnet wird.

Für den noch unentwickelten Geist ist dies oft nur annehmbar, wenn diese Ausrichtung personifiziert ist. In der Tat ist es sehr hilfreich, sich an Persönlichkeiten zu orientieren, von denen man weiß, dass sie einen hohen Grad ihrer persönlichen Entwicklung erreicht haben. Es würde allerdings zu blindem und unreflektiertem Glauben führen, wäre man nicht zugleich darauf ausgerichtet, die Dinge, nach denen man seine

Wertvorstellungen ausrichtet, auch zu prüfen. Meist ist es der blinde Glaube, der zu Fanatismus und Intoleranz Andersdenkenden gegenüber führt.

Erst die durch Nachdenken gewonnene Erkenntnis zeigt dem Menschen, dass er sich in seiner Einstellung im Einklang mit dem Menschen allgemein befindet, ganz gleich, welcher kulturellen oder religiösen Richtung er entstammt. Es ist das Nachdenken, das Gesetze, denen man sich untergeordnet hat, für einen lebendig und daher annehmbar macht.

Das Nachdenken ist schließlich auch die besondere Fähigkeit, die dem Menschen eigen ist. In der Mystik hatte es stets einen hohen Stellenwert. Im Grunde dienen alle Schriften und alle Hinterlassenschaften großer mystischer Persönlichkeiten vor allem dazu, den Suchenden zu eigener Reflexion zu führen, sodass sein inneres Sensorium dadurch bleibend angeregt wird.

In der Lehre der mystischen Elemente erfahren wir von den vier Elementen Erde, Wasser, Feuer und Luft. Sie sind für die Schöpfung und auch für den Menschen die vier grundsätzlichen Wesensarten, wobei für den Menschen, der sich auf dem Wege der Höherentwicklung befindet, die Reihenfolge der Aufteilung der mystischen Elemente, bei der die Luft an erster Stelle steht, von besonderer Bedeutung ist.

In einem Rosenkreuzer-Tempel ist es gerade das Element Luft, das dort den höchsten Stellenwert besitzt. Wenn wir die Lehre der mystischen Elemente betrachten, so ist es die Luft, der man als einziges Element ein menschliches „Antlitz“ gegeben hat, da sie die besondere Eigenschaft des Verstandes und des Denkens charakterisiert. Während dem mystischen Element Erde der Körper in seiner physischen und psychischen Beschaffenheit zugeordnet ist, dem man auch gerne den Kopf des Stieres zuordnet, dem Wasser das Bewusstsein in seiner äußeren und inneren Ausrichtung sowie den Adler, dem Feuer, das für Emotion, Instinkt und Verlangen steht, den Löwen, so ist es die Luft, der man den Verstand, das Denken und die Inspiration zugeordnet hat. Die Merkmale dieser Luft sind jene Eigenschaften, die vor allem dem Menschen auf höchster Entwicklungsstufe als besondere Fähigkeit eigen ist. Durch diese Eigenschaften ist der Mensch fähig, das Göttliche bewusst wahrzunehmen und zu höchsten Erfahrungen seines Geistes zu gelangen, was ihn schließlich zum Göttlichen führt.

So haben Verstand und Inspiration einen hohen Stellenwert. Diese Eigenschaften, welche der mystischen Luft zugeordnet sind, sind es schließlich, welche die anderen Elemente leiten sollen, sodass diese zu höchster Veredelung gelangen können. Dies ist auch der Grund, warum man in der Mystik oft von den „drei Elementen und der Luft“ spricht.

Befinden sich alle in der entsprechenden Einteilung in Harmonie, so kann die Quintessenz erreicht werden, welche über den vier Elementen steht und deren Zugang durch Meisterung der mystischen Elemente, insbesondere aber über die mystische Luft erreicht werden kann. Die Quintessenz, die in der Regel als ein gelbes Rad mit acht Speichen dargestellt wird, ist es schließlich, welche das Kosmische und Göttliche Bewusstsein erfahren lässt.

Diese vier Elemente, die übrigens nicht mit jenen der Elementen-Lehre in der Chemie verwechselt werden dürfen, werden aus verschiedenen Gründen als „mystische Elemente" bezeichnet. Einer der Gründe ist, dass der Mensch die Eigenschaften dieser mystischen Elemente Erde, Wasser, Feuer und Luft in sich trägt, an ihnen arbeiten und sie in sich veredeln und in Harmonie bringen kann. Darüber hinaus sind sie gleichzeitig jene lenkenden Kräfte auf den drei Ebenen der Schöpfung: auf der stofflichen, auf der psychischen und auf der kosmischen Ebene.

Die Arbeit an ihnen ist es schließlich, welche dem Menschen das Gute, das Wahre und das Schöne nahebringt, denn durch die Veredelung dieser vier mystischen Elemente nimmt der Mensch immer mehr jene Eigenschaften wahr, auf denen diese drei Grundkräfte beruhen. Sie sind zugleich die Eigenschaften der geistigen Pyramide, die auf den vier fundamentalen Elementen erbaut ist und die sich hin zur Spitze durch die Wahrnehmung und das Bewusstwerden des Guten, Wahren und Schönen durch den Menschen ersteigen lässt, an deren Spitze das Göttliche thront. Hier findet der Mensch die Heimat jenes Gottesfunkens, den er in sich trägt und der ihn in unendliche Höhen führt.

Dies ist eines der Geheimnisse der Pyramide, die sich der Mensch direkt erarbeiten kann.

Das Gute, Wahre und Schöne wiederum sind jene Eigenschaften, die aus den drei Prinzipien Licht, Leben und Liebe hervorgehen. Es sind jene hohen Prinzipien, durch welche die Schöpfung und das geistige All bestehen und worauf auch die mystischen Elemente gegründet sind. Sie sind die Grundlage einer jeden rosenkreuzerischen Konvokation, sei es in den Pronaos-Tempeln oder auch in den Tempeln der Kapitel und Logen.

Die Wahrnehmung des Guten wird durch das Prinzip des Lichtes bewirkt, die Wahrnehmung des Wahren durch das Prinzip des Lebens und die Wahrnehmung des Schönen durch das Prinzip der Liebe.

Das Gute ist dabei immer jene Eigenschaft, die den Menschen zur Vervollkommnung seines Wesens und seiner Persönlichkeit führt. Es ist jene kosmische Eigenschaft, die dafür sorgt, dass im Kosmos alles nach einer unveränderlichen ewigen Ordnung aufgebaut ist.

Dem Guten zuzustreben, heißt, von der Erfüllung des Göttlichen zu erfahren, die eine Erfahrung der göttlichen Vollkommenheit ist. Es führt den Menschen zum Mysterium des Lichtes, das deshalb zum Licht geworden ist, weil es die gesammelte Kraft der Schöpfung in sich trägt, als das „primum divinum". Dem Guten Ausdruck zu geben und ihm nachzustreben, heißt daher, das Licht in sich selbst und in der Welt zu vermehren.

Das Wahre ist jene Eigenschaft, das Gute in allem zu erkennen, was sich in der Schöpfung Ausdruck verschafft. Durch die Erarbeitung des Guten entsteht lebendiges Wissen, und dieses wiederum macht die Wahrheit erkennbar. Dem Wahren durch die Erkenntnis und Erarbeitung des Guten zuzustreben, ist der Weg zu höherem Leben und lässt die wahre Bedeutung aller Ausdrucksformen, die mit dem Leben in Verbindung stehen, in ihrem wahren Gehalt erkennen.

Diese Erkenntnis wiederum wird den Wissensschatz in der persönlichen Schatzkammer des Gedächtnisses vermehren. Je mehr die Schatzkammer des Gedächtnisses im Inneren Selbst des Menschen von diesem Wissen durch Erfahrung angefüllt ist, desto mehr vermag es den aufwärts strebenden Menschen in Ordnung zu bringen, was ihn wiederum immer mehr zum Spiegelbild der kosmischen Ordnung werden lässt. Das Wahre ist daher jene Eigenschaft, die dem Prinzip des Lebens zugeordnet ist und je nach Grad des Ausdrucks die Höherentwicklung fördert, die durch Halbwahrheit verhindert werden kann.

Das Schöne ist wiederum eine Eigenschaft, welche die beiden Eigenschaften des Guten und des Wahren verbindet. Dem Guten und Wahren zuzustreben und dies in sich verwirklichen, lässt das Göttliche in uns selbst lebendig werden, und der Mensch verändert seine Sicht der Welt und von sich selbst. Er wird der großen, schönen und göttlichen Kraft gewahr, die in allem ruht, im Menschen selbst aber durch sein Streben nach dem Guten und Wahren zum Erwachen kommen kann. Das Schöne wird durch das Streben nach Liebe allem und allen gegenüber lebendig. Es ist zugleich der höchste Ausdruck des Göttlichen in der Schöpfung und im Menschen. Es ist die Erfahrung der Harmonie in der Schöpfung und in sich selbst.

Die Wahrnehmung des Schönen und Erhabenen schließlich lässt erst Gott als den Gott unseres Herzens in seinem höchstmöglichen Ausdruck erfahren.

In den rosenkreuzerischen Abstimmungen, sei es im Tempel, sei es zu Hause im Heimsanktuarium, können wir dieser hohen Erfahrungen bewusst werden, wenn wir die drei Kerzen entzünden, die sichtbarer Ausdruck des Guten, Wahren und Schönen sind. Schließlich sind es auch jene hohen Erfahrungen, die durch das Studium der Rosenkreuzer-Lehren und Gesetze zu Kräften der Höher-Entwicklung werden:

Das Gute wird erkannt, indem wir ein Licht entzünden;

das Wahre wird erkannt, indem wir uns dem Studium hingeben;

das Schöne wird erkannt, indem wir uns der Meditation und den kosmischen Abstimmungen hingeben.

Alle drei zusammen bewirken den Bau der geistigen Pyramide, der die mystischen Elemente unseres Wesens höchste Ausdruckskraft verleihen. In den Seminaren, den Conclaven, den Städtegruppen und im Heimsanktuarium werden diese Grundlagen immer wieder erneuert. Pflegt man diese, so kann dies für die Entwicklung der Persönlichkeit zur edelsten

Grundlage werden, und der auf dem mystischen Pfade Wandernde erbaut durch diese Pyramide des Ordens seine eigene, die auf starken Grundfesten erbaut ist und ihn die höchsten Höhen geistiger Entwicklung erklimmen lässt.

Mögen Ihnen diese Gedanken Anregung für Ihren Weg im Zeichen des Rosenkreuzes sein.

MEDITATION

„Wie stärke ich das Gute in mir?“

Wir empfehlen eine Meditation über das Gute. In der vorausgegangenen Botschaft befinden sich bereits Hinweise dazu. Für diese Meditation sollte man im Vorfeld niederschreiben, was man bereits über das Gute weiß.

Dann bereite man sich für die Meditation vor, indem man als erstes die Übung zur Harmonisierung des Bewusstseins vornimmt. Dabei lenke man sein Bewusstsein durch den Körper, von den Fußsohlen bis zu den Haarspitzen. Dann entzünde man den Moosrose-Räucherkegel, sowie die Kerze.

Dann entlasse man all seine Gedanken und lasse nur noch die aufrichtige Frage vor seinem inneren Bildschirm entstehen, die man für die Meditation formuliert hat: „Wie stärke ich das Gute in mir?"

Wenn diese Frage gut visualisiert ist und Sie das Empfinden haben, dass sie auch lebendig ist, so entlassen Sie diese Frage voller Vertrauen. Schließlich bitte man den Gott seines Herzens, über einen zu verfügen, wie ER dies für richtig hält.

Dann trete man frei von allen Gedanken ein in die Große Stille.

Man beende diese Stille nach etwa sieben Minuten und achte auf die Eindrücke, die kamen oder noch kommen können. Man bedanke sich und beende die Meditation.

DIE ENTFALTUNG DER VORSTELLUNGSKRAFT

Stellen wir uns einmal vor, die Welt, in der wir uns befinden, einschließlich uns selbst, wäre genau so beschaffen, wie es unseren Vorstellungen entspricht. Wie würde die Welt dann aussehen und wie ist dabei unser Bild über uns selbst?

Was für eine Vorstellung haben wir über uns und über die Welt, in der wir leben, wirklich? Ist unsere Vorstellung eine reale oder entspricht sie lediglich unserer subjektiven Empfindung alleine? Ist unsere Vorstellung darüber eine bejahende, eine verharrende oder eine ängstliche? Und wenn wir mit uns oder unserer Welt nicht zufrieden sind, wie stellen wir uns vor, wie sie denn aussehen sollte?

Ist es überhaupt möglich, dass die Welt mit Vorstellungskraft gestaltet und dass man alleine durch Vorstellungskraft „selbst" werden kann?

Oder ist vielleicht die Welt oder gar unser Leben das Ergebnis unserer Vorstellungen? Eine etwas provokante Frage, zugegeben.

Dies würde aber unbedingt eine weitere Frage erforderlich machen: Woraus bilden sich unsere Vorstellungen?

Eine der wichtigsten Übungen auf dem Wege zur Entfaltung der Persönlichkeit ist in der Tat die Entwicklung der Vorstellungskraft. Sich etwas vorstellen zu können, ist ein bewusster Akt des Menschen und mit ausschlaggebend dafür, inwieweit der Mensch sein Leben selbst zu gestalten vermag. Alleine die Fähigkeit, sich etwas bewusst vorstellen zu können, ist eine der fundamentalsten Eigenschaften des Menschen und von höherer Bedeutung, als man allgemein denkt. Denn es ist die Vorstellungskraft, welche zum großen Teil das Leben des Menschen bestimmt.

Dabei entwickelt sich das Vorstellungsvermögen des Menschen aus zwei Ebenen heraus. Auf der einen Seite wird sie bewusst durch den Menschen bewirkt, insbesondere dann, wenn er sich der Visualisation bedient. Visualisation ist die Fähigkeit, Bilder auf seinem geistigen Bildschirm zu entwickeln, die wiederum die Vorstellungswelt bereichern.

Die zweite Ebene ist die Ebene der imaginativen Entwicklung von Vorstellungen. Dies sind Imaginationen, die sich im Menschen einfach durch seine Erfahrungen vollziehen und zu Vorstellungen werden; Bilder, die von innen kommen, aufgrund der Erfahrungen, die sich im Menschen aufgezeichnet haben.

Hier allerdings ist von wesentlicher Bedeutung, inwieweit der Mensch seine Erfahrungen überprüft und wie er sie verarbeitet. Denn die Überprüfung mittels seines Verstandes und seiner Vernunft trägt dazu bei, dass die durch die Erfahrung entstehenden Bilder von Ängsten und subjektiven, oft auch falschen Vorstellungen gereinigt werden, bevor sie das Innere Selbst in seinem Archiv ablegt, wo sie zur Entwicklung der Persönlichkeit beitragen. Die Aufarbeitung der eigenen Bilder und entstehenden Vorstellungen ist dabei wesentlich.

Die Übung der Visualisation, wie sie in den Atrium-Graden gelehrt wird, soll unter anderem zeigen, dass sich Vorstellungen des Menschen verwirklichen können. Interessant ist dabei allerdings, dass für diese Verwirklichung das Annehmen des entsprechenden Bildes durch den Kosmos benötigt wird, der nicht einfach nur ein automatisches Ordnungs-System ist, sondern vom Willen und der Liebe GOTTes getragen wird.

Ohne den Kosmos hätte eine sinnvolle Visualisation keinen rechten Bestand und würde lediglich in der Vorstellungswelt des Menschen verharren, ohne dabei die schöpferischen Kräfte zur Verwirklichung zu beteiligen.

Das Abgeben einer Visualisation in den Kosmos bewirkt einesteils, dass sich der Kosmos dieses Wunsches annimmt und die kosmischen Kräfte zur Verwirklichung des Wunsches herangezogen werden können. Andererseits wird die Visualisation der kosmischen Ordnung übergeben, welche die

Verwirklichung so geschehen lassen kann, wie es der kosmischen Ordnung entspricht.

Entspricht es nicht der kosmischen Ordnung des schöpferischen Aufbaus, kann es sich nicht verwirklichen, denn es kann sich nicht eingliedern. Wenn man seine Visualisation den Kosmischen Meistern empfiehlt, wie es jeder Studierende der Rosenkreuzer-Lehren tun sollte, so hat man die Gewissheit, dass es sich so verwirklichen wird, wie es zu einem gehört, zu seinem Wesen und zu seiner Entwicklung.

Es liegt daher ein Sinn darin, warum Übungen wie Visualisation und Imagination schon zu den ersten Übungen in den Atriumgraden gehören, denn diese Übungen haben großen Anteil daran, wie sich der beginnende Weg weiter gestalten wird. Gerade zu Beginn des rosenkreuzerischen Weges bildet sich die Vorstellungskraft und lässt aus dem Inneren Bilder aufsteigen, die dem Neophyten seinen Weg aufzeigen.

Unsere Innenwelt ist voller Faszination und auch voller Leben. Doch sollte man ganz deutlich unterscheiden zwischen der Bilderwelt, hervorgerufen durch unsere subjektiven Eindrücke, die unsere Vorstellungen ebenfalls beeinflussen, und unserer Bilderwelt, welche der mystischen Ebene unseres Wesens entspricht und dabei unsere Spiritualität wie auch unsere bereits erreichte Verbindung zur kosmischen Ebene aufzeigt.

Übung zur Stärkung des Vorstellungs-Vermögens

Folgende Übung sollten Sie in Ihrem Heimsanktuarium durchführen:

Sitzen Sie bequem und entspannt und geben Sie Ihrem Inneren Selbst den Auftrag, ein Bild über sich selbst zu zeigen, so wie Ihr Idealbild über Sie selbst sein sollte. Lassen Sie sich ruhig etwas Zeit dabei und erliegen Sie nicht Ihren Fantasien, die Sie verleiten könnten, ein Bild zu entwickeln, das lediglich Ihren äußeren Wunschvorstellungen entspricht. Denken Sie im Vorfeld der Entstehung darüber nach, lassen Sie also Ihre Gedanken Revue passieren und beziehen Sie dabei auch Ihre Vernunft mit ein. Wenn Sie mit Dingen unzufrieden sind, befragen Sie sich, warum. Überhaupt sollte die Frage nach dem „Warum" ständig mit dabei sein, wenn Sie über Ihr Idealbild von sich selbst nachdenken. Denn die Hinterfragung im Heimsanktuarium wird es Ihnen leicht machen, die Antworten aus Ihrem Inneren zu beachten. Befragen Sie dabei Ihre Intuition und bitten Sie Ihren Inneren Meister, Ihnen zu helfen, dass das richtige Bild über Sie zum Entstehen kommen kann. Lassen Sie ruhig Impulse aus Ihrem Inneren Selbst zu, damit diese dazu beitragen können, wenn sich dieses Bild formt.

Achten Sie nach einem Zeitraum von etwa 10 Minuten auf den inneren Impuls, der Ihnen sagt, dass das Bild nun entstehen soll. Lassen Sie es zu und betrachten Sie mit Ihren inneren Augen, wie auf dem geistigen Bildschirm ein Vorstellungsbild über Ihre Persönlichkeit entsteht. Bitten Sie dabei Ihren Inneren Meister um seine Hilfe.

Seien Sie dabei weder überrascht noch irgendwie aufgeregt, sondern betrachten Sie dieses Geschehen als etwas ganz Natürliches. Je mehr Sie dabei gelassen bleiben, umso weniger stören Sie dieses Geschehen.

Wenn das Bild dann gut wahrnehmbar geworden ist, betrachten Sie es eine Weile voller Güte, Wohlwollen und Toleranz. Dadurch verleihen Sie diesem Bild Ihre persönlichen schöpferischen und reinen Impulse, die es beleben.

Entlassen Sie dieses Bild dann in den Kosmischen Raum, versehen mit der Bitte an die Kosmischen Meister, dass Sie darüber verfügen wollen, wie sie es für richtig halten.

Der Kosmos wird Ihr Bild annehmen und es in die Kosmische Ordnung einfügen. Die Kosmische Ordnung wiederum wird Ihnen helfen, dass sich Ihr Idealbild so verwirklichen kann, wie es sich im schöpferischen Einklang und von den schöpferischen Kräften umgeben als Ideal-Vorstellung Ihres Wesens verwirklichen kann.

Unsere Welt ist eine Welt, die aus der Vorstellung heraus geschaffen wurde. In ihren Grundzügen ist sie aus der kosmischen Ordnung heraus geschaffen, die wiederum der Vorstellung des Schöpfers entspricht. Aus dieser kosmischen Ordnung heraus wiederum hat sich in der Vorstellung des Schöpfers jene Welt entwickelt, wie sie auf uns wirkt, und der Mensch hat die Kraft erhalten, diese Welt nach seinen Vorstellungen weiter zu gestalten.

Wie wir diese Welt wahrnehmen, ist wiederum das Ergebnis unseres Vorstellungsvermögens. Wie immer diese Welt beschaffen ist – wir vermögen sie nur so wahrzunehmen, wie sie sich gemäß unserem Entwicklungsstand darstellt. Dabei aber kann sie verändert werden, gemäß unserem gereiften Geist und unserem sich ständig entwickelnden Bewusstsein, welches das Wahrnehmungsvermögen bestimmt. Sicherlich wird für die gesamte Menschheit ein Baum ein Baum sein und die Blätter sich uns im Allgemeinen in der Farbe Grün aufdrängen.

Das Beispiel des Baumes lässt sich natürlich vielfältig fortsetzen, worin wir erkennen, dass die Menschheit ein hohes Maß an gemeinsamem Vorstellungsvermögen besitzt. Deren Einstellung verändert sich aber bereits von Kulturraum zu Kulturraum; und dies so, wie es wiederum der kulturellen Entwicklung der Völker entspricht. Innerhalb des gemeinsamen Vorstellungsvermögens der Menschheit und der differenzierten unterschiedlichen Betrachtungsweise in den verschiedenen Kulturräumen, die wiederum ihre Gesellschaftsschichten haben, hat jedoch jeder einzelne Mensch ein persönliches eigenes Empfinden dazu. Dieses persönliche Empfinden, das wiederum seine Gedanken und inneren Bilder prägt, ist durch seine ganz persönliche Entwicklung durch die Inkarnationen hindurch entstanden.

Schon wenn mehrere Menschen einen Baum betrachten, löst dies die verschiedensten Empfindungen und Gedanken aus. Ein Baum ist insofern recht gut innere Mensch ein Bild in sich, das der kosmischen Ordnung entspricht. Aus dieser heraus sind die kosmischen Gesetze entstanden als die unveränderbare Grundordnung der Schöpfung, woraus sich die Natur gebildet hat. Dort befindet sich auch die geistige Heimat des Menschen, aus der er sich gelöst hat, als er in diese Welt der Schöpfung fiel. Auf dem Weg der Heimkehr arbeitet er an seiner Entwicklung, deren wesentlichste Arbeit die Wiedereingliederung in die kosmische Ordnung ist.

Je mehr er diese erstrebt und seine Unordnung ordnet und gemäß den kosmischen Gesetzmäßigkeiten wieder mit ihr in Einklang bringt, entwickelt sich zugleich seine Vorstellungs- und Gedankenwelt. Sein Vorstellungsvermögen wird reicher und die Gedanken klarer. Sein Empfindungsvermögen reinigt sich und dadurch auch sein Verlangen, bis er von einem rein sinnlich-Geprägten zu einem Schauenden wird, wo sich seine Vorstellungswelt mit der kosmischen Ordnung immer mehr vereint.

Im Zuge dieser Entwicklung, wohin den Mysten die Lehren des Rosenkreuzes insbesondere in den Oberen Graden führen, erfährt er das Kosmische Bewusstsein, welches die Voraussetzung jener hohen Schau ist, in welcher der Mensch seinen Einklang mit den kosmischen und göttlichen Gesetzen erkennt.

Dann hat sich das Kreuz vergoldet, und die Rosenknospe kann sich öffnen und den Weg freigeben, der den Menschen wieder das Paradies wahrnehmen lässt.

Mögen Ihnen diese Gedanken, verehrte Studierende auf dem rosenkreuzerischen Pfad, Anregung für Ihr Studium der AMORC-Lehren sein. Demnächst wird das „Fest der Rose“ in den Städtegruppen begangen, sowie die „Meditation für den Frieden“, eine besondere Bereicherung im Monat Juni. Die Meditation für den Frieden wird weltweit in allen Großlogen in diesen Tagen durchgeführt und vereint die Brüder und Schwestern durch ein gemeinsames Band, das aus dem gemeinsamen Geist heraus entsteht und so diese Arbeit zu einer großen Kraft des Friedens werden lässt.

MEDITATION

„Meditation über die mystische Bedeutung der Rose.“

Wir empfehlen eine Meditation über die mystische Bedeutung der Rose. Die Rose hat seit vielen Jahrhunderten in der Mystik eine hohe Bedeutung. Die Legende unseres Ordens erzählt, dass die hohe Symbolik der Rose aus dem antiken Ägypten kommt. Dort kannte man die Rose zwar noch nicht als solche, sondern als die „edle Blüte." Diese wurde, nachdem sich zur Zeit von Echnaton das Kreuz als hohes Symbol entwickelte, diesem später hinzu gegeben und am Schnittpunkt des Längs- und Querbalkens angebracht. Auch Meister Jesus hat man als „Rose" bezeichnet, als die „Rose von Sharon," denn als Christus symbolisierte er das Kosmische Bewusstsein, das sich durch das Erblühen der symbolischen Rosenknospe einstellt. Für die Rosenkreuzer symbolisiert sie das Erwachen der Seelen-Persönlichkeit im Menschen, was ihn wiederum zu höherem Bewusstsein führt und sein Leben meistern lässt.

Betrachten Sie die Rose auf dem Rosenkreuz in Ihrem Heimsanktuarium und lassen Sie diese einige Minuten auf sich wirken. Übertragen Sie diese Rose dann auf Ihren geistigen Bildschirm und lassen Sie zu, dass sie sich dort auszubreiten beginnt und Ihr Wesen erwärmt. Nach einigen Minuten entlassen Sie diese Rose in den Kosmischen Raum, verbunden mit der Bitte um eine Erfahrung der mystischen Rose für den weiteren Weg. Dann trete man frei von allen Gedanken in die Große Stille ein. Man beende diese Stille nach etwa sieben Minuten und achte auf die Eindrücke, die kamen oder noch kommen können. Die Antworten, die man empfängt, sollte man sich notieren. Anschließend bedanke man sich dafür und beende die Meditation.

IM EINKLANG MIT DER NATUR

Ist das Wetter während der Urlaubszeit schön, so entsteht bisweilen der Eindruck, als wolle es den Menschen zur Erholung drängen. Tatsächlich ist es wichtig, dass der Mensch sich eine Zeit einräumt, in der er Abstand von den alltäglichen Dingen hält, die ihn das ganze Jahr über festhalten. Ungeachtet dessen sollte er aber nicht ganz die Hände in den Schoß legen, sondern diese Tage bewusst gestalten, ganz nach seinem Dafürhalten. Urlaub wird von so manchem gerne als Müßiggang angesehen, was er aber nicht sein sollte. Vielmehr sollte der Urlaub dazu dienen, sich mehr jenen ganz persönlichen Dingen zu widmen, wozu einem der Alltag zu wenig Gelegenheit gibt. Müßiggang ist dem Studierenden der Mystik eigentlich fremd, wenn man darunter versteht, gar nichts zu tun. Selbst die Meditationen und Abstimmungen dienen der Entwicklung und Entfaltung der Persönlichkeit, und die Erfahrungen in der Stille sind allem anderen als dem Müßiggang zuzuordnen.

Die erste der rosenkreuzerischen Regel heißt: „Bewusst leben". Dies ist von großer Bedeutung insofern, als es das bewusste Leben ist, das dem Menschen zur Grundlage für ein sinnvolles Dasein wird.

Bewusst leben bedeutet, in die Dinge und Ereignisse, von denen man umgeben ist, „hineinzulauschen" und herauszufinden, was sie einem zu sagen haben. Wie sehr sehnt sich der Mensch doch, wenn er sich in Bedrängnis befindet, nach einem besseren Leben.

Wie aber ist dies zu erreichen?

Das Wichtigste dabei ist, auf die uns umgebenden Zeichen zu achten, die immer vorhanden sind. Der nächste Schritt ist natürlich, diese richtig zu deuten. Der dritte Schritt gemäß dem Gesetz der Dreiheit ist aber, diese dann richtig umzusetzen.

Wie oft ersehnt sich der Mensch eine Veränderung in seinem Leben; kommen aber dann die Zeichen dafür, so nimmt er sie oft nicht einmal wahr. Meist liegt der Grund dafür darin, dass er eine ganz bestimmte äußere Vorstellung davon hat, von der er nicht abgehen will. Dies ist aber in der Regel gerade der Grund, warum keine Veränderung eintritt.

Die Fähigkeit der Visualisation, mit welcher der Studierende schon sehr früh im Studium vertraut gemacht wird, ist vor allem für Veränderungen in seinem Leben wichtig. Denn der erste Schritt von Veränderungen ist, in sich eine entsprechende Vorstellung darüber zu entwickeln, wie diese Veränderung denn aussehen soll. Was ist die eigene Vorstellung darüber, wie das Leben beschaffen sein soll? Bei dieser Betrachtung sollte man nicht darin verfallen, sich mit rein äußeren Wertvorstellungen zu begnügen, es sei denn, man befindet sich diesbezüglich in Nöten.

Entscheidend für die Seelen-Persönlichkeit ist, inwieweit sie die Möglichkeiten vorfindet, sich weiter zu entwickeln. Befindet man sich hier im Einklang mit ihr, so wird man sie als starken Partner dafür bereit finden, dass die Visualisation auch gelingen kann. Hegt man aber rein äußere Wertvorstellungen, muss man damit rechnen, dass diese eventuell der vorgegebenen Entwicklung der Seelen-Persönlichkeit entgegenstehen, was einen Erfolg der Visualisation vereiteln kann.

Unter äußeren Wertvorstellungen sollte man aber nicht nur rein materielle Wertvorstellungen verstehen. Dies ist primär damit nicht gemeint, denn diese können oft sehr notwendig sein, wenn es um die entsprechende Entwicklung geht. Vielmehr sind mit äußeren Wertvorstellungen jene Vorstellungen gemeint, die einfach nur mit dem Äußeren Ich alleine erstellt werden, ohne sein Inneres zu befragen, wozu die Intuition der beste Mittler ist.

Es ist im Grunde unsinnig, sein Leben nur nach äußeren Vorstellungen auszurichten. Selbst wenn diese äußeren Werte für das Ego noch so verlockend sind, werden sie den Menschen unzufrieden machen, weil sie nicht mit seinen inneren Vorstellungen über die vorgegebene Entwicklung für diese Inkarnation übereinstimmen. Der Mensch trägt beinahe unglaubliche Fähigkeiten in sich, die dafür bestimmt sind, genutzt zu werden. Diese Fähigkeiten gilt es zu erwecken, was mit dem AMORC-Studium sukzessiv geschieht.

Das Studium und der Einweihungsweg bewirken, dass die brachliegenden Fähigkeiten immer wieder angeregt werden, sodass diese langsam zu erwachen beginnen und dem auf dem Pfad der Einweihung Befindlichen helfen, zur höchst möglichen Form seiner Lebensausrichtung zu finden. Es ist dabei nicht entscheidend, dass nun gerade eine spezielle Fähigkeit und dann eine andere entwickelt wird. Vielmehr werden alle dem Menschen möglichen Fähigkeiten gleichermaßen angeregt. Es ist dann der Mensch selbst, der mit der Zeit entscheidet, welchen von ihnen er den persönlichen Vorzug für die Gestaltung seines Lebens gibt.

Ähnlich ist dies auch mit der Entwicklung der psychischen Zentren, die der Mensch in sich trägt und welche die Verbindung zu den kosmischen Kräften darstellen. Die Lehren und der daraus resultierende Weg, den der Studierende beschreitet, werden bewirken, dass sich die Zentren harmonisch und gleichmäßig entwickeln. Dies geschieht dadurch, dass alle diese Zentren miteinander verbunden sind. Ja, man muss sogar vor einseitiger Entwicklung warnen, da sie zu Disharmonie bzw. zu einem Ungleichgewicht führen kann, was für die geistige Entwicklung nicht förderlich ist. All diese Zentren werden von jenen kosmischen Kraftzentren versorgt, die selbst wiederum mit einer ihnen übergeordneten kosmischen Quelle verbunden sind und davon gespeist werden, während sie diese selbst wiederum mitspeisen.

Aus dieser Quelle schöpft der Orden und hilft seinen Studierenden damit, dass ihre Seelen-Persönlichkeit in dieser Inkarnation den größtmöglichen Ausdruck und die ihr gemäß größtmögliche Entwicklung findet. Es ist in der Seelen-Persönlichkeit eines jeden Menschen festgelegt, welche Form der Entwicklung zu ihr gehört.

Es liegt daher nahe, dass, wenn wir dies herausfinden und wenn wir daran interessiert sind, uns so weit wie möglich zu entwickeln, wir uns dorthin wenden sollten. In den Rosenkreuzer-Lehren wird diese Bezeichnung „Seelen-Persönlichkeit" von alters her verwandt. Damit wird das eigentliche Wesen des Menschen bezeichnet, das in ihm wohnt und das im Grunde ihn selbst als originäres Wesen ausmacht.

Diese Seelen-Persönlichkeit entwickelt sich durch viele Erfahrungen in vielen unzähligen Inkarnationen. Diese Erfahrungen sind es, welche der Seelen-Essenz, die jedem Menschen innewohnt, zu einer Seelen-Persönlichkeit verholfen haben, sodass sie sich immer mehr ihrer selbst bewusst geworden ist.

Daraus können wir entnehmen, dass die Seelen-Essenz, welche vollkommen ist und nicht entwickelt zu werden braucht, eng mit der Seelen-Persönlichkeit verbunden ist und dazu beiträgt, dass der Mensch zu höheren Erfahrungen, die weit über sein irdisches Dasein hinausreichen, gelangen kann. Denn die Seelen-Essenz ist wiederum mit der großen Allseele verbunden, der das Göttliche innewohnt.

Mit der Zeit, im Verlaufe des rosenkreuzerischen Studiums und des rosenkreuzerischen Weges, wird die menschliche äußere Individualität sich der Seelen-Persönlichkeit, wovon sie lediglich ein Ableger ist, wieder bewusst, und die Verbindung zu ihr wird erneuert. Die Seelen-Persönlichkeit findet darüber hinaus wieder verstärkt Zugang zur Seelen-Essenz, die unverändert in ihr vorhanden ist; zumeist aber wurde durch Unwissenheit und falsche Lebenseinstellung der Weg dorthin verschüttet. Mit der erneuerten Verbindung erschließt sich zugleich wieder der Zugang zur Allseele und zur Göttlichen Welt. Ist dies erreicht, so ist der Studierende der AMORC-Lehren zum Mystiker geworden und hat die Grundlage dafür gelegt, in den Aufgaben eines Adepten zu wirken.

Der Weg dorthin aber ist ein Weg, der von außen beginnen muss. Hier in der sogenannten äußeren Welt beginnt der aufwärts strebende Mensch, die Grundlagen dafür zu legen, indem der äußere Mensch, das äußere Ich sich jene Übungen und Studien aneignet, welche ihm die Wege zu den inneren Bereichen öffnen. Jeder große Denker und jede große Persönlichkeit, die eine wirkliche Persönlichkeit und ein großer Geist in der Welt war oder ist, könnte dies ohne diese Verbundenheit mit seinen psychischen Bereichen nicht sein. Durch das bewusste Leben nehmen wir die Welt anders war, als sie der oberflächliche Betrachter wahrnimmt. Der Grund dafür ist ganz einfach: weil bei einer bewussten Betrachtung, bei einer tiefer gehenden Erfahrung immer die Seele mit dabei ist. Diese aber braucht Zeit. Die Seele lässt sich nicht einfach ein eng gezurrtes Zeitschema drängen. Die äußere Zeiteinteilung ist nicht die Zeit der Seele. Wir können dies an vielen Beispielen beobachten: Der Mensch hat sich heute einen rasanten Zeitablauf auferlegt. Dies war in früheren Epochen nicht so. Einer der äußeren Gründe dafür sind zum Beispiel die Verkehrsmittel, wie das Auto, ohne das der Mensch heute kaum mehr sein kann. Sicher ist es ein notwendiges Fortbewegungsmittel geworden, wenngleich wir wissen, dass die Umwelt immer noch zu sehr von ihm – aber nicht nur von ihm – belastet wird.

Heute kommt es dem Menschen darauf an, so schnell wie möglich von einem Punkt zu einem anderen zu gelangen. In großer Geschwindigkeit sehen wir Landschaften an uns vorüberziehen, und wir können auch oberflächlich feststellen, ob uns diese Landschaft gefällt oder nicht. Wenn wir zum Beispiel eine Reise durch eine beeindruckende Landschaft unternehmen, so werden wir womöglich hinterher feststellen, wie angenehm diese Landschaft auf unser Auge gewirkt hat.

Eine ganz andere Erfahrung aber wird es sein, wenn wir das Auto in dieser Landschaft parken und zu Fuß weiter gehen und so eine Wanderung durch diese Landschaft machen. Dann erst können wir die Lebendigkeit der Landschaft aufnehmen. Wir nehmen ihr Wesen auf, das durch die Art der Flora und vielleicht auch Fauna geprägt ist. Wir spüren diese Landschaft und mehr noch: Wir kommunizieren mit ihr. Sie hinterlässt eine Wirkung auf uns und wir hinterlassen eine Wirkung auf sie. Dann ist auch die Seele mit beteiligt, was kaum möglich ist, wenn wir mit dem Auto lediglich durchfahren. Wir können dies auch spüren, wenn wir eine Reise an einen fernen Ort unternehmen. In der Regel brauchen wir – je nachdem

– ein bis zwei Tage, bis wir zu der Feststellung gelangen können, nun wirklich da zu sein, was bedeutet, dass nun auch die Seele angekommen ist.

Daran schon können wir erkennen, dass die Seele sich nicht in äußere, oft ständig wechselnde Zeitvorgaben pressen lässt. Es obliegt sehr wohl dem äußeren Menschen zu entscheiden, was er tun möchte oder wohin er reisen wird. Aber er muss in all seinem Tun die Seele mit berücksichtigen, die letztendlich alles mit wirklichem Leben erfüllen soll. Für sie ist der äußere Mensch sozusagen der Vorbote, der die Voraussetzung dafür schafft, damit sie Einzug halten kann.

Daran schon kann man erkennen, dass, je schneller wechselnd der Mensch in den äußeren Zeitmustern lebt und je schneller lebend er darin wird, diese umso mehr Gefahr laufen, seelenlos zu bleiben.

In wie vielen Situationen und alltäglichen Ereignissen können wir ein hohes Maß an äußerer Aktivität feststellen. Nehmen wir diese aber beiseite, können wir spüren, wie tot im Grunde alles ist, da alles nur aufgesetzt ist und nie richtig belebt wurde. Je bewusster wir aber mit den Situationen umgehen, umso mehr erlauben wir der Seelen-Persönlichkeit und der mit ihr verbundenen Seele, sich einzufinden und ihre Wahrnehmungen zu machen, die sie dann dem äußeren Menschen für sein entsprechendes Wirken mitteilt. Um diese Form der Kommunikation sollte man stets bemüht sein, wenigstens in seinem privaten Bereich, da dies im beruflichen Alltag oft leiden muss. Wenn wir aber in unserem privaten Bereich dafür sorgen, werden wir auch in unserem beruflichen Wirken davon profitieren. Denn wenn wir uns um ganzheitliche Wahrnehmung, was die höchste Form des „bewusst leben“ ist, in unseren privaten Möglichkeiten bemühen, wird die Seele in der manchmal beruflichen und alltäglichen Hektik nicht untergehen. Wie viele unglückliche Ereignisse blieben dem Menschen erspart, wenn er dies beherzigen würde. Wie viele Krankheiten werden heute durch diese falsche Lebensweise ausgelöst, wobei nicht unbedingt rein physisch auftretende Erkrankungen damit gemeint sind. Denn dass die Menschheit sich in einem Dilemma befindet, ist offensichtlich. Es ist aber ein Dilemma, das vermeidbar wäre. Der einzelne Mensch kann sich daraus auch befreien, müsste aber in seinem Denken und Handeln umkehren.

Dies kann er aber nur, wenn er seine geistige Ausrichtung verändert und lernt, bewusster mit allem, was ihn umgibt, umzugehen. Dies gelingt dann, wenn jeder für sich selbst damit beginnt – und dies gleich und nicht, wenn „Zeit“ dafür ist. Die richtige „Zeit“ ist immer dann, wenn es bewusst wird; also jetzt. Denn das Besondere und Wertvolle an der Bewusstwerdung einer Gegebenheit ist, dass sie mit dem Bewusstwerden zugleich jene Energie des Anfangs in sich trägt.

Nutzen wir die Gelegenheit der Ferienzeit, verehrte Studierende auf dem rosenkreuzerischen Weg, bewusster mit den uns umgebenden Dingen umzugehen. Unsere Seelen-Persönlichkeit wird dies dankbar honorieren, indem sie uns mehr Freude in unserem Tun vermittelt und mehr Zugang zu den inneren Werten verschafft, die letztendlich Ausgangspunkt und Ziel allen Werdens sind.

„Nehmen wir uns die Zeit für das, was uns wichtig ist", denn Zeit ist Energie, die wir selbst verändern können. Wenn wir bewusster unser Leben gestalten und auf unsere Umgebung achten, dann werden wir auch die Zeichen wahrnehmen, von denen wir umgeben sind. Es sind jene Zeichen, welche der Kosmos sendet, aufgrund unserer Visualisation, unserer Wünsche, unserer inneren Bilder und Gedanken. Diese Zeichen sind es, die wir erkennen und aufnehmen müssen, denn es sind die Antworten des Kosmos, die uns helfen, unser Leben gemäß unseren Vorstellungen und unserem inneren Auftrag, den die Seelen-Persönlichkeit bewahrt, so zu gestalten, wie es zu uns gehört.

Beginnen wir bewusst den Tag, wie es uns die Lehren vorgeben, dann wird auch der Tag unser Tag sein. Es ist aber nicht unser Tag, wenn wir uns zu Sklaven des Tages machen, weil wir uns nicht richtig auf ihn eingestimmt haben oder einfach nur so den Tag hinter uns bringen wollen. Der Tag aber wird dann unser, wenn wir uns auf ihn einlassen, wenn wir erkennen, dass er von uns gelenkt werden will, ungeachtet, in welcher Situation wir uns befinden. Meister des Tages werden wir dann, wenn wir uns auf ihn einstimmen und einlassen. Denn auch den Tag können wir wie die Zeit als eine Energie betrachten, die darauf wartet, von uns gelenkt und eingeteilt zu werden. Wenn wir die Energie nur so laufen lassen, ohne bewusste Beteiligung, überlassen wir sie anderen. Meistern wir sie, dann werden wir die Werte wahrnehmen, die hinter den äußeren Ereignissen des Tages stehen, selbst wenn es ein schwerer Tag war.

Am Ende eines bewussten Tages dann, wenn wir uns rückerinnern, können wir feststellen, was die wirkliche Botschaft dieses Tages für uns war, bzw. für unsere Aufgaben, die wir haben und die wir erkennen sollten.

Wenn wir daher auch die Urlaubszeit zu einer bewussten Periode werden lassen, auf die wir uns eingestimmt haben, so können wir am Ende des Urlaubs ebenso nachsinnen, was denn die innere Botschaft dieser Ferien war. Ganz sicher werden Sie darin höchst interessante Erfahrungen machen können.

Meine besten Wünsche für Ihren weiteren Weg im Zeichen des Rosenkreuzes, auf dem wahrer, innerer Friede Sie stets begleiten möge.

„Besondere Abstimmung im Einklang mit der Natur."

Wir empfehlen eine Übung, um mit der geistigen Natur in Einklang zu kommen und die Kräfte aufzunehmen, welche auch das Geistige Ihrer menschlichen Natur stärken werden. Diese Übung sollte am besten in der freien Natur vorgenommen werden.

Besondere Abstimmung im Einklang mit der Natur.

Dazu sollten Sie in der freien Natur einen Platz auswählen, an dem Sie ungestört sein können. Es ist daher von Vorteil, wenn Sie schon im Vorfeld Ihr Bewusstsein dahingehend ausrichten. Dies wird Ihnen helfen, einen Platz zu finden, der für diese Übung für Sie bestimmt ist. Am besten wäre es, einen neutralen Platz zu finden, einen Platz also, der nicht zu Ihrer unmittelbaren Umgebung gehört. Wenn sich dort eine Bank befindet, so sollten Sie dort Platz nehmen oder für eine andere Sitzgelegenheit sorgen. Wenn die Platzsuche schwierig für Sie ist, kann auch ein Platz in der unmittelbaren Umgebung gewählt werden, an dem man vor allem ungestört und in Stille sein kann.

Wenn Sie dort angekommen sind, lassen Sie zuerst die Umgebung auf sich wirken. Sehen Sie sich alles an, und wenn Ihr Auge an etwas haftet, sollten Sie dies genau betrachten. Achten Sie auch auf die Naturgeräusche, wie diese harmonisch zu diesem Platz gehören. Stellen Sie sich diesen Platz als Ihr gegenwärtiges Universum vor. Nichts anderes gibt es für diesen Zeitraum als nur diesen Platz, an dem Sie sich nun befinden. Um Sie herum nehmen Sie die Natur in der für diesen Platz originären Beschaffenheit wahr. Über Ihnen der Himmel und unter Ihnen das Erdreich. Wenn Sie eine Sitzgelegenheit haben, sollten Sie nach einigen Minuten der aufmerksamen Betrachtung Ihrer Umgebung Platz nehmen. Wenn Sie dann Platz genommen haben, atmen Sie bewusst ein und aus. Stellen Sie sich vor, wie Sie beim Ein- und Ausatmen mit Ihrer Umgebung verbunden sind. Als nächstes sollten Sie eine Wanderung mittels Ihres Bewusstseins durch Ihren Körper unternehmen, indem Sie bei den Fußsohlen beginnen, alles mit einschließend, bis Sie bei den Haarspitzen angekommen sind. Diese Übung ist zumeist bekannt als „Übung zur Harmonisierung des Bewusstseins".

Anschließend werden Sie sich Ihrer besonderen Umgebung bewusst: Unter Ihnen das Erdreich – um Sie herum die Natur – über Ihnen das Firmament. Eine ganz wunderbare Erfahrung der drei Ebenen, wie sie in Ihnen selbst und in der Schöpfung wirksam sind. Schließlich sind dies die drei Dimensionen des menschlichen Bewusstseins auf dem irdischen Plan.

Vergegenwärtigen Sie sich, wie Sie an dem Platz, an dem Sie sich befinden, in der Mitte im Zentrum sind: um Sie herum die ganze Welt. Würden Sie sich einmal um sich selbst drehen, hätten Sie die Welt einmal umrundet.

Werden Sie dann ganz still. Die Umweltgeräusche, die Sie bisher noch wahrgenommen haben, treten ganz in den Hintergrund. Nichts belastet Sie mehr; um Sie ist nur noch Stille, die ein Ausdruck der kosmischen Harmonie ist. Die Naturgeräusche wirken nicht mehr störend, sondern Ihre Wahrnehmung wirkt nun helfend. In diese Stille hinein richten Sie dann Ihre Bitte um Segen für Ihre künftige Lebensgestaltung.

Achten Sie dann auf innere Bilder oder sonstige Wahrnehmungen, bevor Sie nach einigen Minuten wieder bewusst Verbindung mit Ihrem Körper aufnehmen, die Augen öffnen und sich Ihrer Umwelt damit visuell wieder öffnen. Achten Sie darauf, wohin Ihr Blick als Erstes fällt und ob Ihnen dies etwas zu sagen hat.

Beenden Sie dann in Stille diese besondere Abstimmung mit der Natur und verlassen diesen Platz schließlich. Bedanken Sie sich für das, was Ihnen zuteil wurde.

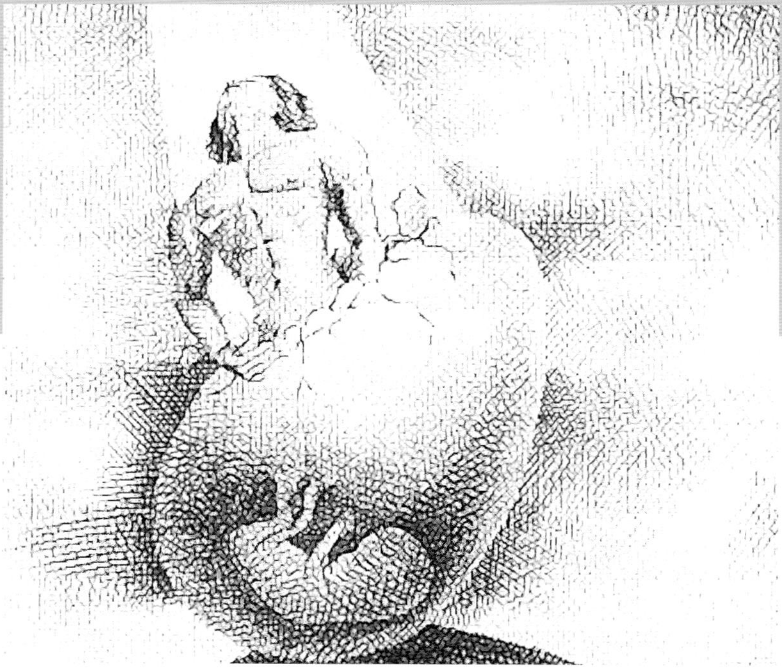

VOM SINN UND UNSINN DER GEWOHNHEITEN

In unserem Jahresablauf haben wir den November erreicht und somit wieder jenen Monat, der den Menschen auf ganz eigene Art berührt. Ihm gegenüber liegt der Monat Mai, der den Menschen ebenso berührt, aber doch mehr sinnlich; ist dies doch der Monat des Blühens, der erstarkenden Sonne, der Erwärmung in der Natur.

Ganz anders der November, und doch stehen beide Monate in enger Verbindung, ja sind sozusagen wie die beiden Seiten einer Medaille.

Wenn wir die Monatsnamen betrachten, die unseren Jahresablauf bestimmen, so können wir feststellen, dass diese Namen – die wir zum großen Teil aus dem Römischen entnommen haben – noch aus einer Zeit kamen, in welcher man eine andere Jahreseinteilung kannte, als dies heute der Fall ist. Der Monatsname „November" zeigt uns dies, denn sein Name verweist darauf, dass es der neunte Monat ist. Daran können wir erkennen, dass in jener Zeit, als man diese Namen einführte, das Jahr mit dem März begann.

Dies ist also jener Monat, welcher die Frühjahrs-Tagundnachtgleiche in sich trägt und mit dem auch traditionell das Rosenkreuzer-Jahr beginnt. Der neunte Monat aber ist in unseren Breiten jener Monat, in welchem die Natur sich verstärkt zurückzieht – es ist die Zeit der Nebelschleier und der fallenden Blätter. Es ist der Monat, der in der christlichen Tradition mit Allerheiligen beginnt, wo man der Heiligen gedenkt und auch der durch die Transition geschrittenen Seelen-Persönlichkeiten, aber auch, worin wir entsprechende Sonntage wiederfinden, wie den Totensonntag und den Volkstrauertag, den Buß- und Bettag usw. Auch wenn man diesen Tagen heute längst nicht mehr so viel Bedeutung beimisst, so können wir daran doch erkennen, dass der Monat November wohl in der Tradition ein Monat der Auflösung ist. Dies macht den Monat gerade für uns, die wir uns mit den mystischen Dingen befassen, interessant. Denn Auflösen bedeutet auch Loslassen. Volkstümlich ängstigt man sich gerne vor solchen Ereignissen, denn man verbindet Auflösung und Loslassen gerne mit Verlust.

Im mystischen Sinne aber bedeutet Auflösung, dass Dinge, welche nicht mehr gebraucht werden, sich zurückziehen, um schließlich als Humus für das Neue zu dienen. Ohne Auflösung kann es auch kein neues Wachstum geben. Daran können wir erkennen, wie eng doch dieser Monat mit dem Monat Mai als seinem Gegenstück verbunden ist. Mit dem Monat November verbinden wir auch die Zahl „Neun", die in diesem Namen enthalten ist. Die Zahl Neun hat in der Mystik eine hohe Bedeutung und wird mit der Spirale in Verbindung gebracht. Die Spirale wiederum ist seit altersher das Symbol für die mystische Entwicklung des Menschen. Das Ende einer Spirale auf dem mystischen Weg erreicht zu haben, bedeutet so viel wie: dass man eine Höhe in der mystischen Entwicklung erreicht hat, in welcher die alten und verbrauchten Dinge sich nun in höhere Formen wandeln können, hin zu höheren Erfahrungen.

Auch auf dem Einweihungsweg erwarten uns die Erfahrungen des Neunten, und es ist interessant festzustellen, wie in den romanischen Sprachen ‚neu' und ‚neun' oft mit denselben oder sehr ähnlichen Worten ausgedrückt werden.

Deutsch: neu – neun
Latein: novus – novem
Englisch: new – nine
Französisch: neuf (nouveau) – neuf
Spanisch: nuevo – nueve
Italienisch: novo – nove.

In der Tat sind „neu" und „neun" doch in ihrer Bedeutung recht verwandt. Selbst in unserem Zahlensystem finden wir die Neun am Ende des Dezimalsystems, worauf mit der Zehn wieder eine neue Reihe beginnt. Wir sehen dabei aber auch, dass diese neue Reihe nur deshalb zustande kam, weil sie auf die vorhergegangene Reihe aufbaut.

„Nach neun kommt neu" könnte man sagen, und dies ist in der Tat auch so. Jeder Mensch erreicht in seinem Leben Phasen, welche der Neun entsprechen, wo er feststellen kann, wie sich Dinge aufzulösen beginnen, an denen er vielleicht hängen mag.

Bei objektiver Betrachtung aber wird er in der Regel feststellen, dass diese Dinge, die sich da in ihrer Bedeutung aufzulösen beginnen, eigentlich ausgedient haben, auch wenn man noch daran „hängen" mag.

Dann kommt das Neue sozusagen, das am Horizont bereits sichtbar geworden ist, das aber erst jetzt, nachdem die Auflösung von Altem, Verbrauchtem geschehen ist, wirksam werden kann.

So betrachtet, können wir auch dem Monat November, dem Neunten also, einen besonderen Wert abgewinnen, selbst wenn er uns von den Temperaturen her und von seinem nassen und nebeligen Charakter in der Regel unangenehm zu sein scheint. Dies gilt aber nur für das rein körperliche Empfinden. Was tun wir, wenn uns das Wetter in der Natur unangenehm wird? Wir ziehen uns mehr in unser Heim zurück. Im übertragenen Sinne können wir daraus schließen, dass es uns leichter fällt, innerlich zu arbeiten und uns wieder verstärkt unserem inneren Wesen zu widmen. Und in der Tat fühlt sich das psychische Bewusstsein verstärkt wieder den inneren Werten zugewandt.

Die Nebel erinnern uns an den Schleier, welcher die Welt hinter dem Sinnlich-Sichtbaren verbirgt. In vielen Mythen können wir von Orten erfahren, die „hinter dem Nebelschleier" verborgen sind.

Auch in Briefen von Studierenden können wir erfahren, dass man feststellte, gerade nun höchst interessante Erfahrungen mit seinem eigenen Wesen zu machen. Wir erleben so, wie die Einflüsse der Natur auch Auswirkung auf unser Gemüt haben. Der Mensch tut gut daran, dies als Hilfsmittel zu nutzen; ist es doch gerade die Natur, die dem Menschen sehr nahe ist, da er selbst ein Teil davon und daher mit ihr in hohem Maße verbunden ist. Auch die Natur hat eine geistige Seite. Sie ist es schließlich, welche jene Phänomene wirksam und sichtbar werden lässt, die auch Einfluss auf das menschliche Wesen haben. Der Mensch beachtet im Allgemeinen die Natur viel zu wenig, und wenn er ihr Beachtung schenkt, dann meist nur, wenn sie ihm recht angenehm dienlich ist, entweder auf rein sinnliche Weise oder streng wissenschaftlich. Doch hat die Natur viele geistige Botschaften für den Menschen. Schließlich erachteten die Mystiker zu allen Zeiten es als sehr wichtig, im „Buch der Natur" zu lesen. Im mystischen Sinne im „Buch der Natur" zu lesen, bedeutet aber nicht nur, sie lediglich im wissenschaftlichen Sinne zu erforschen. Damit lässt sich – bei allem Respekt vor den großen wissenschaftlichen Errungenschaften – aber doch nur ein geringer Teil der Natur erfahren. Das meiste bleibt dem rationalen und nur äußeren Verstand dabei verborgen.

Nehmen wir zum Beispiel das Wetter, das eine Eigenschaft der natürlichen Reaktionen ist. In der Regel beachten wir dabei lediglich, wie das Wetter ist, ob angenehm oder unangenehm, ob es dem üblichen Ablauf der Saison entspricht usw. Heute wird es vermehrt studiert, da man erkennt, dass es sich stark zu verändern beginnt. Aber wir befassen uns mit dem Wetter meist nur auf recht oberflächliche, veräußerlichte Weise. Wir beachten Statistiken und arbeiten daran, es immer besser vorhersagen zu können.

Die innere Seite des Wetters in der Natur aber bedeutet etwas ganz anderes: Da die Natur ein lebendiges Wesen ist, das lediglich einem anderen Rhythmus als jenem des Menschen entspricht, ist jede Darstellung der Natur und auch jede Äußerung wie etwa das Wetter eine innere Botschaft sowie eine besondere Form der Kommunikation. Diese aber kann der äußere Mensch nicht erfassen, da er nur die äußeren Dinge erkennen kann.

Die innere Seite der Natur können wir nur mit unserem inneren Sensorium erfassen. So ist es auch mit dem Menschen selbst. Inwieweit können wir von uns sagen, wie wir den Menschen, der uns nahe ist, wirklich erfassen? Insbesondere, wenn wir bedenken, dass der Mensch in erster Linie eine Seelen-Persönlichkeit ist, die sich von Inkarnation zu Inkarnation entwickelt, einmal männliche und einmal weibliche Beschaffenheit annehmen kann, je nach Notwendigkeit.

Auch die Natur hat eine männliche und weibliche Seite in ihrer Beschaffenheit; zeigt mal ihre zeugende und dann wieder ihre gebärende Seite; selbst im Jahresablauf. Dies aber sind wie beim Menschen nur ihre sichtbaren physisch-psychischen Ausdrucksweisen. Ihr wirkliches Wesen ist dahinter verborgen, ähnlich wie bei jedem Menschen. So drücken sich in der Natur in den Jahreszeiten und in den Qualitäten der Monate ihre entsprechenden Wirkungsqualitäten aus, die eine Aufteilung der Zwölf sind. Dies ist die klassische symbolische Aufteilung jener geistigen Gegebenheit, welche im Irdischen durch zwölf Grade der Entwicklung zum Ausdruck kommt, unterteilt durch die vier Jahreszeiten, ferner den vier Elementen entsprechend. Dies erinnert uns an astrologische Einteilungen ebenso wie an jene der traditionellen Einweihungen des AMORC. All dies steht in Entsprechung zueinander.

Kehren wir aber zurück zum Monat November. Schließlich ist es der vorausgehende Monat zum Dezember, dem Monat, in dem die Rosenkreuzer weltweit das „Fest zur Wiederkehr des Lichtes" feiern. So ist der „Zehnte" also, wie der Name „Dezember" schon aussagt, jener Monat, der dann als Folge das Neue in sich birgt: das Licht, das Einzug hält und dem Menschen hilft, sein Wesen zu erneuern. Jede wirkliche Erneuerung aber setzt die Stufe der Auflösung und des Loslassens voraus. Daher ist gerade der Monat November hervorragend dazu geeignet, darüber nachzudenken, was man in seinen Gewohnheiten denn loslassen sollte, damit sich an ihrer statt etwas Neues ausbreiten kann. Eine gute Gelegenheit also, sich zu überprüfen. Wir empfehlen Ihnen dies gerade im Monat November, denn dies wird Ihnen helfen, den Wert oder Unwert all dessen zu erkennen, was man als selbstverständlich für sein Leben und seine Lebensgewohnheiten hält.

Die Folge wird sein, dass man wieder bewusster mit jenen Gewohnheiten, die zu einem gehören, umgeht und tatsächlich jene ziehen lässt, welche bereits „alte Zöpfe" geworden sind.

So wie der physische Körper des Menschen sich ständig erneuert, so kann man dies ebenso mit seinen subjektiven Dingen tun. Während dies für den Körper ein geradezu programmierter Ablauf ist, gilt für die subjektiven Angelegenheiten des Menschen, dass er dies selbst vornimmt, denn die subjektiven Dinge des Menschen sind jene, die er selbst geschaffen hat. Der Mensch selbst ist es schließlich, der entscheidet, was er als seine Gewohnheiten sowie lieb und teuer gewordenen Bilder und Regelmäßigkeiten in sein subjektives Bewusstsein aufnimmt.

Erinnern wir uns: Das menschliche Bewusstsein wirkt auf duale Weise. So hat der Mensch ein Äußeres und ein Inneres Bewusstsein. Beide Bewusstseins-Arten gliedern sich wiederum in zwei Phasen. Das Äußere Bewusstsein gliedert sich also in dualer Weise: in eine objektive und eine subjektive Phase.

Die objektive Phase ist jene, mit der wir vor allem mittels unserer traditionellen fünf Sinne und unseres objektiven Verstandes die äußere Welt aufnehmen. Die subjektive Phase des Äußeren Bewusstseins ist schon jene Phase, in welcher unsere inneren Empfindungen und Wahrnehmungen vorherrschen.

So hat der Mensch äußere und innere Sinne. Das äußere Sehen der objektiven Phase ist sozusagen das Ergebnis dessen, was wir auch als inneres Sehen kennen, auch wenn uns dies nicht immer so bewusst ist. Dies gilt ebenso für das Hören und die anderen Sinne, wie zum Beispiel das Fühlen. Äußerlich fühlen können wir mit unserem Körper vermittels der Beschaffenheit unserer

Haut. Das innere Fühlen, wie wir wissen, steht in engem Zusammenhang mit unserer inneren Befindlichkeit. Wir kennen auch ein äußeres und inneres Riechen. An dieser äußeren und inneren Sinneswahrnehmung unterscheidet sich in hohem Maße auch die objektive und subjektive Phase unserer Wahrnehmung. Unsere inneren Bilder, aber auch unser inneres Wohlergehen machen wir in der Regel in hohem Maße daran fest, inwieweit wir innere Erfahrungen zulassen und wie wir sie zulassen. Der Wille des Menschen ist hier ein starker Regent.

Wie wir aber in unserem subjektiven Erleben mit den Dingen, die wir erfahren und so in unser Inneres übertragen, umgehen, ist wiederum entscheidend für unsere Entwicklung. Anders als in unserem Unterbewusstsein, das bereits dem Inneren Bewusstsein angehört, können wir in unsere subjektiven Wahrnehmungen eingreifen, durch sinnvolles Nachdenken und aufrichtige Zuordnung und Einteilung der Wahrnehmungen durch unsere inneren Sinne. Unsere äußeren und inneren Sinne prägen daher in hohem Maße unser Wahrnehmungsvermögen und die Entwicklung unseres Wesens. Die inneren Sinne schließlich sind es, durch welche wir auf dem mystischen Pfade, je mehr wir daran reifen, übersinnliche Wahrnehmungen machen können, da sie über die Sinnlichkeit hinausgehen. Oft werden die inneren Sinne und die Übersinnlichkeit in einen Topf geworfen. Es ist aber wichtig, dass man diese beiden Wahrnehmungsformen deutlich unterscheidet. Die übersinnlichen Formen der Wahrnehmung sind es schließlich, welche uns kosmische Erfahrungen ermöglichen, die aber dann von unseren inneren Sinnen aufgenommen werden können.

ÜBUNG
zur Differenzierung der Wahrnehmungsebenen

Zum besseren Verständnis der unterschiedlichen, aber doch einander beeinflussenden Wirkungsweisen der objektiven und subjektiven Phase des Äußeren Bewusstseins sei Ihnen folgende Übung empfohlen.

Nehmen Sie sich einen Gegenstand vor, den Sie sich genau ansehen sollten. Recht gut eignet sich dazu ein Bild. Es kann aber auch ein anderer Gegenstand sein, der Ihnen in den Sinn kommt.

Sehen sie sich diesen Gegenstand genau an. Von welcher Beschaffenheit ist er, welcher Form und welcher Farbe? Ist es ein künstlerisch gearbeiteter Gegenstand oder ein reiner Zweckgegenstand? Lassen Sie diesen Gegenstand auf ihre äußeren Sinne wirken und auf ihren rein rationalen Verstand. Dies kann etwa fünf Minuten in Anspruch nehmen.

Nehmen Sie dann von der rein äußeren Aufnahme Abstand und achten auch auf Ihre inneren Bilder und Empfindungen, welche durch das äußere Ansehen ausgelöst wurden.

Welche Empfindungen tun sich in Ihnen beim Betrachten des Gegenstandes oder des Bildes auf? Welche inneren Bilder sind dadurch zum Entstehen gekommen? Und warum?

Dies wird Ihnen aufzeigen, wie verschieden die beiden Phasen des Äußeren Bewusstseins wirken.

Auch mit der Natur können wir so umgehen. Wir können sie rein äußerlich aufnehmen, wie sie eben gerade ist.

Als nächstes können wir auf unsere inneren Empfindungen und unsere inneren Bilder achten, die dabei zum Entstehen kommen.

Die dritte Stufe aber sollte sein, was die geistige Botschaft dessen ist, was gerade aufgenommen wurde.

Wenn wir so mit den Ereignissen in unserem Leben vorgehen, haben wir eine gute Grundlage für ein harmonisches Aufnehmen allen Geschehens geschaffen. Jedes Ereignis hat auch eine geistige Botschaft für uns. Wenn wir diese wahrnehmen, jenseits der Fantasien, so haben wir eine Grundlage für eine ganzheitliche Wahrnehmung geschaffen.

Möge daher der Monat November recht gute Botschaften für Ihre Lebens-Erfahrungen bereithalten.

Mit den besten Wünschen für Ihre Erfahrungen auf dem rosenkreuzerischen Weg, auf dem wahrer, innerer Friede Sie stets begleiten möge.

„Ich bitte darum,

die... (Gewohnheit definieren)

aufzugeben."

Wir empfehlen eine Meditation, die eine Bitte um Hilfe sein soll, Gewohnheiten, die man aufgeben möchte, zu beenden. Die Bitte zur Meditation sollte lauten: „Ich bitte darum, die (bitte Gewohnheit definieren) aufzugeben."

Zur Vorbereitung für diese Meditation sollten Sie für sich niederschreiben und auflisten, was zu Ihren Gewohnheiten gehört. Hier schon kann man erkennen, welche Gewohnheiten man für wertvoll und welche für weniger wichtig hält. Wichtig sind vor allem jene Gewohnheiten, die man längst aufgeben wollte, es aber noch nicht tat.

Bereiten Sie sich dann für die Meditation vor: Entzünden Sie zu Beginn Ihrer Meditation den Moosrose-Räucherkegel, sowie die Kerze. Dann nehme man die Übung zur Harmonisierung des Bewusstseins vor.

Dann entlasse man all seine Gedanken und lasse nur noch die Frage vor seinem inneren Bildschirm erscheinen, die man für die Meditation vorbereitet hat. Schließlich entlasse man auch diese und bitte den Gott seines Herzens, über einen zu verfügen, wie ER dies für richtig hält. Dann trete man frei von allen Gedanken ein in die Große Stille.

Man beende diese Stille nach etwa sieben Minuten und achte auf die Eindrücke, die kamen oder noch kommen können. Anschließend bedanke man sich dafür und beende die Meditation. Die Antworten, die nun kommen wollen, sollte man sich notieren.

FINDE DIE PERSÖNLICHE INNERE ORDNUNG

Der Monat März animiert uns, mehr als sonst über das Leben nachzudenken, denn es beginnt nunmehr jene Zeit, in der Wachstum wieder sichtbar wird und die Natur beginnt, sich erneut ein grünes und buntes Kleid zuzulegen. Alles wird wieder lebendig. Dies ist auch auf das Gemüt des Menschen nicht ohne Einfluss, ist er doch ein Teil der Natur – der geistigen Natur ebenso wie der sinnlich-sichtbaren.

Die Rosenkreuzer feiern weltweit mit dem Eintritt der Sonne in das Zeichen des Widders das neue Jahr, den Beginn des jeweiligen Rosenkreuzer-Jahres.

Wenn wir in die Natur gehen, so können wir das Hervorbrechen des vegetativen Lebens spüren und uns davon beeinflussen lassen, was unserem Gemüt gut tun wird, so dass uns stärkende Kräfte zuströmen.

Die Menschen sprechen heute so viel über Wellness, über Wohlfühlen also, und der Konsum hat dies längst aufgenommen und gibt dem Menschen eine große Palette von Möglichkeiten, um sich besser zu fühlen. Selten ist Wellness dabei preiswert, denn mit den Wünschen der Menschen lässt sich gut verdienen. Es ist ein Milliarden-Geschäft.

Dabei ist Wellness so einfach. Auch für AMORC ist dieser Begriff von Bedeutung, wenn auch nicht erst, seit es eine Mode-Strömung geworden ist. Wellness ist eines der Grund-Bedürfnisse auf dem mystischen Weg. Im Allgemeinen ist dieser Begriff aber mehr auf sinnliche Freude und sinnliches Wohlergehen ausgerichtet, in Verbundenheit mit dem äußeren Anteil der Psyche. Dementsprechend ist das Wohlfühlen meist von kurzer Dauer und muss wiederholt werden. Deshalb ist es auch so lukrativ.

Für die Rosenkreuzer aber ist Wellness, sich Wohlfühlen also, vor allem davon abhängig, inwieweit der Mensch sich wiedergefunden und sein ganzheitliches Wesen in Einklang gebracht hat. Dies ist der Ausgangspunkt dafür, um sich auf Dauer wohlzufühlen. Dazu aber gehört mehr als Harmonie der äußeren Sinne, was auch nur äußere Harmonie hervorbringen würde und vielleicht eher mit Symptombekämpfung als mit Ursachenerforschen zu tun hat.

Wenn wir unsere Sinne lebendig werden lassen wollen, so gelingt uns dies am besten, indem wir sie mit unseren inneren Sinnen wieder verbinden. Dies ist es, was den Menschen Wohl empfinden lässt, da er spürt, wieder ganz zu sein. Alles andere sind im Grunde genommen Ersatz(be)handlungen.

Diese umfassende Wellness löst dann nicht nur äußeres, vorübergehendes Wohlbefinden aus. Vielmehr kann der Mensch durch das Pflegen des Einklangs mit seinem inneren Wesen sich ganz fühlen. Die heilenden Ströme aus dem Inneren und aus dem Kosmischen Raum beginnen dadurch zu fließen, und der Mensch ist nicht nur äußerlich lebendig, sondern ganzheitlich lebendig geworden, was ihn ungemein beflügelt.

Dann ist auch der ganze Mensch im Frühling angekommen, und dies unabhängig von seinem äußeren Alter, in dem er sich befindet. Dabei hat er die beste Grundvoraussetzung dafür geschaffen, höheres Leben zu erfahren.

Die Einweihungen, die Lehren und die Übungen in den Monografien weisen den Weg dorthin und helfen dem Suchenden, diesen Pfad zu beschreiten, bis er aus dem Schatten seines Lebens in den Halbschatten und dann in das höhere Leben und höhere Sein innerhalb des irdischen Lebens gelangt: von der Dunkelheit ans Licht – aber auch vom Tod ins Leben, wenn wir im Einklang mit Meister Jesu Worten sprechen wollen. Allgemein versteht man unter Leben und Tod meist nur jene beiden Gegensätze, mit denen vegetatives Leben beschrieben wird, das man möglichst problemlos und bequem bewältigen möchte.

Im mystischen Sinne aber, und so sind auch die Worte von Meister Jesus zu verstehen, bedeuten Leben und Tod viel mehr als nur vegetatives Leben und Sterben. Dies ist – bei aller Wertschätzung – lediglich die unterste Stufe.

In diesem Sinne können wir sagen, dass die meisten Menschen vom wahren Leben noch gar nichts wissen, auch wenn sie noch so sehr voll äußerer Aktivitäten sind; ja oft selbst dann nicht, wenn sie von Harmonie sprechen. Auch rein äußere Aktivitäten können schädlich sein, wenn sie nicht von innen her, also im Einklang mit dem Inneren Meister, gelenkt werden. Auch Harmonie kann man in zwei Richtungen verstehen. Wenn Rosenkreuzer von Harmonie oder Einklang sprechen, so meinen sie damit ganz sicher nicht jene Zufriedenheit, die auch ein Akt der Trägheit sein kann. Dies wäre eine Harmonie, die eher abtötet als lebendig macht.

Leben und Tod sind daher jene zwei Verhältnisse, die uns ständig auf verschiedenen Daseinsebenen begleiten. Im Grunde sind wir ständig von Leben und Tod umgeben. Für den Studierenden der Mystik liegt die Bedeutung dessen nicht alleine im sinnlichen Werden und Vergehen, wie wir sie in Flora, Fauna und im Menschenreich ständig beobachten können.

Leben und Tod bedeuten noch viel mehr. Sie begegnen uns in den alltäglichen Dingen, denen wir uns zuwenden. Alles, was wir tun und was uns bewusst wird, wird von diesen beiden grundlegenden Schöpfungs-Aspekten begleitet.

Dies beginnt schon damit, wenn wir einer Beschäftigung nachgehen. Wir können uns dabei die Frage stellen: „Beschäftige ich mich mit lebendigen oder mit toten

Dingen?" Oder eine andere Frage wäre: „Bin ich in meinen Gedanken mehr dem Lebendigen oder dem Toten zugewandt?"

Was aber sind lebendige oder tote Dinge? Eine Grundregel kann uns helfen, dies zu unterscheiden; nämlich, indem man sich fragt, ob das, womit ich mich beschäftige, positiv, bejahend und im kosmischen Sinne aufbauend ist oder dem entgegensteht; auch, ob es verbindend oder trennend ist.

Die Lehren sagen uns, dass es vorwiegend unsere Gedanken sind, die uns prägen. Sie sind unsere geistigen Kinder und in hohem Maße davon abhängig, wie wir zu ihnen stehen. Wie pflegen wir unsere Gedanken, und wie gehen wir damit um?

Eigentlich ist uns der größte Teil unserer Gedanken gar nicht so richtig bewusst. Sie werden es erst, wenn wir uns ihnen bewusst zuwenden. Sich etwas bewusst zu machen, bedeutet im geistigen Sinne, sich etwas lebendig zu machen. Daher gibt es verschiedene Schichten unserer Gedanken.

Die innerste Schicht ist jene, welche von Impulsen unseres Unterbewusstseins ausgelöst wird und sich dann als Gedanken in die subjektive Phase unseres Äußeren Bewusstseins bewegt.

Die zweite und mittlere Schicht ist jene, welche durch unsere Empfindungen und Emotionen ausgelöst wird, die zum großen Teil von unserem äußeren Willen abhängig ist. Wir sind zum Beispiel über etwas bewegt, das uns von den verschiedensten Einflüssen oder Reaktionen her ins Bewusstsein kam und daher für uns lebendig wurde. Dadurch lassen wir Gedanken in uns entstehen, die wir mit dem Ereignis verbinden, das uns bewegt hat.

Die äußerste Schicht der Gedanken aber ist jene, wenn wir – ausgelöst durch unseren Verstand – Dinge denken, um etwas Bestimmtes zu bewegen. Dies geschieht vor allem dann, wenn wir über etwas Pläne schmieden, das wir erreichen möchten, aber auch, wenn wir uns einer bestimmten rationalen Schulung hingeben.

Im Grunde sind diese drei Schichten ständig in Aktivität und bewegen uns. Die äußere Schicht ist uns dabei am leichtesten zugänglich. Sie ist bei den Menschen mehr oder weniger verschieden ausgeprägt. Am stärksten ausgeprägt ist sie bei den sogenannten Verstandesmenschen, das heißt also, bei jenen, in denen die Verhaltensweisen hauptsächlich vom Verstand gelenkt werden. Ihre Stärke ist das analytische Denken. Alles, womit sie sich beschäftigen, wird dem kühlen Verstand unterzogen. Ihre Schwäche ist, dass sie Gefühl, aber auch Intuition, die sich über die Gefühlsebene mitteilt, meist zurückdrängen, so dass der Zugang zu ihrem Wesen insoweit erschwert wird, als sie innere Beweggründe nicht zulassen.

Die zweite und mittlere Schicht der Gedanken ist bei jenen Menschen dominierend, die man als Gefühls-, aber auch Emotionsmenschen bezeichnet. Dabei müssen wir Gefühl und Emotion voneinander unterscheiden. Gefühle, im Sinne von Empfindungen, sind von aufnehmender Natur; Emotionen erscheinen mehr aktiv nach außen gerichtet. Im deutschen Sprachgebrauch sind Gefühle jene Gemütsbewegungen, welche vor allem durch unsere aufgespeicherten Erfahrungen ausgelöst werden, die uns über unser Erinnerungsvermögen zu den verschiedensten Gefühlsregungen veranlassen. Diese Regungen werden zum größten Teil vom unbewussten Bereich unseres Erinnerungsvermögens ausgelöst, und es ist daher mit entscheidend, wie wir über etwas denken. Es ist dann der äußere Mensch mit seinem Verstandes- und Vernunftdenken, der die Gefühle und Empfindungen aus diesem Bereich aufnimmt und entsprechend wertet. Er ist es schließlich, der durch differenziertes Denken die Gefühle und Emotionen entsprechend lenkt. Seine Vernunft schließlich entscheidet, ob diese Gefühle positiv aufbauend oder abträglich sind. Denn so wie Gedanken Kräfte sind, die durch die Vernunft gelenkt werden sollen, so gilt dies auch für die Gefühle und Emotionen, wenn auch nicht in gleichem Maße.

Durch das Bewusstwerden und den rechten Umgang können Gefühle sich verändern, wie wir wissen. Demzufolge können wir daraus schließen, dass Gefühle und Emotionen nicht nur von innen ausgelöst werden, sondern auch dadurch, welche Wertung wir ihnen vernunftgemäß geben. Gedanken können Gefühle verändern, aber auch umgekehrt.

Für den Mystiker sind auch die beiden Schichten der Gedanken und Gefühle von Bedeutung. Sein Bewusstsein ist aber auch auf die innere Schicht ausgerichtet. Dies ist jene, welche Gedanken und Empfindungen hervorbringt, die aus dem Unterbewusstsein, oder besser gesagt, aus dem Inneren Selbst zu ihm strömen.

In Träumen können wir deren Spiel am besten erkennen, aber auch in Meditationen und geistigen Abstimmungen. Der Mystiker weiß mit diesen auch im alltäglichen Leben umzugehen, denn er weiß, dass diese schließlich die Antworten aus seiner spirituellen Ebene sind, welche ihn in die kosmischen Bereiche führen.

Wenn diese hohe Saat im Studierenden der Mystik aufgegangen ist, dann hat er den Zugang zum höheren Leben gefunden. Die geistigen Ströme aus der kosmischen Ordnung bringen auch sein Leben in Ordnung, und das Leben kann zu einem wohl geordneten Garten werden, der von kosmischen Kräften durchströmt ist und so Wachstum und Blühen bewirkt, die durch das höhere Leben ausgelöst werden.

Dieses höhere Leben erreichen wir aber nicht, indem wir wie ein Kolibri unstet von einem Strauch zum anderen schwirren und so kaum mehr greifbar werden, insbesondere für uns selbst, und somit alles in uns reinziehen, dessen wir nur habhaft werden können. Dieses höhere Leben beginnt, indem wir zuerst unsere Gedanken und Empfindungen ordnen lernen. Ohne das Pflegen einer Ordnung unserer Gedanken und Empfindungswelt werden wir kaum dorthin gelangen. Zu allen Zeiten war dies die Voraussetzung für höheres Leben. Dies ist gerade heute in einer Zeit der Reizüberflutung wieder wichtig geworden.

Das beste Beispiel für den tiefen Sinn dieser Ordnung ist eine rosenkreuzerische Konvokation in einem unserer Tempel. Für ein solches AMORC-Ritual ist Ordnung eines der obersten Prinzipien. In einem solchen Tempel hat alles seinen ihm bestimmten, zugewiesenen Platz. Alles hat eine bestimmte symbolische Bedeutung, die auf den Tempel bzw. auf das Ritual ausgerichtet ist. Auch die gesprochenen Worte, der Ablauf, ja selbst, wie man sich in diesem Tempel bewegt, ist von einer hohen Ordnung ausgehend. Diese Ordnung und als zweites die wohl ausgerichtete innere Beteiligung eines jeden in diesem Tempel schließlich sind es, welche eine Konvokation lebendig machen und die heilenden kosmischen Ströme zum Fließen bringen.

Auch der menschliche Körper hilft uns, den tiefen und Leben hervorbringenden Sinn der Ordnung zu verstehen. Dieser menschliche Körper befindet sich in einer genauestens vorgegebenen Ordnung. Jedes Organ ist an seinem Platz und arbeitet nach der ihm zugewiesenen Ordnung, bis hinein in die kleinste Zelle. Gerät darin etwas in Unordnung, so ist die Leitung des Körpers bemüht, die Ordnung wieder herzustellen. Ist diese nicht mehr herstellbar, so muss Ersatz zum Erhalt der Ordnung geschaffen werden. Ist dies auch nicht mehr möglich, so reagiert der Körper durch schwer reparable Krankheit. Ist der Körper aber in Ordnung, und damit ist vor allem der psychische Körper und sein Zugang zu den kosmischen Bereichen gemeint, so fließen die Lebenskräfte ohne Unterlass.

Je mehr Unordnung aber der Mensch in sich aufnimmt, umso schwerer wird es für ihn werden, Ordnung zu halten. Dies gilt vor allem für den geistigen Bereich. Woran es den meisten Menschen mangelt, ist die rechte geistige Grundausrichtung. Sie ist aber die Grundlage für eine sinnvolle und Leben erzeugende Ordnung.

Unser so wackeres Zeitalter, in dem wir leben, ist von einer unglaublichen Fülle an Informationen geprägt, wie sie in der nachvollziehbaren Geschichte noch nie da war. Dies ist ein Zeichen, dass wir im Wassermannzeitalter angekommen sind. Denn dies ist eine der Stärken dieses Zeitalters. Die Schwäche davon ist aber, dass durch die übergroße Fülle der Tiefgang immer mehr erschwert ist. Für eine sinnvolle, umgreifende Veränderung ist dieser aber mit Voraussetzung.

Die daraus resultierende Freiheit ruft in besonderem Maße zur Verantwortung auf. Hier ist vor allem auch die Verantwortung für sich selbst angesprochen; nämlich zu unterscheiden, was zu einem gehört und was nicht. Man muss also lernen, zu selektieren und Ordnung für sich selbst zu schaffen. Ist dies bis zu einem gewissen Maße erreicht, können wir wahrnehmen, wie unser Geist wieder in seiner Tiefe erstarkt und auch unser Bewusstsein dem gegenüber, das wirklich zu uns gehört, wieder zunimmt.

Bewusstsein aber ist die Voraussetzung für Leben. Dieser Aussage können wir entnehmen: Je mehr wir uns wieder unserer selbst und dessen, was für unsere Höherentwicklung und die Meisterung unseres Lebens wesentlich ist, bewusst werden, umso lebendiger werden wir wieder für uns selbst. Das Geheimnis im Ordnen der Gedanken liegt darin, dass wir damit unser Wesen ordnen. Da Gedanken Kräfte sind, werden unsere Kräfte dadurch wieder mehr zielgerichtet und schwirren nicht mehr im Wirrwarr umher, ohne sich sinnvoll niederlassen zu können. Wir werden uns unserer Gedanken wieder mehr bewusst, sodass sich auch die Intuition wieder gerne dazu gesellt und sich auch unsere Seele daran erfreuen kann. Dieses rechte Ausrichten unserer Gedanken ist daher die Voraussetzung dafür, dass sich im Leben etwas zum Aufbauenden hin auch tiefgreifend verändern kann.

MEDITATION

„Wie erlange ich meine persönliche innere Ordnung?“

Mögen diese Gedanken, geneigte Studierende auf dem rosenkreuzerischen Pfade, Ihnen Anregung zu Beginn des neuen Rosenkreuzer-Jahres sein. Mögen Harmonie, Kraft und Entfaltung unter dem Zeichen des Rosenkreuzes Sie im neuen Jahr begleiten.

Wir empfehlen eine Meditation über die Ordnung Ihres Wesens. Zur Vorbereitung für diese Meditation sollten Sie für sich niederschreiben und auflisten, was Sie unter der persönlichen Ordnung verstehen. Erforschen Sie sich aufrichtig und lassen Sie auch die Erkenntnis zu, was Sie vermissen und was sich in Unordnung befindet.

Bereiten Sie sich dann für die Meditation vor: Entzünden Sie zu Beginn Ihrer Meditation den Moosrose-Räucherkegel, sowie die Kerze. Dann nehme man die Übung zur Harmonisierung des Bewusstseins vor.

Sodann entlasse man all seine Gedanken und lasse nur noch die Frage vor seinem inneren Bildschirm erscheinen, die man für die Meditation vorbereitet hat. Die Formulierung für das Thema der Meditation sollte dieses Mal eine Frage sein, wie folgt: „Wie erlange ich meine persönliche innere Ordnung?"

Schließlich entlasse man auch diese und bitte den Gott seines Herzens, über einen zu verfügen, wie ER dies für richtig hält. Dann trete man frei von allen Gedanken ein in die Große Stille.

Man beende diese Stille nach etwa sieben Minuten und achte auf die Eindrücke, die kamen oder noch kommen können. Anschließend bedanke man sich dafür und beende die Meditation. Die Antworten, die nun kommen wollen, sollte man sich notieren.

SEGEN UND FÜHRUNG ZUR VERWIRKLICHUNG DER ZUKUNFT

Oft wird uns die Frage gestellt, was man antworten solle, wenn man Auskunft geben möchte, wer denn die Rosenkreuzer sind. Außerdem wird oft diese Frage gestellt: Was sind die Rosenkreuzer-Lehren eigentlich?

So manches mag ein Außenstehender darüber schon gehört haben, doch nur wenige wissen wirklich, um welche Philosophie und um welchen Weg es sich hierbei handelt. Sicherlich werden auch Sie des öfteren danach gefragt werden. Das einfachste ist dabei, zunächst eine unserer vielen Informationsschriften zu vermitteln oder auf das Internet zu verweisen. Dies ist gerade dann gut, wenn man sich schwer tut, etwas dazu zu sagen.

Trotzdem ist es hilfreich, sich selbst einmal diese Fragen zu stellen und sich dabei vorzustellen, man habe noch nie davon gehört. Wie wird die Antwort darüber ausfallen? Wenn man sich dann eine Antwort gegeben hat, so ist es hilfreich, sich weiter zu fragen, ob man denn mit dieser Antwort auch zufrieden sein kann. Könnte auch ein Außenstehender, der noch nie etwas von dieser mystischen Philosophie gehört hat, damit zufrieden sein? Wie oft sind Dinge für uns so selbstverständlich geworden, weil wir darin groß geworden sind oder weil wir uns schon lange damit befassen und daher vieles an geistiger Entwicklung in uns aufgegangen ist. Aber welche Antwort gibt man jemandem, der zum ersten Mal davon hört?

Dies ist eine Frage, die auch wir uns oft stellen. Wir haben etwas so Faszinierendes, eigentlich Einmaliges zu vermitteln. Doch wie kann man dies so vermitteln, dass es auch richtig ankommt?

Die einfachste Antwort, die am besten weiterhilft, ist:

AMORC – die Rosenkreuzer ist eine mystisch-philosophische Gesellschaft, welche die Lehren und den Einweihungsweg der Rosenkreuzer bewahrt und weitergibt.

Wenn dann die Frage kommen sollte, was denn die Lehren und der Einweihungsweg der Rosenkreuzer sind, so kann man mit wenigen Worten zusammenfassen:

Es ist die unvergängliche Lehre über die Zusammenhänge der Schöpfung, der Natur und des Menschen; sie erklärt, wie diese verbunden sind, und wie der Mensch wieder das Wissen darum erlangen und dadurch seine geistigen Kräfte zum Erwachen bringen kann.

Wir wissen, dass viele Menschen auf der Suche sind;

und wir wissen auch, dass die Angebote heute enorm vielfältig geworden sind, dass es neben vielem Guten leider auch viel Unsinniges gibt, und davon wohl am meisten.

Wie also kann man unterscheiden lernen zwischen marktschreierischen, gut aufgemachten Angeboten, die Vieles versprechen, sowie zwischen Wegen, die einfach nur ein Mensch unserer Zeit entwickelte, ja oft nur abgeschaut hat und zwischen den seriösen Wegen, die meist ruhig und unaufdringlich daherkommen, da das Gegenteil schließlich nicht zu ihrem Wesen passen würde.

Die rosenkreuzerische Philosophie ist so wunderbar, weil gefahrlos, sicher sowie von aufbauenden Kräften umgeben und nicht den Zeitströmungen unterworfen. Jeder, wenn er nur nicht aufgibt, sondern durchhält, vermag zu jenem höheren Bewusstsein und zu jener höheren Schau zu gelangen, der dem Menschen eine Erneuerung seines Geistes bringt, die nicht nur für diese Inkarnation wirkt, sondern auch darüber hinaus eine neue Verbundenheit mit der Schöpfung, der kosmischen Ordnung und dem Göttlichen Geist ermöglicht.

Doch alles beginnt mit dem ersten Schritt. Und diesem ersten Schritt geht meist eine Hürde voraus, die es zu überschreiten gilt.

Wenn dann diese Hürde überschritten ist, so wird man in ersten und einfachen Schritten in ein neues Denken eingeführt, mit Übungen, welche die körperliche und geistige Befindlichkeit steigern und die körperliche Beschaffenheit, welcher Art wir auch immer damit ausgestattet sein mögen, wieder in Einklang mit dem psychischen Bewusstsein zu bringen vermögen. Dies ist der Ausgangspunkt für immer besseres Wohlbefinden und auch die Grundlage für eine gesunde geistige Unterstützung bei der Heilung bei Krankheiten.

Eine „gesunde Heilung": Diese scheinbare Begriffs-Doppelung ist so gewollt. Denn man muss unterscheiden zwischen einer Heilung, die gerade für den Moment erfolgt, und jener, die dauerhaft ist. Letztere aber kann nur geschehen durch eine Gesundung des Geistes und der Psyche. In der Medizin ist heute der Begriff „psycho-somatisch", im Sinne einer körperlich-psychischen Verbindung für Heilung, gar nicht mehr wegzudenken.

Die Grundlagen dieser Einstellung kann man schon immer in den Lehren des AMORC wiederfinden, doch hätte man in der profanen Welt früher stark am Verstande dessen gezweifelt, der davon gesprochen hätte. Aber seit etwa 30 Jahren ist dies auch Bestandteil in der herkömmlichen Medizin geworden. Dass Krankheiten ihren Ursprung in der Psyche des Menschen haben, dies wird heute von ernst zu nehmenden Medizinern nur noch wenig angezweifelt.

Gesundung durch Wiederherstellung der harmonischen Verbindung zwischen Körper und Psyche ist ein altes rosenkreuzerisches Gesetz, das nicht nur für Krankheiten gilt. Denn jede wirkliche tiefgreifende Veränderung im Menschen beginnt mit der Gedanken- und Bilderwelt des Menschen. Diese aber wird in hohem Maße unbewusst vom Unterbewusstsein des Menschen ausgelöst. Besser gesagt, die Gedanken- und Bilderwelt ist ein

Zusammenspiel des Unterbewusstseins und des Äußeren Bewusstseins des Menschen. Es ist natürlich der äußere Mensch, der die Gedanken und Bilder sich entwickeln lässt. Es sind die Impulse aus dem Unterbewusstsein, die in hohem Maße beeinflussen, wohin der Mensch seine Interessen und seine Aufmerksamkeit wendet.

Doch hat der Mensch eine ganz besondere Eigenschaft entwickelt, welche eine Balance zwischen diesen beiden Ebenen des Menschen bewirken kann. Diese Eigenschaft ist die Vernunft, so wie die AMORC-Lehren sie verstehen. Sie bewirkt durch gründliches Nachdenken und durch Achten auf seine Impulse aus dem Inneren einen dritten vereinenden Punkt, der eine höhere Denkungsart und eine höhere Ebene der geistigen Einstellung des Menschen bewirken kann.

Dies zu beherzigen, ist die eigentliche Grundlage einer gesunden Lebensweise. Eine gesunde Lebensweise im rosenkreuzerischen Sinne hängt nicht davon ab, ob man gerade durch eine Krankheit geht. Viel entscheidender ist dabei, eine „gesunde" Einstellung dazu zu haben. Schließlich ist auch eine Krankheit ein Weg, der am Ende zur Genesung führt.

Menschen können körperlich total fit sein, und doch ist leicht zu erkennen, dass es ihnen an vielem mangelt; dass sie zu ihrer Fitness von Geist und Seele nicht gerade eine „gesunde" Einstellung haben. Weit mehr ist entscheidend, in welcher Gedankenbilderwelt sich der Mensch befindet oder welche geistige Ausrichtung er hat.

Gerade wenn man sich in schwierigen Situationen im Leben befindet, neigt man gerne dazu, in Bildern und Gedanken dieser schwierigen Situation zu wühlen. Es gilt aber, genau das Gegenteil in seinen Vorstellungen zu entwickeln; nämlich, wie man daraus gesunden kann.

Als erstes und Wichtigstes gilt, sich tatsächlich vorzustellen, wie es sein wird, wenn wir von dieser schwierigen Situation befreit sind. Dies ist gemäß dem Gesetz des Dreiecks der erste Schritt.

Dann, als zweiter Schritt, ist es notwendig, die nötigen Helfer dafür zu finden. Wenn es sich um eine Krankheit handelt, so ist ein guter Heilkundiger zu finden, in den man Vertrauen entwickeln kann.

Meist handeln Menschen umgekehrt. Sie befinden sich in einer schwierigen Situation und suchen lediglich danach, wer sie davon befreien kann. Diese Befreiung mittels Helfer kann aber – wenn überhaupt – nur vorübergehend sein, wenn es des ersten wichtigen Schrittes ermangelt, nämlich in sich eine klare Vorstellung zu entwickeln, wie es denn sein soll. Die Kunst der Visualisation ist daher von großer Bedeutung, nicht nur in der Mystik, sondern für jede sinnvolle Entwicklung.

Es sind die Bilder, die uns Menschen ausmachen und die uns zu den entsprechenden Gedanken animieren, und umgekehrt. Man tut daher gut daran, von Zeit zu Zeit innezuhalten und sich zu fragen:

Wie sieht eigentlich mein Bild über mich selbst in der Gegenwart aus?

Achten wir dann auf ein inneres Bild, das sich in uns über uns auftut. Die nächste Frage aber muss dann sein:

Bin ich mit diesem Bild zufrieden?

Man darf sich dabei nichts vormachen und muss ehrlich zu sich selbst sein. Dann wäre die dritte Frage zu stellen:

Welches Bild möchte ich von mir haben?

Was möchte ich im Leben erreichen? Dabei können wir großzügig sein. Hier ist aber die Vernunft ein wichtiger Ratgeber, denn wir sollten uns dabei mit dem befassen, was wirklich zu uns gehört. Dann können wir davon ausgehen, dass wir unser Inneres Selbst und unseren Inneren Meister als besten Ratgeber und Helfer dafür haben werden, dies zu verwirklichen und uns jene Intuitionen und Imaginationen zu senden, die uns helfen, diese Vorstellung über uns zu verwirklichen. Oft kann es sein, dass wir uns zu enge Grenzen über uns selbst setzen. Wir wagen nicht, uns etwas auszumalen, das aber dann bei näherer Befassung unsere Intuition bestätigen kann. Manches Mal ist es auch umgekehrt. Dies gilt es unter Zuhilfenahme der Intuition herauszufinden.

Ein Studierender erzählte einmal, wie er als Jugendlicher natürlich Vorstellungen über sein künftiges Leben hatte. Ein Lebensplan war für ihn besonders wichtig. Doch immer musste er feststellen, dass, wenn die Verwirklichung dieses seines Berufsplanes wieder greifbar geworden war, etwas eintrat, was ihm die weitere Verfolgung dieses Planes vereitelte. Ganz andere Dinge traten immer wieder in sein Leben, die er aber eigentlich nicht wollte. Sie passten nicht in seine „ehrgeizigen" Pläne.

Und doch stieß er immer wieder auf eine Aufgabe, von der er nichts wissen wollte. Immer wieder kamen – wie durch die Hintertür – jene Hinweise, die er aber von sich zu weisen lernte. Bis er dann doch dem nachging und plötzlich entdeckte, wie beinahe selbstverständlich etwas in Fluss kam, als er diese Intentionen endlich zuließ.

Nach vielen Jahren, als er dann in einem ganz anderen Beruf aufging als er anfangs erfolglos erstrebte, wurde ihm klar, dass er lediglich einem äußeren und recht ichbezogenen Bild seines Wesens nachhing, dass in ihm – von seinem eigenen Wesen her – aber ein ganz anderer Weg aufgezeichnet war, den er nach langem Abweisen dann doch annahm. Diesen Weg gilt es zu erkennen. Dann kann man davon ausgehen, jenen Weg zu gehen, der in der Tat zu einem gehört. Hat man dies erkannt und erreicht, wird man die befriedigende Feststellung machen können, dass dann auch die Kräfte zu fließen beginnen, die man braucht, um darin zu bestehen.

Wie dies für jeden einzelnen Menschen gilt, so gilt dies auch für die gesamte Menschheit. Unsere Welt krankt an falschen Bildern und Gedanken, so wie der Mensch selbst oft auch. Und der Mensch neigt dazu, diese in der entsprechenden Situation auch noch zu nähren.

Der Weg des Rosenkreuzes aber hilft dem Menschen, sich davon zu befreien. Die Voraussetzung, dass sich in unserem Leben etwas zum Guten, Aufbauenden hin verändert, ist unsere eigene Vorstellungskraft. Ohne sie kann dies kaum geschehen, da wir es selbst nicht zulassen.

Wie oft bitten wir darum, dass uns Gott oder der Kosmos doch in schwierigen Situationen helfen möge. Bereiten wir aber auch den entsprechenden Boden dafür, damit dies überhaupt, wenn es geschehen soll, eintritt? Wie viele geistige Hilfen warten oberhalb des geistigen Firmaments, aber der Mensch lässt es nicht zu. Er möchte es zwar, aber durch sein immer wieder falsches Denken baut er fortwährend eine Mauer auf.

Die Entwicklung der richtigen Vorstellungskraft ist also die Voraussetzung dafür, dass sich in unserem Leben wirklich etwas ändert. Doch sollten es Vorstellungen sein, die zu uns gehören und nicht einfach nur äußerlich aufgesetzt sind.

Wenn wir dabei auf unsere Intuition achten, die uns hilft, genau jene Vorstellungen zu entwickeln, so können wir davon ausgehen, dass die Hilfe dafür nicht ausbleibt, wenngleich der äußere Mensch sich oft in ganz anderen Zeitvorstellungen bewegt als in seinen eigenen.

Durch das Studium, durch die Abstimmungen in seinem Heimsanktuarium, wo der Studierende lernt, „sich zu erkennen", durch die Meditationen und letztendlich die Konvokationen in den Tempeln unseres Ordens beginnt der Mensch, ein besseres Bild von sich selbst, von der Menschheit und der Schöpfung zu entwickeln. Für den Studierenden selbst gilt dies ganz besonders in Bezug auf die Pronaos-Konvokation. Hier ist der Hinweis auf das „Erkenne Dich Selbst" ein wichtiger Höhepunkt.

Das Pronaos-Ritual hilft dem Studierenden dabei, dem Geheimnis seines Wesens, dem Geheimnis der Menschheit und der Schöpfung immer näher zu kommen, und er erneuert dabei seine Ausrichtung auf die höheren Kräfte, die ihn auf seinem Weg im Zeichen des Rosenkreuzes stets begleiten und ihm helfen, das zu werden, was er eigentlich ist: eine Seelen-Persönlichkeit, die mit der Allseele verbunden ist und über diese mit dem Göttlichen; eine Seelen-Persönlichkeit, die sich unter den drei schöpferischen Prinzipien von Licht, Leben und Liebe auf dem Wege der Vervollkommnung befindet und dann, wenn sie wieder in bewussten Einklang mit sich selbst sowie mit der Seele und den göttlichen Kräften gekommen ist, zu höchstmöglichen Erfahrungen in dieser Inkarnationen gelangen kann.

Mit den besten Wünschen für Harmonie, Kraft und Entfaltung unter dem Symbol des Rosenkreuzes.

MEDITATION

„Ich bitte um Segen und Führung zur Verwirklichung meiner Zukunft.“

Wir empfehlen eine Meditation mit einer Visualisation über sich selbst. Zuerst sollte man dafür in seiner Vorstellung ein Bild entwickeln, von dem man annimmt, dass dieses die gegenwärtige Befindlichkeit wiedergibt.

Dann stelle man sich vor, was man in seinem Leben verändern möchte. Es ist gut, sich dabei Notizen zu machen. Dies wird dazu beitragen, dass sich ein Bild darüber entwickelt, das den eigenen Vorstellungen davon entspricht. Dieses Bild halte man fest, denn damit sollte man in die Meditation gehen.

Man bereite dann alles für die Meditation vor. Daraufhin nehme man Platz, indem man für die rechte Meditations-Haltung in der rosenkreuzerischen Tradition sorgt. Als nächstes führe man die Übung zur Harmonisierung des Bewusstseins durch. Entzünden Sie dann zu Beginn Ihrer Meditation den Moosrose-Räucherkegel, sowie die Kerze. Sodann entlasse man all seine Gedanken und lasse auf seinem inneren Bildschirm jenes Bild erscheinen, das man für die Meditation vorbereitet hat. Mit diesem Bild lege man sich folgende Bitte zurecht: "Ich bitte um Segen und Führung zur Verwirklichung meiner Zukunft." Schließlich entlasse man das Bild und auch die Bitte und bitte nur noch den Gott seines Herzens, über einen zu verfügen, wie ER dies für richtig hält. Dann trete man frei von allen Gedanken ein in die Große Stille. Man beende diese Stille nach etwa sieben Minuten und achte auf die Eindrücke, die kamen oder noch kommen können. Anschließend bedanke man sich dafür und beende die Meditation. Die Antworten, die nun kommen wollen, sollte man sich notieren.

DER BAU DER GEISTIGEN PYRAMIDE

Aus aller Welt kamen Brüder und Schwestern sowie Freunde des AMORC zusammen, um in Berlin am AMORC-Weltkonvent 2007 teilzunehmen. Es war ein großes internationales Ereignis, und voll Dankbarkeit und mit Freude schaue ich auf diese Tage zurück, in welchen unsere Großloge zum Treffpunkt der AMORC-Welt wurde. Etwa 1700 Teilnehmer konnten wir begrüßen, wobei die stärkste Gruppe die Brüder und Schwestern aus der französisch-sprachigen Jurisdiktion waren. Aber auch ungewöhnlich viele Brüder und Schwestern aus den beiden Teilen Amerikas waren anwesend, aus Afrika sowie aus den angrenzenden Jurisdiktionen unseres Sprachraumes. Die Vorträge waren sehr gehaltvoll und beanspruchten einen langen Zeitablauf. So war auch der bunte Abend am Samstag sehr willkommen. Schließlich waren die Tage umrahmt durch die Öffnungs- und Schließungs-Zeremonie und von Konvokationen, deren Höhepunkt der Sonntagmorgen mit einer Botschaft des Imperators war. Viele dankbare Reaktionen aus aller

Welt haben uns erreicht, und wir freuen uns, dass sich die Mühe der Vorbereitungen über die Jahre gelohnt hat.

Allen Helfern sei herzlich und brüderlich gedankt. Es hat mich sehr gefreut und tief berührt, so viel Hilfsbereitschaft unter den Brüdern und Schwestern unserer Großloge zu erleben. Diese Erfahrung durfte ich zusammen mit unserem hochverehrten Imperator teilen, der benfalls recht beeindruckt war und mich gebeten hat, allen, die zum Gelingen dieses Konventes beigetragen haben, seinen Dank zu übermitteln.

Welch ein wunderbarer Beweis, was entstehen kann, wenn man im brüderlichen Geist bemüht und bereit ist, sein Licht und seine Fähigkeiten mit den anderen zu teilen und einzusetzen. Dies erzeugt eine große Kraft, die sich nicht nur für die Aufgaben, sondern auch an jedem einzelnen Beteiligten auswirkt; selbst wenn am Ende die Müdigkeit die Oberhand gewinnt und der Körper nach Regeneration drängt.

Diese Erfahrung können wir auch immer wieder in den Städtegruppen machen. Ist eine hohe Bereitschaft der Brüder und Schwestern vorhanden, sich gemäß den vorgegebenen Aufgaben einzusetzen und einzubringen, so kann man davon ausgehen, dass gutes Gelingen und eine Aufwärtsentwicklung das Ergebnis sind.

Dies ist auch leicht einsichtig, und die Lehren zeigen es uns ebenso: Wenn man sein Licht mit den anderen Lichtern zusammenbringt, dann entsteht ein großes Licht, das weit hinaus leuchten und wahrnehmbar werden kann. Unsere Welt braucht solche großen

Lichter, auch wenn man immer wieder die Erfahrung machen muss, dass es genügend Kräfte gibt, die selbst höchstens im Sinne des Egos leuchten wollen und es nicht ertragen können, dass andere leuchten; und sie wenden oft viel Energie auf, das Leuchten zu verhindern. Dies aber war zu allen Zeiten so. Zugleich sollte uns dies nicht entmutigen, sondern eher ein Ansporn sein, in der Erkenntnis, dass es noch viel zu tun gibt.

Wir können dies schon an uns selbst erfahren: Wenn wir tatsächlich bereit sind, an uns zu arbeiten, und dies wirklich wollen, dann können wir auch die ermunternde Erfahrung machen, dass uns günstige und uns gewogene Einflüsse begleiten, insbesondere dann, wenn wir nicht nur bereit sind, unseren Geist zu schulen, sondern auch unser Herz zu öffnen. Wenn wir aufbauenden Mutes im Sinne der Ordens-Lehren tätig sind, dann wird auch der Kosmos unser Begleiter sein.

Wir haben einen so wunderbaren Begleiter in uns, der uns lenkt und leitet, und den wir als den „Inneren Meister" bezeichnen. Was für eine wunderbare Institution in uns. Er ist ständig da und möchte uns mit seiner Intuition begleiten und helfen. Es ist die spirituelle Instanz in uns, und er ist ständig mit der kosmischen Ordnung verbunden.

Sein Licht aber kann nur leuchten, und seine Einflüsse können erst dann zur vollen Blüte gelangen, wenn der Mensch auch bereit ist, die guten Einflüsse aus dem Inneren aufzunehmen und ihnen sein Herz zu öffnen. Denn durch das Herz des Menschen werden seine Gesinnung und seine wahre Reife erkennbar. Dies kann oft schon durch ein Lächeln geschehen; ein Lächeln aber, das aus dem Herzen kommt und ohne Hintergedanken ist. Menschen, die ihr Herz nicht öffnen können, verschließen sich nicht nur vor anderen, sondern auch vor sich selbst.

Denn dadurch, dass man Herzenswärme und Güte in sich entwickelt, wird die Mystik erst zur Lebenskunst. Durch das Öffnen des Herzens gestattet man seiner Herzens-Entwicklung, sich Ausdruck zu verschaffen. Wenn dann Kräfte zurückfließen, erfahren wir den Prozess von Geben und Nehmen, woran der Mensch weiter reift. Was hilft das beste Wissen, wenn ich es nicht teilen kann.

Wenn man allerdings im mystischen Sinne von Wissen spricht, so ist damit keineswegs alleine das gemeint, was man landläufig unter Wissen versteht, was jedoch im Grunde nur ein verstandesmäßiges Lernen ist. Dieses ist zwar eine wichtige Voraussetzung, jedoch nur die erste Stufe wirklichen Wissens.

Wahres Wissen ist jenes, das im Menschen durch die Anwendung und die Erfahrung aufgegangen ist. Dann hat es in der Tat zur Reife der Persönlichkeit beigetragen. Dies aber drückt sich unweigerlich auch in Herzensgüte und Herzenswärme aus. Dies ist auch einer der wichtigsten Gründe, warum der Rosenkreuzer-Weg nicht nur als ein Weg des Wissens, sondern als ein Weg des Herzens bezeichnet wird. Das Wissen, das wir uns aneignen, ist solange totes Wissen, wie wir nicht unser Herz öffnen und es zulassen, dass unser erworbenes Wissen sich durch die Wirkung unseres dadurch gereiften Gemüts über das Herz ausdrücken kann. Mit beiden will weise umgegangen sein: mit Wissen ebenso wie mit dem Ausdruck des Herzens.

Sicherlich können wir dadurch auch leichter angreifbar werden. Viele Menschen haben ihr Herz nur deshalb verschlossen und wirken dadurch kalt, weil sie Angst davor haben, verletzt zu werden. In der Tat besteht diese Gefahr eher, wenn man sein Herz öffnet, als wenn man es verschlossen hält.

Doch ist jener, der sein Herz öffnet – auch auf die Gefahr hin, dadurch verletzt werden zu können – weit beschenkter und lebendiger als jener, der dieses aus Angst verschlossen hält. Denn dieser lebt nicht wirklich – und schon gar nicht im mystischen Sinne.

Wissens- und Herzens-Entwicklung sollten daher immer miteinander einhergehen und sich gegenseitig bedingen. Dies ist die gesündeste Form der Entwicklung.

Zu allen Zeiten haben die Mystiker dies über die Jahrhunderte hervorgehoben. Was für eine hervorragende Gelegenheit, sich darin zu üben, bietet gerade die Städtegruppe durch das Zusammentreffen unter Brüdern und Schwestern im Geiste unseres Ordens, wo man sich unter Gleichgesinnten befindet.

Es ist sehr hilfreich, am Morgen, wenn man sich auf den Tag vorbereitet, seine Visualisation darauf auszurichten, wie man den Menschen an diesem Tag begegnen möchte. Güte und Wohlwollen sollten dabei die wichtigsten Grundlagen sein. Am Abend dann, wenn man seinen Tag noch einmal rückwärts betrachtet, kann man sehr leicht herausfinden, wo man zufrieden sein darf oder wo man sich noch weiter bemühen sollte.

Wir sollten bei aller Dominanz des allgemeinen Informations- und Wissensdrangs unserer Epoche nie aus den Augen verlieren, dass Wissensaneignung im Grunde nur wenig bringt, wenn man nicht zugleich bereit ist, die Erfahrungen daraus in die zwischenmenschlichen Beziehungen sinnvoll und weise mit einzubringen. Bedenken wir dabei, dass der Mensch ein hohes Wesen in dieser Schöpfung ist, und seine Fähigkeiten vor allem darin zum Ausdruck kommen, wie er sich in diese Welt im Umgang mit allen Mitwesen, sei es aus dem Reich der Pflanzen, dem Reich der Tiere oder dem Menschenreich – ja insbesondere dort – einbringt.

Wenn sich der Mensch, der in der Schöpfung die höchste Verantwortung trägt, aber auch die höchsten Kräfte zu entwickeln vermag, sorgsam in seine Mitwelt einbringt, wie vieles vermag er doch zu bewirken, was das beste geschriebene Wissen nicht vermag.

Wir sollten daher in unseren Begegnungen immer bemüht sein, daran zu arbeiten. Das Gegenüber wird dankbar dafür sein. Und wenn nicht, so haben wir zumindest gezeigt, wie man es machen kann. Seien wir uns bewusst, dass es am Ende nicht darauf ankommt, wieviel Lob uns zuteil geworden ist, sondern wie wir uns trotz Fehlschlägen und scheinbar wenig Resonanz dennoch bemüht haben. Dies ist es schließlich, was zu den wirklichen Werten des Lebens gehört.

Heute im Computer-Zeitalter droht der Mensch gerade auf diesem Wege zu verarmen. Die Rosenkreuzer haben aber immer eine ihrer Hauptaufgaben darin gesehen, die sich von Epoche zu Epoche verändern können, den Schwächen der gegenwärtigen Gesellschaft entgegenzuwirken und das notwendige Fehlende zu ergänzen. Hier haben wir eine echte Aufgabe; eine Aufgabe aber auch, die uns selbst bereichert, wenngleich sie manchmal Mut erfordert.

Was aber ist gegen Mut einzuwenden? Seine Anwendung macht uns nur stärker. Dies im richtigen Maß und mit Weisheit zu pflegen, gilt übrigens genauso wie für die Demut. Mut, dieser Welt entgegenzutreten, und Demut dem Höheren gegenüber, auch dem Höheren im Menschentum, bringt uns Befriedigung und innere Bereicherung.

Seien wir daher mutig, wo es notwendig ist. Unsere hohe innere spirituelle Instanz, die wir traditionsgemäß als „Inneren Meister" bezeichnen und die sich uns durch die Intuition kundtut, gibt uns vor, wo wir es sein sollen. Und sie gibt uns auch die nötige Kraft, das Entsprechende zu tun. Meist kommt es nur darauf an, unsere Zaghaftigkeit zu überwinden und beherzt an das Notwendige heranzugehen. Wir werden spüren, wie diese Herangehensweise jene Müdigkeit vertreibt, die lediglich durch Trägheit des Herzens ausgelöst wird.

Und seien wir demütig dem Höheren gegenüber, damit die höheren Kräfte dadurch fließen können und nicht durch uns – und wenn nur durch Besserwisserei – behindert werden.

Wie sonst kann das Rosenkreuz stark in dieser Welt leuchten, wenn wir neben unserer geistigen Arbeit im Sinne der Dualität nicht auch bereit sind, uns für das Höhere, Edlere und Gute in der Welt einzusetzen? Die durch unsere Entwicklung in uns fließenden höheren Kräfte können gar nicht besser eingesetzt werden als dadurch, bereit zu sein und das Gute in der Welt vermehren zu helfen.

Was ist das Gute in der Welt? Wie können wir es definieren? Es lohnt sich, einmal für sich eine Aufstellung zu machen, was man persönlich für das Gute in der Welt und für sich selbst hält. Diese Arbeit, wenn wir uns die Mühe machen, wird uns helfen, uns die vielen Möglichkeiten des Guten bewusst werden zu lassen und die Verbindungen zu den einzelnen Möglichkeiten des Guten zu erneuern.

Es genügt nicht, sich selbst als guten Menschen zu bezeichnen. Man sollte für sich schon auch wissen, warum. Sich dieser Darstellung zu widmen, zeigt zugleich, wo man sich selbst in der Wahrnehmung und in der Ausführung des Guten definitiv befindet.

Gerade im September, wenn die Rosenkreuzer weltweit das Pyramidenfest begehen, wobei man dem geistigen Bau der Pyramide gedenkt und diese erneuert, ist es sehr hilfreich, sich damit zu befassen, wie der Bau der geistigen Pyramide aufrechterhalten und weiter fortgesetzt werden kann. Dies geschieht nicht von selbst, sondern durch die bewusste Bereitschaft jedes Einzelnen, der sich auf dem Weg der Einweihung befindet, insbesondere auch durch die eigene Tat.

In der Hoffnung, dass es Ihnen möglich ist, mit den Brüdern und Schwestern Ihrer Städtegruppe dieses Fest zu begehen, wünsche ich Ihnen von Herzen, dass auch Ihre geistige Pyramide weiter gedeihen möge und mit ihr auch die große geistige Pyramide, an welcher AMORC großen Anteil hat und die gerne als das „Große Werk" bezeichnet wird.

Möge wahrer, innerer Friede dabei stets mit Ihnen sein.

MEDITATION

„Wie sollte ich den Bau meiner Geistigen Pyramide fortsetzen?“

Der Monat September ist für die Rosenkreuzer der Monat der Pyramidenfeier, die am oder nach dem Tag der Herbst-Tagundnachtgleiche begangen wird. Dabei gedenkt man vor allem der Geistigen Pyramide, womit jeder Studierende verbunden ist. Wir empfehlen eine Meditation über die Bedeutung der Geistigen Pyramide. Im Vorfeld sollte man bereits für sich notieren, was man darüber weiß. Die Bedeutung der Pyramide hatte zu allen Zeiten bei den Eingeweihten einen hohen Stellenwert. Sie symbolisiert das Große Werk, das für diese Welt getan werden muss und mit dem jeder, der den Pfad der Einweihung beschreitet, verbunden ist. Welche Bedeutung aber hat die Geistige Pyramide für mich persönlich? Dies zu vertiefen und sich der eigenen Bedeutung mehr bewusst zu werden, möge Anlass der heutigen Meditation sein.

Bereiten Sie zunächst alles für die Meditation vor, und dann führe man die Übung zur Harmonisierung des Bewusstseins durch. Entzünden Sie dann zu Beginn Ihrer Meditation den Moosrose-Räucherkegel, sowie die Kerze. Sodann entlasse man all seine Gedanken und lasse nur noch die Frage vor seinem inneren Bildschirm erscheinen, die man für die Meditation vorbereitet hat. Die Frage für die Meditation lautet: „Wie sollte ich den Bau meiner Geistigen Pyramide fortsetzen?" Schließlich entlasse man auch dies und bitte den Gott seines Herzens, über einen zu verfügen, wie ER dies für richtig hält. Dann trete man frei von allen Gedanken in die Große Stille ein. Man beende diese Stille nach etwa sieben Minuten und achte auf die Eindrücke, die kamen oder noch kommen können. Anschließend bedanke man sich dafür und beende die Meditation.

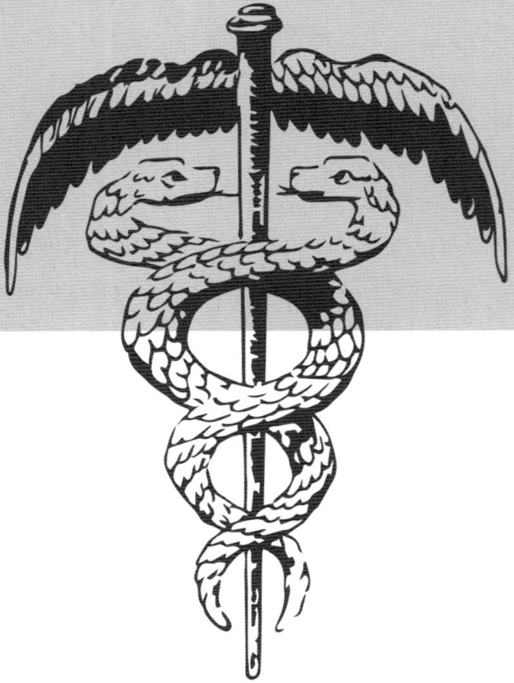

VON DER SYMBOLISCHEN BEDEUTUNG DER NEUN

November, der neunte Monat eines Rosenkreuzer-Jahres, ist in der Regel ein Monat, der zur Nachdenklichkeit anregt. Die Natur stellt sich um und bereitet sich auf den Winter vor. Es sind gerade die Übergangszeiten, welche Kräfte beinhalten, die nachfolgend zur Wirkung kommen sollen. Wie kein anderer regt uns der November in unseren Breiten an, über den Sinn der Symbolik nachzudenken, über den Sinn unseres irdischen Lebens und unserer Entscheidungen, diesem eine bestimmte Richtung zu geben. Der Neunte Monat, wie der Name „November" bedeutet, trägt eine Zahl, die interessanterweise in den romanischen bzw. den indogermanischen Sprachen und so auch in unserer Sprache mit „neu" verbunden ist. In der Tat kann dieser Monat auch als der Monat der „Erneuerung" und auch der Reinigung angesehen werden.

In der mystischen Symbolik ist der neunte Zustand auch der Zustand der Erneuerung durch gereinigtes

Bewusstwerden des Vorausgegangenen. Innerhalb des traditionellen AMORC-Lehrsystems gilt dies bis heute. Erneuerung im spirituellen Sinne aber ist kein Neuanfang, sondern vielmehr die hohe Stufe, die durch vorausgegangene Arbeit erreicht wurde, sodass nunmehr ein Wandel eintreten kann.

Es ist daher keineswegs ein Endzustand, wie oft vermutet. Das bereits Erreichte hat den Höhepunkt überschritten und wird zum Humus für etwas Neues, das sich darauf aufbaut. In der Natur können wir dies nachvollziehen, ebenso in den kulturellen Gedenktagen, die der November in sich trägt.

Für den Rosenkreuzer ist dies keinesfalls eine Zeit des Trauerns, wie wir dies an manchen Gedenktagen vorfinden, sondern vielmehr eine Zeit des verstärkten Nachdenkens und der Neuausrichtung. Ähnlich wie der Neunte Tempelgrad bereitet dieser Monat auf etwas Neues vor, verlangt aber auch eine Überprüfung des bereits Geschehenen. Denn die neunte Stufe ist in der Tat die Stufe der Erneuerung, bevor die spirituelle Entwicklung weitere Stufen erreicht, die als die oberen Stufen bezeichnet werden. Dies kann auch im Monatsablauf eines Rosenkreuzer-Jahres erkennbar werden.

So ist also auch die Zeit des Novembers im Jahresablauf eine Zeit, die sich gut dazu eignet, sein Studium zu überdenken und zu überprüfen, was man besser für die künftige Zeit ausrichten könnte. In kaum einem anderen Monat wirken die Impulse aus dem Inneren dafür geeigneter. Diese Überprüfung und Neuausrichtung von Zeit zu Zeit wird Ihre Seelen-Persönlichkeit dankbar bemerken und

Ihnen dabei jene Impulse senden, die für den weiteren Weg als Kräftigung dienen.

Es ist eine alte Erfahrung, dass unser äußeres Wesen gerne vorgaukelt, wie wichtiger doch andere Dinge wären, als die Hinwendung an unser Inneres Selbst. Und so können wir manches Mal Perioden erleben, in denen wir uns überwinden müssen, da äußere Einflüsse uns ihre Wichtigkeit aufdrängen.

Für den Studierenden der Rosenkreuzer-Lehren ist aber die Ausgewogenheit von Bedeutung. Auf der einen Seite sollten wir nicht vernachlässigen, was den Studienweg anbelangt. Andererseits aber ist auch das gesellschaftliche Leben von Bedeutung. Hier sollte sich der Studierende um Ausgewogenheit bemühen, denn dies ist für seine ganzheitliche Entwicklung förderlich. Wir werden aber die Erfahrung machen, je mehr wir unsere Arbeit im Heimsanktuarium pflegen, umso leichter gelingen uns auch all die anderen Erfordernisse, die unser Leben so mit sich bringt. Welcher Monat hilft uns mehr als der November, als jener Monat, dem der „Zehnte" und damit der Monat der „Wiederkehr des Lichtes" folgt.

Wir sollten daher vor allem unsere Arbeit in unserem Heimsanktuarium überprüfen, denn diese ist neben den Besuchen der Städtegruppe und der Seminare die Grundlage des rosenkreuzerischen Weges der inneren Erfahrungen. Hier im Heimsanktuarium wird, wenn wir kontinuierlich unser Studium, unsere Meditationen und unsere vorgegebenen Anrufungen durchführen, der Weg für die höheren Erfahrungen geebnet. Daher sollten wir diese Erfahrungen im Heimsanktuarium nicht vernachlässigen.

Letztendlich ist es unsere Arbeit dort, die mit entscheidet, wie unser Weg innerhalb des AMORC voranschreitet. Gerade mit den Übungen aus den Monografien sollten wir im Heimsanktuarium beginnen und sie so immer mehr zu einer festen Grundlage zur Meisterung unseres Lebens werden lassen.

Manches Mal gelangen Briefe unserer Studierenden zu uns mit dem Hinweis, dass ihnen gegenwärtig nur schwer etwas im Leben oder in ihren Aufgaben gelingen mag. Bei näherer Betrachtung kann man beinahe ausnahmslos feststellen, dass dies in einer Zeit geschieht, in der man die Abstimmungen im Heimsanktuarium und damit verbunden das Studium der Monografien nicht mehr ernst nimmt und diese vernachlässigt.

Sicherlich, die Menschen von heute scheinen keine Zeit mehr zu haben. Dies ist aber meist nur scheinbar so. Sollte man in diese Situation geraten sein und überprüft einmal ganz nüchtern seine Aktivitäten, die so viel „Zeit" erfordern, so stellt man in der Regel fest, dass man ihnen lediglich zu viel Zeit gibt und für zu viele unwichtige Dinge zu viel Zeit und Energie opfert. Gerade jene irdischen Dinge, die wir als ganz besonders wichtig betrachten, bedürfen der genaueren Überprüfung, denn hier unterliegen wir häufig einem Trugschluss.

Oft machen wir die Erfahrung, dass unsere Intuition uns genau dies bestätigt. Doch unterliegt so mancher anschließend der Gefahr, diese wieder beiseite zu schieben, oft mit der Begründung, dass man dies von der rein äußeren Überlegung her besser wisse.

Wie gehen wir am besten in unserer Überprüfung der Neuausrichtung vor? Das Wichtigste dabei ist die Selbstbefragung. Dabei aber sollten wir nicht unseren rein rationalen Antworten, die von der äußeren Ebene unseres Wesens kommen, Glauben schenken. Vielmehr sollten wir dabei auf unsere inneren Impulse achten, die uns meist den wichtigeren Rat geben. Lernen wir, auf unsere Intuition zu achten, insbesondere, wenn wir uns in nicht einfachen Situationen unseres Lebens befinden.

Meist schiebt man diese beiseite, da unser Äußeres Ich uns vorgaukelt, dass gegenwärtig andere Dinge wichtiger seien. Unsere Intuition aber sagt uns nicht Dinge, die für morgen wichtig sind, sondern für jetzt – in diesem Augenblick.

Wenn wir uns äußerlich in etwas verrannt haben, sodass wir unserer Intuition nur schwer folgen können, so gilt es trotzdem zu überlegen, inwieweit wir jetzt, in der Gegenwart, etwas verändern müssen. Wenn wir dies nur auf morgen verschieben, so vergeuden wir dabei jene Kräfte, die automatisch mit unserer Intuition mitfließen und uns helfen wollen, die notwendigen Dinge zu lösen.

Unsere Intuition gibt uns niemals unlösbare Antworten, denn jene innere Instanz, deren Stimme die Intuition ist, unser Innerer Meister also, gibt immer jene Antworten, die uns gerade jetzt, in jenem Moment, in dem wir uns in einer konkreten Situation befinden, helfen.

Wir sollten jedoch den Unterschied zwischen Intuition und Instinkt beachten lernen. Die drei I's, so könnte man sagen, sind auf dem Entwicklungsweg des Menschen von Bedeutung:

Instinkte – Intuition – Inspiration

Lassen Sie uns diese etwas näher betrachten:

Die Instinkte sind in jedem Menschen wach und gelten sozusagen als die Wegweiser für den Menschen in seiner physisch-psychischen Entwicklung. Es ist die Wahrnehmung, die sich aufgrund der über Tausende von Jahren im Menschen gesammelten irdischen Evolution gebildet hat und den Menschen aufgrund seiner dabei gemachten Erfahrungen durch die Reaktion auf Erlebnisse hinweist, die vor allem mit seiner physischen Entwicklung in Verbindung stehen, mit seinem irdischen Leben. „Aus dem Bauch heraus" etwas tun, ist zum Beispiel eine typische Verhaltensweise des menschlichen Umgangs mit seinen Instinkten und wird oft mit der Intuition verwechselt. In der Aufteilung der mystischen Richtungen sind die Instinkte dem Süden zugeordnet, der mit ihrem Gegenüber, dem Norden, verbunden ist.

Die Intuition des Menschen aber ist schon eine Stufe höher angesiedelt. Sie meldet sich vor allem, wenn der Mensch bereit geworden ist, auf die „höhere Stimme" seines Wesens zu lauschen. Sie meldet sich vor allem als Hilfestellung, wenn der Mensch sich auf die höhere Form seiner Entwicklung ausrichtet. Gerade aus diesem Grunde stehen Übungen mit der Intuition am Anfang des rosenkreuzerischen Weges, um mit ihr vertraut zu werden. In der Aufteilung der mystischen Richtungen ist die Intuition dem Westen zugeordnet, der mit seinem Gegenüber, dem Osten, verbunden ist.

Die mystische Inspiration aber ist die dritte und höchste Stufe der geistigen Entwicklung, deren Wahrnehmung in Stufen der mystischen Entwicklung verläuft. Sie tut sich als freudig-drängende weise Kraft kund, die dem Menschen jene Impulse und Energie verleiht, um seine höhere Entwicklung zu festigen und Erhabenes, Edles zu vollbringen. Sie ist jene typische Kraft, die sich dann meldet, wenn auf dem spirituellen Pfad das erste Große Portal durchschritten wurde. In der Aufteilung der mystischen Richtungen ist die Inspiration dem Osten zugeordnet.

Intuition und Inspiration sind die beiden wichtigsten Impulse des Eingeweihten.

Die Intuition dient dabei lenkend und die Inspiration anfeuernd.

Eine mystische Einweihung geschieht aber stets durch den Beschluss aus der höheren Ebene, die engstens mit der Kosmischen Ebene verbunden ist. Sie kann nicht erzwungen werden und wird dann erteilt, wenn die Zeit gekommen ist. Sie setzt vom Schüler Fleiß, Vertrauen und Geduld voraus. Der Schüler bereitet sich auf diese Einweihung vor, muss aber gestatten, dass die erfolgte Einweihung eine Gnade ist, die aufgrund der eigenen Vorbereitung erfolgt.

Das Tor, das sich bei Einweihungen öffnet, kann nicht von selbst geöffnet werden. Wenn der Schüler bereit ist, dann wird das Tor wahrnehmbar. Geöffnet werden aber kann es niemals von außen, wo der Wartende geduldig verweilt. Immer kann es nur von innen geöffnet werden, wenn von dort erkannt wurde, dass der Schüler sich vorbereitet hat und somit bereit ist.

Auf diesem Weg aber erwarten den Studierenden so viele unvergleichliche Erfahrungen, die seinen Weg erhellen und mit innerer Freude beschreiten lassen. Lassen Sie sich daher, verehrte Studierende, nicht entmutigen, wenn es Durststrecken zu überwinden gilt. Auch diese haben ihren Sinn.

Bedenken wir dabei, dass wirkliche innere Entwicklung nicht immer äußerlich erkennbar sein muss. Ja oft gilt gerade die Aussage, dass sich wirkliche innere Entwicklung der rein äußeren Betrachtungsweise entzieht und oft erst dann erkennbar wird, wenn wir unsere Erwartungshaltung aufgeben. Wirkliche geistige Entwicklung ist keine rationale und der äußeren Logik unterworfene Angelegenheit. Sie ist ein weit höherer innerer Prozess, den wir nicht einer rein äußeren und profanen Berechnung aussetzen können. Dies wäre höchst unbefriedigend. Im Grunde gilt für unsere mystische Entwicklung dieselbe Herangehensweise wie für die mystische Bedeutung der rosenkreuzerischen Symbolik, welche mit der Ur-Symbolik aller Zeiten verbunden ist: Sie kann äußerlich nur höchst unzureichend „errechnet" werden und wird in ihrer Ur-Bedeutung nur durch die inneren Erfahrungen erkennbar.

Die inneren Erfahrungen aber werden durch das mystische Studium gefördert, die wiederum das Innere zum Wachstum anregen und so immer mehr innere Wahrheiten freigeben, welche die zentralen Wahrheiten sind, die allem Sein und allem Bestehenden zugrunde liegen. Seien wir uns bewusst, dass es kein Zufall ist, dass man sich für diesen Weg entschieden hat, sondern, dass man dafür bereit ist. Doch jederzeit besteht der freie Wille des Menschen, sich zu entscheiden.

„AMORC – Die Rosenkreuzer": diese Bezeichnung können wir in vielen Publikationen lesen, und so mancher mag sich fragen, was sich wohl dahinter verbirgt.

Es ist eine Welt voller höchster Erfahrungen, wenn wir uns dafür bereit gemacht haben. Die Schule ist nur wenig mit dem herkömmlichen rein intellektuellen Studium vergleichbar, das sich ausschließlich auf den äußeren Geist des Menschen ausrichtet. Ein ganzheitliches Studium sozusagen, das Körper, Geist und Seele mit einbezieht. Dabei ist der Schwerpunkt auf die Seele gelegt, deren Essenz der Mensch als eine Seelen-Persönlichkeit in sich trägt. Durch das Gewahr werden dieser Seele mittels der Essenz, die der Mensch in sich trägt, wird seine Seelen-Persönlichkeit weiter bereichert und einer hohen Entwicklung zugeführt.

Die AMORC-Lehren weisen dorthin und helfen dem Studierenden, die Lehren der Seele zur Entwicklung seiner Persönlichkeit zu nutzen. Im Lehrsystem wird diese Lehre zu Stufen der Entwicklung, die der Studierende nutzen kann, um Stufe für Stufe voranzuschreiten – und dies vollkommen gefahrlos und sicher, wenn er dem Weg treu bleibt.

Wenn wir bedenken, wie viele Suchende diesen Weg schon beschritten haben; wie viele eingetreten sind, für die sich die mystischen Tore geöffnet haben, so kann man dies mit einem Pilgerzug vergleichen, der sich von den Niederungen der materiellen Ebene aufgemacht hat, jene höheren Ebenen zu erreichen, auf denen die höhere Schau erlangt werden kann und auch jene Seelenkräfte zum Fließen kommen, welche für den Menschen zur wirklichen Meisterung seines Lebens so notwendig sind.

Die meisten haben nur das erste Tor erreicht – und dieses vielleicht nicht durchschritten, da sie keine Geduld hatten.

Viele aber haben dieses erste Tor durchschritten und haben nicht aufgegeben. Sie haben den Prüfungen des Lebens standgehalten, sodass das nächste Tor für sie erreichbar wurde. Auch hier haben viele das Überschreiten nicht gewagt; und der Pilgerzug wurde kleiner.

Nicht wenige aber haben das dritte Tor durchschritten und sind in die große Halle eingetreten, in der sie freudig und brüderlich erwartet und willkommen geheißen wurden – um weiter voranzuschreiten.

Diese inneren Tore der geistigen Entwicklung sind auch mit einem Berg vergleichbar; mit jenem mystischen Berg, der uns in so vielen alten allegorischen Schriften begegnet. Die Tore sind wie Ebenen dieses Berges, an denen man angelangt ist und wo – so man bereit ist – die Stufen für den weiteren Aufstieg erkennbar werden. Je weiter man nach oben schreitet, umso weniger Menschen wird man begegnen, die stark geblieben sind und nicht aufgegeben haben, bzw. daran stark geworden sind. Die Sicht wird immer größer und weiter – über die darunter liegende Ebene ebenso, wie auch nach oben.

Meine besten Wünsche für Ihre Erfahrungen auf dem Wege des Rosenkreuzes und die Anwendung im Alltag.

Möge wahrer, innerer Friede dabei stets mit Ihnen sein.

MEDITATION

„Ich bitte um eine Antwort, was die Neun gegenwärtig für mich bedeutet."

Wir empfehlen eine Meditation über die mystische Bedeutung der Zahl Neun. Dabei sollten wir uns die Frage zurechtlegen, was die Neun als Qualität der Erneuerung für mich persönlich bedeutet.

Bereiten Sie dann alles für die Meditation – am besten in Ihrem Heimsanktuarium – vor. Ist dies geschehen, nehme man Platz und führe die Übung zur Harmonisierung des Bewusstseins durch. Entzünden Sie dann zu Beginn Ihrer Meditation den Moosrose-Räucherkegel, sowie die Kerze. Sodann entlasse man all seine Gedanken und lasse nur noch die Bitte vor seinem inneren Bildschirm erscheinen, die man für die Meditation vorbereitet hat.

Die Bitte für die Meditation lautet: „Ich bitte um eine Antwort, was die Neun gegenwärtig für mich bedeutet."

Schließlich entlasse man auch diese Bitte und bitte den Gott seines Herzens, über einen zu verfügen, wie ER dies für richtig hält. Dann trete man frei von allen Gedanken in die Große Stille ein. Man beende diese Stille nach etwa sieben Minuten und achte auf die Eindrücke, die kamen oder noch kommen können. Anschließend bedanke man sich dafür und beende die Meditation.

Die Erfahrung aus der Stille heraus sollte man sich notieren. Dabei bleibe man in entspannter Haltung und achte bei den Notizen darauf, was die Intuition dabei übermittelt. Erfahrungen aus der Meditation können auch noch später einströmen.

DER HOHE WERT DES PERSÖNLICHEN LEBENSWEGES

Kaum etwas ist so relativ und von Stimmungen abhängig, wie die subjektive Einschätzung eines Menschen über seine Umgebung, wie auch seiner Mitmenschen. Auch unsere Welt, so wie wir sie wahrnehmen und wie sie uns begegnet, ist zum großen Teil in uns selbst gelegt. Es ist auch in uns selbst letztendlich gelegt, wie wir zu höherem Bewusstsein und zu einer höheren Lebens-Einstellung gelangen. Dies mag etwas ernüchternd klingen, und für manche ist dies nicht so leicht zu verstehen, doch ist gerade dies die gute Nachricht für den Menschen.

Denn wenn dies tatsächlich so ist und doch so vieles von der subjektiven Einschätzung der Menschen abhängig ist, so heißt dies auch, dass wir es sind, welche die Verhältnisse unserer Sicht der Dinge und wie sie auf uns wirken, verändern können.

Als Beispiel, wie die Welt doch sehr von unserer subjektiven Einschätzung abhängig ist, mögen uns jene Märkte dienen, welche gegenwärtig die materielle und wirtschaftliche Welt am meisten beeinflussen: die Aktienmärkte.

Wenn wir diese betrachten, die in den letzten Tagen sehr in Bewegung geraten sind, so sind die Gründe, die oft einen Aufwärts- oder Abwärtstrend ausmachen, für uns ein sehr interessantes Beispiel dafür, wovon die Welt in hohem Maße bewegt wird.

Ganz gleich, welche Einstellung wir zu diesen Märkten haben, so kommen wir doch nicht umhin festzustellen, wie sehr deren Entwicklung dort die materielle Welt bestimmt. Viel mehr als lediglich durch Berechnungen werden die Kurse dort von der Einschätzung, von den Hoffnungen und den Ängsten der Menschen bewegt. Diese bringen die Kurse aufgrund von Hoffnungen nach oben – und der Wirtschaft geht es gut. Gehen die Kurse aufgrund von Ängsten nach unten, so geht es der Wirtschaft weniger gut. Davon werden die gesamten Geschicke der Wirtschaft mehr oder weniger mit beeinflusst. Seriöse Berechnungen, welche aufzeigen, dass die Ängste unbegründet sind, manchmal auch die Hoffnungen, spielen dabei nur eine untergeordnete Rolle.

Ähnlich ist es auch mit der Einschätzung der meisten Menschen, was ihre Umwelt und ihren eigenen Befindlichkeitszustand anbelangt.

Würden die Menschen mehr mit ihrem Inneren Selbst vertraut sein und damit mit jener Ebene im Menschen, die zu den höheren Ebenen der Wahrnehmung führt, so sähe die Welt gewiss ganz anders aus.

Auch uns selbst kann es leicht so ergehen, dass wir uns von Sympathie oder Antipathie bewegen lassen, ohne zu hinterfragen, inwieweit diese unsere Gefühlseinschätzung den Tatsachen entspricht.

Sicherlich mag so mancher dann denken, dass diese Miteinbeziehung auch notwendig sei, und sicherlich ist sie dies auch. Denn wenn wir unseren inneren Empfindungen keinen Raum mehr schenken würden, ginge uns ein hohes Maß an Lebensqualität verloren. Und doch kann uns diese Einschätzung trügen, und wir sind angehalten, darüber nachzudenken, inwieweit unsere innere Gefühlseinschätzung den Tatsachen entspricht und inwieweit wir uns lediglich von jenen Einschätzungen leiten lassen, die nur mit uns selbst und weniger mit der Situation oder dem Menschen, mit dem wir uns gerade befassen, zu tun haben.

Wir können diese unsere persönlichen Empfindungen zusammenfassen in: Das mag ich oder das mag ich nicht. Dabei ist schon erkennbar, dass es hier überwiegend um die Einschätzung des äußeren Ichs geht.

Immer muss man sich dann hinterfragen: Warum mag ich das und warum mag ich das nicht? Im rosenkreuzerischen Sinne können wir noch weiter fortfahren mit der Frage: Wer ist es in mir, der das mag oder nicht mag? Ist es mein Ich oder mein Inneres Selbst?

Kommt man zu der Schlussfolgerung, dass es vom Inneren Selbst kommt, so können wir davon ausgehen, dass die Sympathie tief und umfassend, wenn auch vielleicht vorerst noch nicht äußerlich erklärbar ist und tiefe Gründe hat.

Sympathie und Antipathie werden sehr von den Gefühlen und Empfindungen der Menschen bewegt. Gefühle und Empfindungen sind sehr wichtig für den Menschen. Sie können uns aber auch täuschen, genauso wie dies auch unser rationales Erforschen kann. Die Bedeutung von Gefühlen und Empfindungen hängt vor allem davon ab, aus welcher Ebene unseres Wesens diese Gefühle entstehen. Die Richtigkeit bzw. Täuschung unseres rationalen Verstehens hängt wiederum davon ab, inwieweit wir alles Notwendige in unsere Überlegungen mit einbezogen haben.

Immer aber ist es gut, uns bei unseren Wahrnehmungen und Erforschungen die Frage zu stellen: Kommen die Beweggründe aus meinem Ego oder aus meinem Selbst? Dies ist eine sehr bedeutende Frage, wenn man sich darüber klar werden möchte, warum man Sympathie oder Antipathie für etwas hat.

Daraus kann man schon ableiten, wie wichtig es für die Erforschung unseres Wesens ist, unterscheiden zu lernen, ob unsere Beweggründe aus unserem Ego oder unserem Selbst stammen. Ganz besonders hilft uns dabei die Intuition; noch tiefer die Meditation.

Wenn wir ein sinnvolles und ganzheitliches Leben dauerhaft führen wollen, das uns zu jener hohen inneren

Kraft und auch zu jenem inneren Glücksempfinden führt, das dann zum Entstehen kommt, wenn wir mit uns im Einklang sind, dann kommen wir nicht umhin, die Unterschiede zwischen den beiden Ebenen kennen zu lernen: jener äußeren Ebene, wo unser Ego und unser Äußeres Ich zu Hause sind, sowie jener inneren Ebene, wo sich die Herkunft und die Wurzel unseres Wesens befinden, zu dem wir Zugang erhalten, wenn wir Verbindung mit unserem Inneren Selbst aufgenommen haben.

Wie oft kommt das Schöne auf scheinbar hässliche Weise zu uns, und erst nach näherer Betrachtung erkennen wir den edlen Inhalt. Ebenso ist es auch umgekehrt. Aus meiner Erinnerung taucht die Begegnung mit einem Menschen auf, von dem ich wusste, dass er allgemein auf die Mitwelt recht unangenehm wirkte. Es war für mich gut nachzuempfinden, wie dieser Mensch in einer ersten Reaktion ablehnend wirkt. Seine Art war etwas merkwürdig in seinem Auftreten, und er wirkte in seinen Darstellungen bizarr und ungewohnt.

Nach einem näheren Gespräch entwickelte sich eine gewisse Vertrautheit, und es entstand die schöne Erfahrung, wie der äußere harte Kern immer mehr aufweichte und ein sensibles und hochintelligentes Wesen zum Vorschein kam. Es war geradezu, als hätte sich eine Wandlung vollzogen.

So kann es uns oft ergehen, wenn wir Menschen begegnen und auch Situationen. In unserer an Hektik zunehmenden Zeit sind die Gelegenheiten weniger geworden, sich ausgiebig mit Menschen und Situationen zu befassen. Dies trägt die Gefahr in sich, dass wir immer mehr geneigt sind, nur noch auf die äußerlichen Dinge, die meist aufdringlich daherkommen, zu reagieren. Lassen wir uns davon nicht beeinflussen und halten wir in unserem Bewusstsein, dass wir für wirkliche Begegnungen mit Menschen und Situationen Muße brauchen.

Sicherlich müssen wir beides können: die oft erforderliche schnelle Reaktion, aber auch das Gegenteil. Wenn wir beides in ausgewogenem Maße einsetzen, gehen wir einen guten Weg. Die oft schnelle Handlung aber gelingt nur dann sinnvoll, wenn wir auch das andere Vorgehen pflegen – das Harren und Sich-Zeit-lassen.

Diese Zeiten sind für unsere Entwicklung sehr wichtig. Denn nur so kommen wir uns selbst und unseren inneren Kräften näher. Und nur so können wir davon ausgehen, immer mehr richtig zu reagieren, auch wenn uns dafür nur wenig Zeit zur Verfügung steht und es schnell gehen muss.

Wenn wir uns in unserer Welt ausgewogen bewegen wollen, brauchen wir beides. Dies zu pflegen, bewahrt uns vor Einseitigkeit. Lassen wir uns daher nicht täuschen, verehrte Studierende, indem wir Dinge lediglich oberflächlich betrachten. Und lassen wir uns nicht täuschen, indem wir nicht auch hinterfragen, was es denn mit dieser Erfahrung, die wir gegenwärtig machen, wirklich auf sich hat. Oft erleben wir, wenn wir uns hinterfragen, was denn das gegenwärtige Erlebnis wirklich bedeutet, eine andere, ja oft eine umgekehrte Antwort, da wir lediglich subjektiv von unserer äußeren Sympathie oder Antipathie her reagiert haben.

Wenn wir für uns die Unterschiede zwischen äußerer und innerer Einschätzung aus unserem Wesen heraus erfahren wollen, so können wir etwas dagegen tun. Gerade wenn wir längere Zeit in Hektik verfallen, so werden unsere Sicht und unsere Einschätzung über die gegebenen Verhältnisse immer mehr veräußerlicht und daher von den rein äußerlichen Tendenzen abhängig.

Wenn wir uns die Zeit nehmen, um uns in regelmäßigen Abständen zurückzuziehen und Verbindung mit unserem Inneren aufzunehmen, beginnt sich langsam wieder unser Wesen zu harmonisieren, und auch unser Blick und unsere Einschätzungen verändern sich, werden gesünder und ganzheitlicher.

Woran krankt unsere Welt? Genau daran, dass sie sich im Ungleichgewicht befindet. Die starke Veräußerlichung des Wesens ruft automatisch Unausgewogenheit und daher auch eine getrübte Sicht hervor. Also ist es für den Menschen notwendig, von Zeit zu Zeit immer wieder für Ausgewogenheit zu sorgen.

Wonach strebt der Mensch im Allgemeinen? – Und wonach zu streben wäre für mich selbst gesund? Dies sind wichtige Fragen, die man sich selbst von Zeit zu Zeit stellen sollte.

Wirklich gesund sein kann der Mensch nur, wenn er wieder die Ausgewogenheit seines Wesens anstrebt, damit er die richtigen Kräfte in sich erweckt und zum Fließen bringt, welche ihm helfen, seine wirklichen Ziele zu erreichen, wie sie für seine Inkarnation vorgesehen sind, und ein Leben zu führen, das für ihn ganzheitliche

Freude und höchstes Glück bedeutet. Dann befindet er sich auf dem Wege, die Welt wirklich gesund einzuschätzen und sich damit jenen Kräften anzugliedern, welche wirklich „heil" machen.

Die besonderen Hilfen, die AMORC dabei seinen Studierenden gibt, sind unvergleichlich. Einerseits erhält man in Form der Monografien stufenweise im Zuge der mystischen Entwicklung das notwendige Wissen, das man auf diesem Weg benötigt, um sich selbst kennen zu lernen – wie man ist, aus welchen einzelnen Qualitäten sich das Wesen Mensch zusammensetzt und wie es sich inmitten der Schöpfung und mit dem Göttlichen Funken versehen in dieser Welt bewegt.

Darüber hinaus erhält man durch die sorgfältig ausgearbeiteten Übungen jene Hilfen, seine geistigen Fähigkeiten zu entwickeln. Und dies nach alter und immerwährend gültiger Einteilung in den entsprechenden Graden, die exakt den Graden der ganzheitlichen Entwicklung entsprechen.

Andererseits werden uns in den Konvokationen, in den Seminaren, Conclaven und schließlich in den Initiationen Türen geöffnet, die uns zur höchstmöglichen Form spiritueller und mystischer Entwicklung für unsere Inkarnation bringen können.

Wenn wir dies im vorgegebenen Maße pflegen können, so dürfen wir gewiss sein, in innere Erfahrungsebenen einzutreten, die unbeschreiblich sind und in höchstem Maße unser Wesen für diese Inkarnation und für die weiteren immer mehr festigen und ihm wahres Menschsein in seiner edelsten Form immer näher bringen.

Die eingangs gemachte Feststellung, inwieweit diese Welt doch von den Stimmungen, den Gefühlen, den Hoffnungen und Ängsten der Menschen abhängig ist, wird für uns dann immer ausgewogener. Denn je mehr wir mit unserem Inneren Selbst in Einklang gelangen, umso mehr lernen wir auch Gegebenheiten und Menschen einzuschätzen, wie sie wirklich sind. Wir lernen den äußeren Glanz zu durchschauen, aber auch, dass oft das scheinbar Unscheinbare voll von innerem Reichtum ist.

Dies hilft uns auch zu verstehen, warum es heißt, dass wahre geistige Entwicklung oft äußerlich gar nicht so zu erkennen ist. Denn es braucht nicht den äußeren Glanz, der meist nur dazu eingesetzt wird, um innere Armut zu verbergen.

Bewusst mit allem umzugehen, was uns umgibt, zeigt uns viel besser das wahre Gesicht einer Gegebenheit und führt uns zu jenen inneren Kräften, die allem, was von wahrem Wert ist, zugrunde liegen.

Möge es Ihnen daher in den nächsten Wochen gelingen, bewusster auf das Sie Umgebende einzugehen und den wahren Gehalt einer Gegebenheit zu erkennen. Wahrer, innerer Friede möge Sie dabei stets begleiten.

MEDITATION

„Was ist der wahre Wert meines Lebensweges?“

Wir empfehlen eine Meditation über den wahren Wert des Lebens. Worauf kommt es im Leben allgemein und darüber hinaus für mein Leben speziell wirklich an? Was ist es, das für die Menschen zu erreichen wichtig ist? Das Bewusstwerden der wahren Lebenswerte von Zeit zu Zeit ist eine große Hilfe, um Inneres und Äußeres unseres Wesens auf das Erreichen dieser Werte auszurichten.

Bereiten Sie alles für die Meditation in Ihrem Heimsanktuarium vor. Ist dies geschehen, nehme man Platz und führe die Übung zur Harmonisierung des Bewusstseins durch. Entzünden Sie dann zu Beginn Ihrer Meditation den Moosrose-Räucherkegel, sowie die Kerze. Sodann entlasse man all seine Gedanken und lasse nur noch die Frage vor seinem inneren Bildschirm erscheinen, die man für die Meditation vorbereitet hat.

Die Frage für die Meditation lautet: „Was ist der wahre Wert meines Lebensweges?"

Man visualisiere diese Bitte richtig plastisch auf seinem geistigen Bildschirm und verlebendige dieses Bild mit dem gereinigten Verlangen seines Herzens. Schließlich entlasse man diese Bitte und bitte den Gott seines Herzens, über einen zu verfügen, wie ER dies für richtig hält. Dann trete man frei von allen Gedanken in die Große Stille ein. Man beende diese Stille nach etwa sieben Minuten und achte auf die Eindrücke, die kamen oder noch kommen können. Anschließend bedanke man sich dafür und beende die Meditation. Die Erfahrungen aus der Stille heraus sollte man sich notieren.

WIE ERLANGE ICH ZUFRIEDENHEIT?

In einem Großen Forum aller Mitglieder anlässlich eines Besuches in einer unserer Städtegruppen wurde einmal die Frage gestellt, was denn das Beste sein könnte, das es gilt, für das Leben anzustreben – eine Frage, die sicherlich viele Menschen beschäftigt, vor allem auch, wenn man sich auf dem Pfade des Rosenkreuzes befindet.

Meine Antwort lautete: Zufriedenheit durch Meisterung!

Meisterung ist ein Wort, das vor allem in früheren Jahrzehnten unsere Haupt-Informations-Broschüre unter dem Titel „Meisterung des Lebens" zierte. Dies ist ein Anspruch, der nach wie vor ja gerade heute unverändert gültig ist.

Dabei ist die Zufriedenheit ein hohes Ziel, das es anzustreben gilt, denn dieses Wort beinhaltet eine solche Stärke an menschlicher Eigenschaft, dass es in der Tat auf dem mystischen Weg von großer Bedeutung ist. Viele Menschen glauben, Zufriedenheit würde Stillstand bedeuten, doch ist dies ein Trugschluss. Es ist beinahe umgekehrt, denn wenn der Mensch diese anzustrebende Zufriedenheit erreicht, beginnen erst jene Kräfte zu fließen, die dem Menschen höhere Einsichten bescheren.

Wie erlangt der Mensch aber diese Zufriedenheit? Auch dieses Wort muss man näher untersuchen, um deren hohe Bedeutung für die menschliche Entwicklung herauszufinden.

Sicherlich gibt es auch eine der menschlichen Entwicklung abträgliche Zufriedenheit, wie alles im Leben zwei Seiten beinhaltet. Deshalb ist der Zusatz „Meisterung durch Zufriedenheit", sehr angebracht. Ganz sicherlich ist mit Zufriedenheit daher nicht jene gemeint, die alles akzeptiert und sich selbst genügt. Dies wäre eine Zufriedenheit um ihrer selbst willen, was – wie bei allen anderen Errungenschaften – für die Entwicklung nicht förderlich wäre.

Was versteht man unter „Zufriedenheit"? Es hilft uns, wenn wir dem Wort auf den Grund gehen. Das Stammwort davon lautet wohl „Frieden" – eine Errungenschaft, die für alle Wesen erstrebenswert ist und letztendlich stets als Gruß ausgesprochen wird, wenn Rosenkreuzer sich begegnen oder wenn man einen Brief von der Großloge erhält.

Der Begriff „Friede", ein nordisch-ethnischer Begriff, bedeutete im Ursprung so viel wie „versöhnen", aber auch „Schutz".

Wenn wir dies mit unserer zeitgenössischen Bedeutung von „Frieden" vergleichen, so können wir entdecken, wie sich auch Bedeutungen durch soziale Entwicklung leicht wandeln können.

Wirklichen Frieden in seinem Wesen erreicht der Mensch wohl kaum, indem er sich allem entzieht, was unangenehm sein könnte. Vielmehr kommt es darauf an, für sich herauszufinden, was zu uns gehört und was nicht. Immer wieder können wir dabei feststellen, wenn wir uns auf das besinnen, was zu uns gehört, dass dann auch der Friede in unserem Wesen nicht sehr erschüttert werden kann. Sicherlich sollten wir stets bestrebt sein, unser Wesen weiter zu entwickeln.

Welche Art von Weiterentwicklung aber ist für uns sinnvoll?

Gerade heute, wo es eine Fülle an Möglichkeiten gibt, sich in den verschiedensten Formen weiter zu entwickeln, ist es wichtig zu wissen, was zu uns gehört und was nicht.

Beruflich wissen wir dies meist. Im Rahmen unserer Gesellschaft haben wir schon eine freiere Wahl, indem wir selbst entscheiden können, welche zusätzlichen Erfahrungen wir wollen und welche nicht.

In unserer spirituellen Entwicklung können wir die Notwendigkeit leicht aus unserer spirituellen Ebene wahrnehmen.

In diesen drei Ebenen ist der Mensch in der Regel zu Hause: Beruf – Gemeinschaft – Entwicklung seiner mystisch-spirituellen Ebene. Ist einmal die Zeit gekommen, dass man aus dem Berufsleben ausscheidet, so stehen vor allem das Leben in der Gemeinschaft und die Entwicklung der mystisch-spirituellen Ebene im Vordergrund.

Zufriedenheit seines Wesens zu erreichen, bedeutet vor allem herauszufinden, wohin es uns vorgegeben ist, dass sich unser Wesen entwickeln solle. Sicherlich ist die Höherentwicklung das Ziel. Wie sich dies aber im Einzelnen bei jedem von uns verhält, ist in uns herauszufinden. Haben wir dies erkannt, ist der erste Schritt getan. Der zweite Schritt wäre dann, die erforderlichen Dinge zu tun, die wir in uns erschließen können, dass sie getan werden sollen. Sie werden uns unweigerlich bewusst. Es liegt nur noch an uns, dieses wahrzunehmen.

Wenn wir uns auf dem Weg befinden und den Lehren treu bleiben, sowie uns in der vorgegebenen Anwendung üben, können wir davon ausgehen, dass in uns die Notwendigkeiten in Erscheinung treten, die uns helfen, unser Leben zu meistern. Wir müssen uns dieser nur noch bewusst werden und uns umsehen, denn die Gelegenheiten, diese zu meistern, warten dann in der Regel schon auf uns. Sich selbst treu zu bleiben und seinen eingeschlagenen Weg ernst zu nehmen, sind die wichtigsten Eigenschaften, die es anzustreben gilt. Dann kommen alle notwendigen Dinge, die uns helfen, erfüllt zu leben, auf uns zu.

Meist liegt der Grund von Hindernissen auf diesem Weg darin, dass wir nicht mit unserem Wesen konform sind, dass unsere äußeren Vorstellungen nicht mit unseren inneren übereinstimmen. Auch dies muss man meist erst lernen. Seien wir aber sicher, dass dies im Grunde gar nicht schwierig ist. Wenn wir uns angewöhnen, bei allen Vorhaben zu fragen, was denn unser Inneres Selbst und unserer Innerer Meister dazu sagen, können wir davon ausgehen, einen guten Weg zu gehen. So mancher unter ihnen mag sich beim Nachdenken dieser Gedanken fragen: Wenn ich aber von innen nichts wahrnehme, was mache ich dann?

Dann bleibt immer noch die Bitte an den Inneren Meister und an den Gott seines Herzens um Hilfe, um Führung und Begleitung. Dies sollte man nicht einfach als Floskeln ansehen. Wir sind nie alleine. Wenn wir uns der inneren Führung anvertrauen, dann können wir davon ausgehen, den Weg zu gehen, der zu uns gehört, auch wenn wir dies nicht immer äußerlich bestätigt finden können. Dies liegt vor allem daran, dass unser äußeres Wesen nicht alles erkennen kann, was zu uns gehört und was uns wirklich umgibt, was uns hindert oder fördert.

Ein Studierender fragte einmal während eines Seminars, was denn der Unterschied zwischen dem Inneren Meister und dem Inneren Selbst sei. Dies ist in der Tat eine wichtige Frage. Es ist notwendig, dies auseinanderzuhalten.

Das Innere Selbst ist im Grunde unser eigentliches Wesen. In den AMORC-Lehren unterscheidet man zwischen dem Äußeren Ich und dem Inneren Selbst. Das

Äußere Ich gliedert sich dabei in die subjektive und in die objektive Phase. Die objektive Phase ist jene, welche unsere äußeren Sinne ausmachen, wozu auch unser Verstandes-Denken gehört. Es ist jene Phase, womit wir die materielle Welt in ihrer Grobstofflichkeit aufnehmen. Diese Phase unseres Äußeren Ichs brauchen wir in der materiellen Welt, um diese aufzunehmen. Es ist daher gut, wenn unsere äußeren Sinne wohl geraten sind. Selbst wenn uns einer der äußeren Sinne ermangelt, so kann immer noch ein guter Ausgleich geleistet werden, indem die restlichen Sinne wesentlich differenzierter wahrnehmen und so den mangelnden Sinn ersetzen.

Die subjektive Phase des Äußeren Ichs ist jene unserer inneren und immer noch bewusst wahrgenommenen Bilder, Emotionen, Gefühle und Ahnungen. Unsere Gedankenassoziationen, die sich in uns bilden, indem wir unsere Erfahrungen der äußeren stofflichen Ebene aufarbeiten, bilden dabei eine Brücke zwischen objektiver und subjektiver Phase des Äußeren Ichs.

Unser Inneres Selbst aber ist jene Ebene in uns, die wir durch Intuition, Gewissens-Bildung, Kontemplation und Meditation erreichen. Es ist zum großen Teil das, was wir aus der Psychologie als Unterbewusstsein kennen.

Der Innere Meister ist im Inneren Selbst angesiedelt, ebenso wie unser Absolutes Gedächtnis. Auch die innere Phase unseres Egos können wir dort finden. Die Brücke dorthin wird durch die Intuition, durch das innere Drängen des Egos, unseres Gewissens und unsere Wahrnehmung von Bildern und Eindrücken aus der Kontemplation und der Meditation hergestellt.

Das Innere Selbst gliedert sich ebenfalls in zwei Phasen: in die persönliche und die kollektive Phase.

In der persönlichen Phase ist unser gesamtes Gedächtnis, das sich durch die Erfahrungen unzähliger Inkarnationen gebildet hat, zu Hause. Unser Innerer Meister hat dort seinen Sitz als jene Institution in uns, die uns genauestens kennt und weiß, welche Art von Persönlichkeit wir sind. Er regelt unser gesamtes motorisches System wie Kreislauf und Funktionieren der körperlichen Funktionen. Er bewahrt aber auch in uns die Zugänge zur kosmischen Ebene, die wir durch unsere mystische und spirituelle Arbeit erreichen. Er ist es schließlich, der unseren Zugang zum Kosmischen Sanktum bewacht und jene hohen mystischen Erfahrungen freigibt, die uns einen ganz besonderen Schub in unserer Entwicklung geben und uns als Erleuchtungen dienen.

Und er ist es, der unser Versprechen, das wir uns vor Eintritt in diese Inkarnation gegeben haben, regelt und uns in allen Phasen hilft, dieses im Sinne unserer Lebensaufgaben zu erfüllen.

Diese einfache, aber übersichtliche Aufgliederung unseres ganzheitlichen Wesens, wie wir sie auch in den Monografien wiederfinden, ist für uns die wichtigste, und wir tun gut daran, uns immer wieder abzustimmen, inwieweit wir uns dessen bewusst sind. Weitere Feinaufgliederungen können darauf aufbauen, doch vorerst sollten wir uns vor allem diese einprägen. Dies wird uns helfen, wenn wir uns in unseren Erfahrungen unsicher sind, aus welcher Ebene diese uns erreichen und wie sie zu werten sind.

Je mehr wir dies auseinanderzuhalten wissen und je mehr wir uns daran orientieren, wird uns dies eine umso bessere Grundlage auf dem Wege sein, den Sinn unseres Lebens zu erkennen und demzufolge zu meistern. Es wird uns helfen, leichter mit unserem Wesen in Einklang zu geraten, was wiederum die beste Grundlage zur Erlangung von Zufriedenheit ist.

So kann der wahre, innere Friede, den AMORC all seinen Studierenden wünscht und dessen immer stärker werdende Manifestation zu einer seiner wichtigsten Aufgaben gehört, sich immer stärker vor allem in seinen Studierenden manifestieren und zur Grundlage hoher Ziele und höchster Errungenschaften werden.

Auf dem Weg durch die Lehren des AMORC wird dem Studierenden viel Unterstützung im Sinne von diesem Frieden zuteil, sodass der Lernende unter diesem „Frieden" seinen Weg beschreiten kann. Diesen Frieden verspürt er ganz besonders, wenn er sich im Einklang mit den Lehren befindet und wenn er sich um die Abstimmung mit dem Kosmischen Sanktum bemüht. Dann breitet sich dieser Schutz in hohem Maße aus, und der Studierende erfährt ein Höchstmaß an geistiger Unterstützung für seinen Weg.

Mit meinen besten Wünschen für Ihren Weg im Zeichen des Rosenkreuzes, auf dem wahrer, innerer Friede Sie stets begleiten möge.

MEDITATION

„Wie erlange ich Zufriedenheit?“

Wir empfehlen eine Meditation über Zufriedenheit durch Meisterung. Es kommt jetzt noch darauf an, die vorausgegangenen Gedanken durch eigene Hinweise und Erfahrungen zu ergänzen und diese zu notieren. Bereiten Sie dann alles für die Meditation in Ihrem Heimsanktuarium vor. Ist dies geschehen, nehme man Platz und führe die Übung zur Harmonisierung des Bewusstseins durch.

Entzünden Sie dann zu Beginn Ihrer Meditation den Moosrose-Räucherkegel, sowie die Kerze. Sodann entlasse man all seine Gedanken und lasse nur noch die Frage vor seinem inneren Bildschirm erscheinen, die man für die Meditation vorbereitet hat.

Die Frage für die Meditation lautet: „Wie erlange ich Zufriedenheit?"

Man visualisiere diese Frage richtig plastisch auf seinem geistigen Bildschirm und verlebendige dieses Bild mit dem gereinigten Verlangen seines Herzens. Schließlich entlasse man diese Bitte und bitte den Gott seines Herzens, über einen zu verfügen, wie ER dies für richtig hält. Dann trete man frei von allen Gedanken in die Große Stille ein. Man beende diese Stille nach etwa sieben Minuten und achte auf die Eindrücke, die kamen oder noch kommen können. Anschließend bedanke man sich dafür und beende die Meditation. Die Erfahrung aus der Stille heraus sollte man sich notieren.

DAS ERKLIMMEN DES GEISTIGEN BERGES

Menschen stellen sich im Allgemeinen als Ideal vor, ein Leben zu führen, von dem man sagen kann, dass es genau das ist, was den eigenen Vorstellungen entspricht. Für viele ist dies ein großer Traum, und natürlich auch mit Recht. Wie können wir unserem Leben gerecht werden, das letztendlich doch mit jenen Erfahrungen auf uns wartet, die zu uns gehören? Wenn wir über den Inhalt der Monografien nachdenken, in denen zu lesen ist, dass des Menschen Umwelt ein Spiegel seiner eigenen Persönlichkeit ist, so können wir dem entnehmen, dass das Leben schon auf uns wartet, das zu uns gehört.

Und dennoch – ungeachtet dessen, was das Leben für uns an Erfahrungen vorgesehen hat – sind wir es doch zum großen Anteil, die selbst bestimmen, wie dieses Leben aussehen wird. Die Tatsache, dass viele Dinge im Leben vorbestimmt sein sollen, darf uns keinesfalls fatalistisch werden lassen, in der vermeintlichen

Ansicht, dass man deswegen ohnehin nichts machen könne, wenn sich dieses oder jenes eben ereignet. Dies wäre ein arger Trugschluss, den wir allerdings weit verbreitet finden.

Die AMORC-Lehren weisen darauf hin, dass es vor allem des Menschen Vorstellungen sind, die das Leben ausmachen. Welche Vorstellungen sind damit gemeint? Weniger jene, sich jetzt ein Auto oder ein Haus zu visualisieren, was wir auch lernen. Und dies zu üben, ist schon wichtig. Für das Leben selbst aber, das sich dann eventuell mit diesem neuen Auto oder in diesem neuen Haus abspielt, sind andere Vorstellungen erforderlich, die tiefgründiger sind. Es sind jene Vorstellungen, die dazu beitragen, sinnvoll etwas mit dem neu Erworbenen zu tun. In einem Gespräch sagte einmal ein Bruder: „Wenn erst einmal das da ist, was ich mir für das Leben vorstelle, dann werden die guten Gedanken schon kommen."

Dies aber ist, als würde man das Pferd von hinten aufzäumen. Denn der herbeigesehnte Lebenstraum kann sich nur dann erfüllen, wenn ich auch weiß, mit den Dingen sinnvoll umzugehen. Dies weiß man dann am besten, wenn sich das einstellt, was zu einem gehört. Das, was wir heute erfahren, ist, was sich in der Vergangenheit gebildet hat. Dies können wir kaum verändern, aber erleichtern. Das Morgen aber bilden wir durch unsere Gedanken, Worte und Taten heute. Sie sind es, welche die geistigen Bilder formen, die sich morgen verwirklichen werden. Wir können aber auch für das Heute vieles tun, was unser Leben verändert. Durch das Achten auf unsere Gedanken, Worte und Taten; durch das Erlernen sinnvollen Tuns.

Entscheidend dabei ist auch, sich auf seine wahre, innere Persönlichkeit zu besinnen und herauszufinden, was zu ihr gehört. Denn meist lebt der Mensch in äußeren Vorstellungen, die aber kaum die Bilder seiner wahren Persönlichkeit sind. Was der Mensch wirklich für ein zufriedenes Leben braucht, ist zuerst einmal, mit sich in jenen Einklang zu gelangen, der von innen her aufzeigt, wer wir sind und was wirklich zu uns gehört.

Ein älterer Bruder erzählte einmal in einem Studienkreis über sich selbst, wie er in jungen Jahren Vorstellungen über seinen Werdegang hatte. Er hatte klare äußere Vorstellungen über seinen Beruf und war auch bereit, sich tatenvoll dafür einzusetzen. Immer aber, wenn entscheidende Weichen für seinen beruflichen Werdegang gestellt werden sollten, trat etwas ein, das dies verhinderte. Es war nicht, dass man ihn für wenig geeignet dafür hielt. Vielmehr drängte sich dann in den Entscheidungen anderes vor, und so fielen diese meist gegen ihn aus. Er ertappte sich bereits dabei, dem Schicksal zu zürnen, da es ihm im Wege zu stehen schien.

Andererseits aber taten sich ständig um ihn Gelegenheiten auf, die er jedoch nicht beachtete, da sie nicht zu seiner gegebenen „Lebensplanung" gehörten. Irgendwann einmal, als das Ego schon etwas mürbe geworden zu sein schien, gab er den sich bietenden Gelegenheiten nach, etwas ganz anderes zu tun, das er aber eigentlich nicht wollte. Zögerlich tastete er sich heran, und in diesem Herantasten kam das eine zum anderen, wie man gerne sagt. Mit der Zeit erkannte er, dass er in dieser Tätigkeit viel mehr „zu Hause war", als er dies gedacht hätte. Schließlich musste er erkennen, dass jene Dinge, denen er sich jetzt zuwandte, wesentlich besser zu ihm gehörten, was sich vor allem in der Praxis herausstellte. Er musste erkennen, dass er mit seinen Lebensvorstellungen davor lediglich auf äußere Dinge ausgerichtet war. Später erkannte er, dass er im Grunde gegen sich selbst gearbeitet hatte.

Dieses Beispiel zeigt, wie wichtig es ist, wenn wir unser Leben planen, Raum für innere Reaktionen zu lassen und herauszufinden, was wirklich zu uns gehört.

Eine ausgezeichnete Hilfe dafür ist die Meditation. Sie ist überhaupt ein wichtiger Schlüssel, um mehr über sich selbst zu erfahren, was auf herkömmlichem Wege nicht leicht möglich ist. Auf dem Rosenkreuzer-Weg ist sie eine wichtige Praxis, denn erst durch die Meditation kommen wir auf unserem mystischen Pfad wirklich voran, insbesondere, wenn es um die Erfahrung mit mystischen Symbolen geht. Dies ist der Grund, warum wir immer wieder daran erinnern, wenngleich richtige Meditation gelernt sein will, um jene Ebene in uns zu erreichen, wo uns jene tiefen Erfahrungen zuteil werden können, die uns unsere Seelen-Persönlichkeit erfahren lassen und die Zugänge zur kosmischen Ebene eröffnen.

Schließlich ist der Mensch selbst wie ein mystisches Symbol, das sich durch die richtige Meditation offenbart. Die Meditations-Seminare und Conclaven geben Auskunft darüber und weisen in die Technik der rosenkreuzerischen Meditation ein.

Im Lärm der Welt unserer Zeit – „in der Welt des Streites“, wie es in einem der Rituale heißt –, sind die geistigen Abstimmungen im Sinne der Meditation und der kosmischen Abstimmungen ganz besonders wichtig geworden. Wir erfahren dabei, Wichtiges für unser Leben von Unbedeutendem zu unterscheiden.

Es ist lebensnotwendig, von Zeit zu Zeit innezuhalten und „aufzutanken", sich mit seinem wirklichen Wesen immer wieder abzustimmen. So bringen wir auch die Seelen-Kräfte zum Fließen und erneuern darüber hinaus diesen Fluss beständig.

Deshalb halten wir die Teilnahme an den Aktivitäten in den Städtegruppen sehr hoch; sei es in einer Loge, einem Kapitel oder in einem Pronaos. Gerade hier, im Kreis gleichgesinnter Brüder und Schwestern, die wie wir den Rosenkreuzer-Weg beschreiten, können gemeinsame Meditationen und kosmische Abstimmung zu bereichernden Erfahrungen werden. Die gemeinsamen Studien unter Leitung erfahrener Brüder und Schwestern können unseren Weg, für den wir uns entschieden haben, sehr bereichern, und man weiß, dass man auf diesem Wege nicht alleine ist.

Schließlich sind es die Konvokationen – so nennen die Rosenkreuzer besondere Begegnungen, die mit einem Rosenkreuzer-Ritual verbunden sind –, welche die nachfolgende Zeit mit innerer Kraft versehen und diese leichter meistern lassen. Sie stärken die Seelen-Persönlichkeit in ihrem Zugang zu den höheren Ebenen und tragen dazu bei, ein sinnvolles Leben mit Tiefgang zu führen, wie es sonst nur schwer erreichbar ist.

In all diesen Möglichkeiten, die AMORC für seine Studierenden neben dem Studium der Monografien und dem Pflegen des Heimsanktuariums bereit hält, ist es möglich, ein freudvolles, bewusstes und auf die Schönheit des Lebens ausgerichtetes Dasein zu führen, das voller Bereicherung ist.

Dann erkennt man viel leichter, was zu einem gehört, da man an den Verbindungen zu seiner Seelen-Persönlichkeit arbeitet und darüber hinaus an den Verbindungen zur kosmischen Ordnung.

In einem Artikel über die Rosenkreuzer in einem anerkannten seriösen deutschsprachigen Magazin konnte man die Aussagen eines unserer Mitglieder über AMORC lesen:

„Wenn Sie 8 oder 10 Jahre bei AMORC sind, können sie sich 95% esoterischer Literatur sparen... Sie haben dann eine fundierte Ausbildung und wissen genau, was ein Symbol oder ein Ritual ist. Da macht Ihnen so schnell niemand mehr etwas vor."

Man weiß dann auch, Wertvolles vom Dickicht der vielen „esoterischen Phantasien" von zeitgenössischen Menschen, die sich dadurch einen Erwerb gesichert haben, zu unterscheiden. Sicherlich, das lernt man, wenn man nicht aufgibt und, so gut es möglich ist, die angebotenen Möglichkeiten annimmt. Entscheidend aber sind die dabei gemachten Erfahrungen. Sie sind es, die den Menschen wirklich weiter voranbringen. Es ist im Grunde genommen alles da, was der Mensch für seine geistig-spirituelle und mystische Entwicklung braucht. Er wird, wenn er dabei bleibt, Dinge in Erfahrung bringen, die er zuvor nicht einmal vermutet hatte. Es ist der Königsweg, wie die Mystiker der Vergangenheit den Rosenkreuzer-Weg bezeichneten, der unverbrüchlich gültig und gerade in unserer von Hektik und von Veräußerlichung geplagten Welt ein ideales Pendant ist; frei von Dogmen und Zwängen, was noch nie rosenkreuzerisch war, aufgebaut auf die große Tradition und belebt durch die Anwendung und die dabei gemachten persönlichen Erfahrungen.

So reiht man sich ein in den Pfad der Eingeweihten aller Epochen der Vergangenheit, der Gegenwart und auch der Zukunft. Alles, was erwartet wird, ist, dass man die Dinge annimmt und an ihnen für die eigene Entwicklung arbeitet; dass man lernt, die eigene Trägheit zu überwinden und Erfahrungen mit den edlen Werten des Menschen zu machen, die jeder in sich trägt, ohne Ausnahme. Dies gilt auch, wenn diese oft so verschüttet sind, dass es schwer ist, sie zu erkennen. Doch sie sind da – bei jedem! Es gilt, sie zu finden, zu stärken und so seinem Leben einen bewussten, edlen und bereichernden Sinn zu verleihen. Dies ist eine der wichtigsten und vordringlichsten Aufgaben des Menschen.

„Wenn du dich von den Fesseln der Oberflächlichkeit befreien willst, wenn du eine hohe und weite Schau des Lebens und der Zusammenhänge dieser Welt erreichen willst, dann musst du einen Berg besteigen!" So lautet ebenfalls eine rosenkreuzerische Aussage.

Einen Berg besteigen: Dies ist in der Tat der wahre Rosenkreuzer-Weg. Je mehr man nach oben steigt, umso klarer wird die Sicht, umso mehr löst man sich von der Erdenschwere, und alles bekommt einen neuen Sinn. In mystisch-allegorischen, auch in religiösen Schriften können wir oft lesen, wie ein „Berg" bestiegen wird. Dies kennen wir auch aus den Darstellungen über Meister Jesus, welcher ein Christus war. Wir kennen dies auch aus der Geschichte von Moses, der mit seinem Volk 40 Jahre durch die Wüste wanderte. Auch dort gibt es das überaus wichtige Ereignis der Bergbesteigung. Als er zurückkam, war er nicht mehr derselbe wie vorher und brachte die Gesetzestafeln mit, die GOTT ihm übergeben hatte.

Diese „Berg-Besteigungen" sind vor allem symbolisch zu verstehen. Denn dies zeigt in der Regel an, dass man sich in die Höhen kosmischer Erfahrungen begeben hat. Man blieb aber nicht dort, sondern kehrte immer wieder zurück in die Ebene, um dort in die weitere Entwicklung das einzubringen, was man in diesen Höhen vermittelt bekommen hatte.

Rosenkreuzer besteigen auch Berge, wenn sie sich zu den Konvokationen begeben, wenn sie im Heim-Sanktuarium ihre kosmischen Erfahrungen machen und wenn sie sich den Meditationen und Ritualen hingeben. Dorthin geht man niemals umsonst und ohne Ergebnis, auch wenn dies dem Äußeren Ich oft verborgen bleibt. Diese Erfahrungen sind die großen Bereicherungen, mit denen alles leichter gelingt, insbesondere die Übungen und das Studium. Denn wenn man eine höhere Schau erreicht, befindet man sich auch im Einklang mit den Kräften dort. Alles wird leichter überschaubar: die Übungen, die Lehren und auch das eigene Leben.

Wir dürfen uns daher mit Recht freuen, einen solchen Weg zu beschreiten. Wir sollten aber auch erkennen, dass es das eigene Tun ist, das einen wirklich voranbringt. Auch der gesamte Weg bedeutet, einen Berg zu besteigen: den mystischen Berg des Lebens. Wir wissen aber aus eigener Erfahrung, dass es immer Mühe erfordert, wenn man einen Berg hoch steigt. Viel leichter wandert es sich in der Ebene, im Gravitationsfeld der Erdenschwere. Wirkliche Sicht aber braucht diesen Berg, der schließlich symbolisch wie eine Pyramide ist, die in der rosenkreuzerischen Tradition immer eine große Rolle spielte, wenn auch anders, als sich dies in Sensationsmeldungen immer darstellt.

Besteigen wir also diesen Berg munter weiter, verehrte Studierende, und lassen uns dabei nicht entmutigen. Dieser Berg ist ein besonderer. Er macht nicht müde, sondern frisch und lebendig, je mehr man ihn aufsucht.

Der Weg sind die Lehren, Monografien und Übungen. Die Rastplätze zum Kräfteholen und zur Vertiefung der Sicht sind die Konvokationen in den Tempeln, die Meditationen und die kosmischen Abstimmungen im Heimsanktuarium. Besondere Stationen sind die Initiationen, und mit jedem Tempelgrad weitet sich die Sicht. Aber man braucht Geduld. Sie ist eine der wichtigen mystischen Tugenden. Denn nicht der äußere Mensch bestimmt, wann man so weit ist, um Erleuchtung zu erfahren. Diese Entscheidung wird von anderer Ebene getroffen. Uns obliegt, uns gut darauf vorzubereiten.

Dies ist es, was so viele unter uns begeistert und sie zu ihrem Einsatz ermuntert, dies alles mitzustärken und durch edle Gesinnung und Einsatz lebendig zu halten, damit so viele wie möglich daran teilhaben können. Jeder, der diesen Weg beschreitet, ist dabei ein originäres Licht, das durch das Voranschreiten auf dem Weg der Einweihung immer heller leuchtet und so auch zum Leuchten des großen Lichtes der Ordnung des Rosenkreuzes beiträgt.

Jede schöne Erfahrung, die dieser Weg mit sich bringt, von jedem Einzelnen, ist zugleich auch eine große Freude für alle, die dafür Verantwortung tragen. Dass auch Sie daran in hohem Maße Anteil haben mögen, das wünsche ich Ihnen von Herzen für die kommende Zeit.

MEDITATION

„Ich bitte um
Segen und Kraft
für das Erklimmen
meines
mystischen
Berges.“

Wir empfehlen eine Meditation über die Bedeutung des mystischen Berges für die eigene Entwicklung. In der vorausgegangenen Botschaft wird bereits darauf hingewiesen. Es kommt jetzt noch darauf an, die vorausgegangenen Gedanken durch eigene Hinweise und Erfahrungen zu ergänzen und diese zu notieren.

Bereiten Sie dann alles für die Meditation in Ihrem Heimsanktuarium vor. Ist dies geschehen, nehme man Platz und führe die Übung zur Harmonisierung des Bewusstseins durch, Entzünden Sie dann zu Beginn Ihrer Meditation den Moosrose-Räucherkegel, sowie die Kerze. Sodann entlasse man all seine Gedanken und lasse nur noch die Bitte vor seinem inneren Bildschirm erscheinen, die man für die Meditation vorbereitet hat.

Die Bitte für die Meditation lautet: „Ich bitte um Segen und Kraft für das Erklimmen meines mystischen Berges."

Man visualisiere diese Bitte richtig plastisch auf seinem geistigen Bildschirm und verlebendige dieses Bild mit dem gereinigten Verlangen seines Herzens. Schließlich entlasse man diese Bitte und bitte den Gott seines Herzens, über einen zu verfügen, wie ER dies für richtig hält. Dann trete man frei von allen Gedanken in die Große Stille ein.

Man beende diese Stille nach etwa sieben Minuten und achte auf die Eindrücke, die kamen oder noch kommen können. Anschließend bedanke man sich dafür und beende die Meditation. Die Erfahrung aus der Stille heraus sollte man sich notieren.

VON DER VERBUNDENHEIT DES EIGENEN WESENS MIT DEM LEBENSRAUM

Es ist Sommerzeit in unseren Breiten und auch Urlaubszeit für viele. Die Sonne meint es gut mit uns, wenngleich die Natur uns zeigt, dass sie sich seit einigen Jahrzehnten etwas verändert. Es wird wärmer auf unserem Planeten, was auch Veränderung im Verhalten der Natur mit sich bringt. Eigentlich sind klimatische Veränderungen nichts Ungewöhnliches, denn dies geschieht, seit der Planet Erde besteht. Veränderung gehört zur Entwicklung der Erde ebenso, wie sie auch zu den Menschen gehört. Die Tatsache, dass mittlerweile mehr als sechseinhalb Milliarden Menschen die Erde bevölkern, tut ihr übriges. Der Mensch wird sich auf die Veränderungen ausrichten – so wie er es immer im Verlaufe seiner Evolution getan hat. Die veränderten Bedingungen aber tragen auch dazu bei, dass der Mensch bewusster mit den Ressourcen der Erde umgeht, und so werden wir in den kommenden Jahrzehnten einiges erwarten, was die Beziehung des Menschen zu seiner Umwelt angeht.

Eigentlich ist dies schon wieder etwas Positives. Der Mensch lernt, dass seine Umwelt auf ihn reagiert: Missbraucht er sie, reagiert sie unangenehm, und der Mensch muss einen Ausgleich leisten.

Geht er sorgsam mit dieser höchst lebendigen Umwelt um, so dankt sie es ihm durch ein angenehmes Miteinander. Es wäre allerdings unsinnig, nur dem menschlichen Fehlverhalten alleine die veränderten klimatischen Bedingungen anzulasten. Dies wäre etwas undifferenziert. Wenn wir berücksichtigen, dass mittlerweile mehr als sechseinhalb Milliarden Menschen auf der Erde leben, verbunden mit Industrie und Viehwirtschaft, so hat dies die Erde alles zusammen zu verkraften. Es bleibt dem Menschen gar keine andere Wahl, als die Erde wieder als einen lebendigen Partner zu betrachten und zu lernen, dass auch unser Übungsplanet, auf dem wir uns befinden, ein sensibles Lebewesen ist, wenngleich er vieles zu ertragen vermag. So werden wir in diesen Zeiten daran erinnert, dass alles im Leben von Veränderungen begleitet ist, so wie dies auch für uns Menschen gilt.

Veränderung aber ist ein Attribut der Entwicklung. Wir sollten daher dankbar für Veränderungen sein, wenngleich wir angenehme und unangenehme Veränderungen kennen, denn wer sich nicht verändern würde, wäre schon tot. Zugleich müssen wir auf der Hut sein, dass die Veränderungen in die richtige Richtung gehen. Dies entscheidet alleine der Mensch. Ist er in seiner Einstellung den kosmischen Gesetzen nahe, so wird er einen guten Weg gehen. Ist er aber vermessen und glaubt, ohne sie handeln zu können, und will nur seine eigenen hausgemachten Gesetze akzeptieren, so wird er bald eines besseren belehrt werden.

Was aber sind die kosmischen Gesetzmäßigkeiten?

Sie sind die Grundlagen der kosmischen Ordnung, die in Form von Kräften ohne Unterlass im kosmischen Raum wirkt und die Schöpfung aufrechterhält. Die AMORC-Lehren zeigen die kosmische Ordnung auf, und wie der Mensch immer mehr mit ihnen in Einklang kommt.

Er lernt die Prinzipien kennen und kann erfahren, wie sie auch in ihm wirksam sind. Je mehr er sich darauf ausrichtet, umso mehr befindet er sich im Einklang und bringt die Kräfte zum Fließen. Mit Voraussetzung dafür sind die ethischen Grundsätze, die er im Verlaufe seines Weges erfährt und wonach er sich ausrichten kann.

Viele Menschen unterliegen der Ansicht, dass man nur die Wege sowie technisches Werkzeug kennen müsse, um diese Gesetze für sich nutzbar zu machen, und verkennen dabei, dass nicht nur die Wege wichtig sind, sondern auch die persönliche ethische Einstellung dazu.

So lernt der Mensch, im Einklang mit den kosmischen Gesetzen zu sein, die letztendlich auch die Grundlagen der Natur sind. Je mehr er sich in Unausgewogenheit befindet, umso unglücklicher ist er, selbst wenn dies äußerlich nicht immer so erkennbar sein mag. Doch ist er es in der Seele.

Im Allgemeinen unterscheidet man angenehme und unangenehme Erfahrungen dadurch, dass man das körperliche und das als psycho-somatisch bezeichnete physisch-psychische Wohl daran misst. Oft vergisst man die psychisch-seelische Seite, sozusagen die innere Seite der Psyche, die ebenfalls angenehme und unangenehme Erfahrungen kennt. Das ist der Teil, wo wir jene Ebene vorfinden, die unser Inneres Selbst mit der Kosmischen Ordnung verbindet. Dort ist auch die Heimat unserer spirituellen Wahrnehmungen und der kosmischen Schau. Meist kennt der Mensch diese Ebene gar nicht, da er sich zu sehr veräußerlicht hat und nur noch auf das Wohlergehen des Äußeren fixiert ist. Wenn wir Menschen gefragt werden, ob es uns gut geht, so messen wir dies in der Regel daran, ob es uns äußerlich gut geht. Meist messen wir dies daher am Wohlergehen unserer Individualität.

Gilt das, was wir als Wohlergehen unserer Individualität feststellen, aber auch für unsere Seelen-Persönlichkeit? Diese beiden Seiten des Wesens Mensch, die äußere und die innere Seite, dienen dem Menschen für seine Entwicklung. Dabei ist es die Seelen-Persönlichkeit, wie wir den Monografien entnehmen können, die unser eigentliches Wesen ausmacht, während die Individualität die äußere Seite ist; jene, die wir im Spiegel sehen können, wenn wir hineinschauen, und jene, die durch die Sinne die Außenwelt wahrnimmt, aufnimmt und sich in ihr identifiziert.

Die meisten Probleme, die Menschen mit sich herumtragen, liegen an ihrer einseitigen Identifizierung, die in der Regel äußerlich ausgerichtet ist. Man macht sich meist gar nicht bewusst, dass diese Wahrnehmung von sich selbst eine recht oberflächliche Wahrnehmung ist, so, als wenn wir von einem Haus nur die Mauern wahrnähmen – die Mauern der Fassade wie auch die Mauern der Räume und vielleicht noch die Inneneinrichtung. Wir mögen das Haus vielleicht angenehm ausgestattet haben, doch haben wir dabei wenig darauf geachtet, dass es nicht die Mauern und die Räume sind, auch nicht die Ausstattung, die den Sinn eines Gebäudes ausmachen, sondern dass dieses Gebäude belebt wird.

Man mag sich dann die Frage stellen: Gehört die Inneneinrichtung wirklich zu mir, oder ist sie alleine danach ausgerichtet, wie es einfach nach gesellschaftlichem Plan üblich ist? Die gesellschaftliche Norm mag zwar ebenso von Bedeutung sein, aber sie wäre leblos, wäre sie nicht gepaart mit den persönlichen Attributen. Schließlich dienen die Dinge auf gesunde Weise nur einem Zweck: Es wird von einem Wesen belebt. Dieses Wesen aber ist es, was das Eigentliche ausmacht.

Woran können wir dieses Wesen erkennen? Ganz sicher nicht alleine am Mobiliar – auch wenn wir, psychologisch gesehen, davon ausgehen können, dass das, womit wir uns umgeben, vieles von uns erzählt. Es mag von uns erzählen; wenn wir aber etwas verändern wollen, müssen wir dorthin gelangen, woraus die Veränderungen resultieren. Entscheidend ist also nicht, was uns umgibt. Dies ist nur die Reaktion. Entscheidend ist, wie dies alles entstanden ist.

Ein Haus kann noch so perfekt eingerichtet sein und dem „Stil" der Einwohner äußerst nahe kommen; entscheidend bleibt, welche Art von Leben darin west. Dies kann man spüren, wenn man ein Haus oder eine

Wohnung betritt. Sie strahlt hinter den sichtbaren Dingen das an Atmosphäre aus, was der Seelen-Persönlichkeit entspricht, die darin wohnt.

Hier erst können wir erkennen, was die Seelen-Persönlichkeit ist. Alles andere, was oft psychologisch verbrämt daher kommt, indem man uns erzählt, wie wir uns unserer „Persönlichkeit" gemäß kleiden sollen, ja selbst astrologisch errechnete Zuordnungen zu uns, sind eigentlich recht äußerliche Ausrichtungen. Dies ist auch der Grund, warum sich die Lehren des AMORC damit nur am Rande befassen. Es betrifft in der Regel lediglich unsere Individualität und deren an der Peripherie der Psyche befindliche Zuordnung.

Die Seele selbst ist damit noch nicht angesprochen. Hierhin aber, sozusagen an die Quelle des Wesens, richten sich die Lehren der Tempelgrade.

Der edleren Seite unserer Seelen-Persönlichkeit nähern wir uns mehr durch die Intuition, durch das Achten auf die feinen und zarten Ahnungen aus dem Inneren, die oft sehr schnell durch äußere Eindrücke wieder verwischt werden. Die Meditation kann uns der Seelen-Persönlichkeit näher bringen und darin das stärken, was wir als Seele und Göttlichen Funken kennen. Gestärkt wird diese Kombination, die für die Entwicklung der Persönlichkeit so wichtig ist, durch die Arbeit im Heimsanktuarium, durch die rosenkreuzerischen Konvokationen und Initiationen. All dies sind unschätzbare Hilfen, ein starker und unerschütterlicher Fels in den Veränderungen und Brandungen des Lebens zu sein.

In meinen Erinnerungen taucht beim Schreiben dieser Zeilen eine Dame auf, die mich einmal um Rat fragte, da sie so wenig Schlaf finde. Sie habe schon vieles ausprobiert, auch Medikamente, doch richtige Hilfe habe sie noch nicht erfahren. Sie war geschmackvoll gekleidet, zeigte ein harmonisches äußeres Aussehen; alles schien zu ihr zu passen. In einem längeren Gespräch aber erzählte sie von ihren Ängsten, die sie nicht los werde und die sie gerne dann plagten, wenn sie zur Ruhe kommen wolle.

Wenn sie von ihren inneren Bildern erzählte, so waren diese meist recht düster und bizarr ausgerichtet. Trotzdem konnte man im Gespräch erkennen, dass sie diese Bilder, die oft recht verzerrt und albtraumartig waren, zu mögen schien, denn sie sprach sehr ausführlich davon. Ich wies sie darauf hin, was sie allerdings verneinte. Als ich sie fragte, wie denn ihre Wohnung beschaffen sei, erzählte sie von ihrem Hang zu Bildern, mit denen sie gerne ihre Wohnung schmückte. Sie hatte diese fotografiert und zeigte mir über den Computer eine kleine Auswahl dieser Bilder, auf die sie sehr viel Wert legte.

Als ich die Ausstattung ihrer Wohnung durch diese Bilder sah, wurde mir vieles klar. Sie umgab sich mit Bildern, die nur ihre Ängste bestätigten. Es waren Bilder von mehr düsterer Art, voller Leid, oft auch auf biblischen Motiven beruhend und bisweilen geradezu apokalyptisch. Sie wirkten sehr bedrückend, und ich sagte ihr, dass sie sich mit diesen Bildern in ihrer Wohnung keinen Gefallen tue, denn sie bestätigten lediglich ihre Ängste und nährten diese, insbesondere, da sie mit diesen Bildern ihr Heim teile.

Auch Bilder an den Wänden können sehr wirkungsvoll sein. Sie sind selbst in ihrer Wirkung neutral. Es ist der Betrachter, der sich schließlich mit ihnen identifiziert und der Art des Wirkens zuordnet. Dies ist allerdings in der Regel kein bewusster Zustand.

Es ist nicht gut, solch bedrückende Motive im eigenen Heim zu haben, sondern sich in seinem Umfeld mehr auch den angenehmen und edleren Dingen dieser Welt zuzuwenden. Meist war die Dame alleine und lediglich umgeben von ihrer selbst geschaffenen bedrückenden Atmosphäre. Mein Rat war daher, diese Bilder unbedingt zu entfernen und gegen freundliche und lebensbejahende Bilder auszutauschen. Dies werde ihr helfen, dass sich mit der Zeit auch die inneren Bilder verändern. Die Dame wehrte sich stark und war ganz anderer Ansicht. Es schien geradezu, als wollte sie ihre Ausstattung vehement verteidigen, da sie ihr viel bedeutete.

Jahre später traf ich sie wieder auf der Straße, und sie kam mir freudig entgegen. Sie erzählte mir, dass sie mir nach unserem Gespräch nicht gerade wohl gesonnen war. Trotzdem reifte in ihr der Entschluss, meinem Rat zu folgen und ihre Wohnung entsprechend zu verändern. Dies – so sagte sie – habe ihr trotz ihres anfänglichen Zweifels sehr gut getan. Erst mit der Zeit spürte sie, wie sie im Grunde in ihrem Umfeld stets dafür sorgte, dass ihre düsteren inneren Bilder auch äußerlich genährt wurden.

So geht es den Menschen oft. Sie befinden sich in unglücklichen Situationen und merken nicht, dass sie es selbst sind, die immer wieder dafür sorgen.

Je mehr der Mensch aber zu sich findet, zu seinem höheren Selbst, umso näher kommt er auch den wirklich förderlichen Einflüssen für seine Entwicklung näher, kann sie wahrnehmen und lernt auch, diese entsprechend aufbauend einzusetzen.

Unsere inneren Bilder sind meist Reaktionen unseres Inneren Selbstes. Wenn dieses von uns durch unsere oft bizarre Gefühls- und Gedankenwelt eingekerkert wird, so sind auch unsere inneren Bilder entsprechend.

In unserem Inneren finden wir verschiedene Ebenen vor. Die äußere Ebene ist jene, die durch äußere Eindrücke in uns genährt wird. Dazu gehören auch unsere Gedanken und Gefühle. Dann gibt es die Zwischenebene mit all unseren unaufgearbeiteten Gedanken und Gefühlen. Das wahre Wesen unserer Persönlichkeit aber befindet sich hinter diesen Bildern, die wir sehr leicht selbst produzieren können. Selbst jene Bilder, die wir nicht wollen, sind meist lediglich Reaktionen unangenehmer Erfahrungen, seien es vergangene oder gegenwärtige.

Das Reich unserer Seele aber erfahren wir, wenn wir über diese Zwischenebene unserer unaufgearbeiteten Welt hinaus gelangen; dort, wo alles ruhig ist und wir die Kraft der Stille finden.

Unser äußeres Verhalten kann sehr dazu beitragen, dieses unser eigenes Reich voll Kraft und Einklang zu finden, indem wir unsere äußeren Wahrnehmungen danach ausrichten.

Wir können natürlich auch das Gegenteil tun und müssen dann schmerzlich das erfahren, was dieses Beispiel zeigte.

In der Stille eines erwachenden Morgens in der Natur können wir das höhere Selbst erfahren oder in der Dämmerung, wenn das Licht des Tages sich zur Nacht bereitet. Gerade diese Zeiten helfen uns sehr, den Anschluss an unsere wahren, inneren Werte zu finden.

Wir brauchen die Stille von Zeit zu Zeit, damit wir uns wieder unserer inneren Kräfte bewusst werden, und diese aus der Stille erstarken können. Diese erst sind unsere eigentlichen positiv aufbauenden Kräfte. Sehr hilfreich dazu ist eine angenehme Umgebung, die uns an die Harmonie der Gesetze erinnert und unsere Sinne auf die höheren, edleren Werte des Menschseins ausrichtet. Wir sollten dafür sorgen.

Viele Menschen haben gerade heute zunehmend Probleme mit der Stille. Diese Probleme sind bedenklich, da sie aufzeigen, dass diese Menschen sich so veräußerlicht haben, dass sie durch das Erfahren der Stille unruhig werden. Gehen wir dagegen an, so ist dies in der Regel aber nur ein vorübergehender Zustand. Der Unruhe folgte dann die Ruhe, und man kann, wenn man durchhält, die Kraft der Stille erfahren und lernen, sie wieder zuzulassen. Erst dann können wir sagen, dass wir uns tatsächlich auf dem Weg zu unserem Selbst befinden. Dann erst beginnen wir zu begreifen, was es heißt, die wahren Kräfte hinter dem Grob-Sinnlichen zu erfahren, da diese sich dahinter verbergen; verhüllt sozusagen. Die Mystiker haben zu allen Zeiten darauf hingewiesen.

So sei mein Wunsch an Sie, dass Sie die Sommerzeit genießen können und auch dazu nutzen, die regenerierende Stille zuzulassen und zu erfahren. Das Ausüben der Meditation wird Ihnen dabei sehr helfen.

MEDITATION

„Ich bitte um
eine Erfahrung der
ganzheitlichen
Verbundenheit
meines Wesens mit
dem Lebensraum."

Wir empfehlen eine besondere Übung, die Ihnen hilft, mit der geistigen Natur in Einklang zu kommen und die Kräfte aufzunehmen, welche auch das Geistige Ihrer menschlichen Natur stärken werden. Diese Übung sollte am besten in der freien Natur vorgenommen werden.

„Besondere Abstimmung mit dem Lebensraum."

Dazu sollten Sie in der freien Natur einen Platz auswählen, an dem Sie ungestört sein können. Es ist daher von Vorteil, wenn Sie schon im Vorfeld Ihr Bewusstsein dahingehend ausrichten. Dies wird Ihnen helfen, einen Platz zu finden, der für diese Übung geeignet ist. Am besten wäre es, einen neutralen Platz zu finden, einen Platz also, der nicht zu Ihrer unmittelbaren Umgebung gehört. Wenn sich dort eine Bank befindet, so sollten Sie darauf Platz nehmen oder für eine andere Sitzgelegenheit sorgen. Wenn die Platzsuche schwierig für Sie ist, kann auch ein Platz in der unmittelbaren Umgebung gewählt werden, an dem man vor allem ungestört und in Stille sein kann.

Wenn Sie dort angekommen sind, lassen Sie zuerst die Umgebung auf sich wirken. Sehen Sie sich alles an, und wenn Ihr Auge an etwas haftet, sollten Sie dies genau betrachten. Achten Sie auch auf die Naturgeräusche, wie diese harmonisch zu diesem Platz gehören. Stellen Sie sich diesen Platz als Ihr gegenwärtiges Universum vor. Nichts anderes gibt es für diesen Zeitraum als nur diesen Platz, an dem Sie sich nun befinden.

Um Sie herum nehmen Sie die Natur in der für diesen Platz originären Beschaffenheit wahr. Über Ihnen der Himmel und unter Ihnen das Erdreich. Dazwischen die Natur – und Sie mittendrin. Wenn Sie eine Sitzgelegenheit haben, sollten Sie nach einigen Minuten der aufmerksamen Betrachtung Ihrer Umgebung Platz nehmen.

Wenn Sie dann Platz genommen haben, atmen Sie bewusst ein und aus. Stellen Sie sich vor, wie Sie beim Ein- und Ausatmen mit Ihrer Umgebung verbunden sind. Als nächstes sollten Sie eine Wanderung mittels Ihres Bewusstseins durch Ihren Körper unternehmen, indem Sie bei den Fußsohlen beginnen, alles mit einschließend, bis Sie bei den Haarspitzen angekommen sind. Diese Übung ist unseren Mitgliedern zumeist bekannt als „Übung zur Harmonisierung des Bewusstseins."

Anschließend werden Sie sich Ihrer besonderen Umgebung bewusst: Unter Ihnen das Erdreich – um Sie herum die Natur – über Ihnen das Firmament. Eine ganz wunderbare Erfahrung der drei Ebenen, wie sie in Ihnen selbst und in der Schöpfung wirksam sind. Schließlich sind dies die drei Dimensionen des menschlichen Bewusstseins auf dem irdischen Plan.

Vergegenwärtigen Sie sich, wie Sie an dem Platz, an dem Sie sich befinden, in der Mitte im Zentrum sind: um Sie herum die ganze Welt. Würden Sie sich einmal um sich selbst drehen, hätten Sie die Welt einmal umrundet.

Werden Sie dann ganz still. Die Umweltgeräusche, die Sie bisher noch wahrgenommen haben, treten ganz in den Hintergrund. Nichts belastet Sie mehr; um Sie ist nur noch Stille, die ein Ausdruck der kosmischen Harmonie ist. Die Naturgeräusche wirken nicht mehr störend, sondern Ihre Wahrnehmung wirkt nun helfend.

In diese Innere Stille richten Sie dann Ihre Bitte um eine Erfahrung der ganzheitlichen Verbundenheit des eigenen Wesens mit dem Lebensraum.

Achten Sie dann auf innere Bilder oder sonstige Wahrnehmungen, bevor Sie nach einigen Minuten wieder bewusst Verbindung mit Ihrem Körper aufnehmen, die Augen öffnen und sich Ihrer Umwelt auch visuell wieder öffnen.

Achten Sie darauf, wohin Ihr Blick als Erstes wieder fällt, und darauf, ob Ihnen dies etwas zu sagen hat.

Beenden Sie dann in Stille diese besondere Abstimmung mit der Natur und verlassen diesen Platz dann. Bedanken Sie sich dafür, was Ihnen zuteil wurde.

Eurus
Oriens Ver
Occidens Autumnus
Amor proximi
Cognitio sui ipsius
Timor Domini
Gradus ad
Sapientiam
A-quilo

ERFAHRUNG INNERER FREUDE DURCH EINKLANG DER MYSTISCHEN ELEMENTE

Wenn ich aus dem Fenster meines Arbeitszimmers sehe, wie die Natur sich nun mit aller Pracht zu entfalten beginnt, wächst in mir wieder die Gewissheit, wie trotz aller Mühe, trotz aller Plagen, die diese Welt doch für die meisten Menschen ausmacht, diese wiederum voller Schönheit ist. Dies zu entdecken, liegt vor allem in den Sinnen des Betrachters, da immer beides vorhanden ist. Wir müssen nur lernen, auch mit den inneren Augen zu sehen. Dies hilft uns, auch die Botschaften dessen wahrzunehmen, was wir gerade betrachten.

Sicherlich, wenn wir die Natur in diesen Tagen betrachten, so entfaltet sie vor allem ihre äußere Schönheit. Doch wenn wir uns auf sie einlassen, so regt sie unsere Sinne an, und wir freuen uns. Wie sehr wir Menschen uns doch von äußeren Einflüssen beeinflussen lassen können: Hier gereicht es uns zur Freude.

Es ist in der Tat eine Zeit der Sinne. Eine Wanderung in der Natur wird uns daher ganz besonders gut tun, denn die sich nun entfaltenden Kräfte der Natur stärken auch uns. Wir können dabei auf recht gute Gedanken kommen, auf Gedanken über uns und über den Sinn des Lebens vielleicht; vor allem aber auch darüber, was uns gerade so beschäftigt. Die Natur kann sich dabei geradezu als ein Resorbierer zeigen, der Belastendes von uns nimmt.

Viele Menschen haben keinen Zugang zur Natur, was bedauerlich ist. Man nimmt sich nicht mehr die Zeit, da es viel „wichtigere Dinge" zu tun gibt. Dies aber ist ein Trugschluss. Wenn man nicht auch diese Verbindung mit der Natur pflegt, wird man sich schwerer in all den anderen Dingen tun. Ein etwa einstündiger Aufenthalt täglich in der Natur wird unsere Lebenskraft stärken und unsere Regeneration sehr begünstigen. Es geht uns dabei wie mit vielen Dingen. Wir brauchen etwas Zeit, um auch unserer Seele die Gelegenheit zu geben, sich entfalten zu können. Wir können dies gut wahrnehmen, indem wir – meist erst nach einer geraumen Zeit, wenn wir uns in etwas eingefunden haben – beginnen, die Umgebung anders, bewusster und intensiver wahrzunehmen, dann, wenn auch die Seele angekommen ist. Der Aufenthalt in der Natur ist ein wunderbares Übungsfeld dafür. Meist stellt man erst nach etwa 20 bis 30 Minuten fest, dass die Seele nun auch angekommen ist, und so wird die Harmonie wahrnehmbar.

Die Natur ist auch ein ganz ausgezeichnetes Hilfsmittel, um unsere Sinne zu testen. Oft herrscht die Meinung, unsere äußeren Sinne wären für die Höherentwicklung nicht so von Bedeutung. Dies wäre aber ein Trugschluss. Es kommt auf das richtige Maß an, das wir unseren Sinnen in ihrer Beziehung zu äußerer und innerer Wahrnehmung zuerkennen.

An unseren Sinnen können wir testen, inwieweit diese uns beeinflussen können. Immer müssen wir dabei bedenken, dass die Wahrnehmung mit unseren äußeren Sinnen auch nur das Äußere wahrnimmt. Doch wenn wir uns an den Sinnesreizen erfreuen, so können wir dies auch nur tun, weil uns diese mit unseren inneren Sinnen verbinden. Wenn unsere äußeren Sinne mit unseren inneren Sinnen harmonisch übereinstimmen, so ist es vor allem das Wahrnehmen von Harmonie und Freude, die sich in uns auszubreiten beginnen.

Freude würden wir wohl uneingeschränkt als eine positive Eigenschaft bezeichnen. Ein Philosoph, der die Freude sehr gepflegt und seine Schüler dazu angehalten hat, war der griechische Mystiker, Arzt und Politiker Empedokles. Als Sohn adliger Eltern sollte er König werden, was er aber ablehnte. Er wurde es dennoch, wenn auch auf einer ganz anderen Ebene seines Wirkens.

Empedokles lebte auf Sizilien im 5. Jahrhundert vor Christus und gilt daher als Vorsokratiker. Mit der pythagoreischen Schule sehr verbunden, gilt er als einer der Väter der 4-Elementen-Lehre, die auch Platon später aufgenommen und weitergedacht hat.

Als Mystiker lehrte Empedokles vor allem, wie Liebe und Hass diese unsere Elemente beeinflussen können. Liebe verbindet und harmonisiert die Elemente, und Hass lässt sie auseinander driften, so war seine Auffassung. Dies bezog er nicht nur auf den Menschen, sondern auf das gesamte Universum. Wir können dies in der Tat anhand unserer Lehren gut nachempfinden und vielleicht an uns selbst prüfen.

Wenn wir davon sprechen, dass für die Höherentwicklung des Menschen die Meisterung der mystischen Elemente vonnöten ist, so ist damit auch die Harmonisierung gemeint; insbesondere untereinander. Eine Harmonisierung unserer Elemente aber setzt als Grundlage voraus, die rechte Gesinnung in seinem Wesen zu pflegen. Gerade hier sehen wir eine praktische Anwendung dessen, was wir unter Liebe verstehen. Das Pflegen dieses hohen mystischen Prinzips wird unweigerlich dazu führen, dass unsere Elemente in Einklang gelangen. Gleichzeitig nähern wir uns durch diesen Einklang der Quint-Essenz und damit der essentiellen hohen Ebene, woraus sich diese Elemente in vier Qualitäten entwickelt haben.

Wie kann man Liebe pflegen? Dort Frieden zu suchen, wo Zwist entsteht – Verständigung zu suchen, wo Rechthaberei vorherrscht – Missverständnisse aufklären zu helfen. Man sollte sich üben, Meinungen zu verstehen zu suchen, die man ablehnt, womit man aber konfrontiert wird. 80% gegnerischen Verhaltens und scheinbar ungerechten Benehmens entstehen durch Missverständnisse, weil man nicht bereit ist, andere Meinungen als die eigenen zu akzeptieren.

Diese Vorgehensweise wird unweigerlich auch Auswirkung auf die Meisterung unserer vier mystischen Elemente haben. Meisterung bedeutet dabei nicht nur, sie zu harmonisieren, sondern sie auch zu verfeinern oder zu veredeln. Beides bedingt sich durch die differenzierte Zuwendung. Unsere Wahrnehmungen werden dabei subtiler und differenzierter. Wir nähern uns dann immer mehr unseren inneren Sinnen, die letztendlich die Brücke zu unserer Übersinnlichkeit sind.

Daher sollten wir viel mehr Freude in unserem Leben entwickeln, die durch das richtige Denken, aber auch durch den richtigen Umgang unserer Sinne erreicht werden kann. Das Gute daran ist auch, dass wir damit niemandem schaden können. Wirkliche Freude kann nur gut tun und wirkt verbindend. Zu denken, Mystiker würden ihre äußeren Sinne nicht ernst nehmen, ist ein Trugschluss. Sie sind schließlich die Antennen unserer inneren Sinne nach draußen, und ihre Erfahrungen regen auch unsere inneren Sinne an. Es kommt nur auf die Ausgewogenheit an.

Im Computer-Zeitalter messen wir dieser wichtigen menschlichen Eigenschaft viel zu wenig Bedeutung bei. Die richtige und harmonische Wahrnehmung über unsere inneren Sinne aber braucht Zeit. Wir können unseren Sinnen nicht einfach befehlen, jetzt sofort empfangsbereit zu sein. Wir müssen ihnen gestatten, sich auf unsere Umwelt einzulassen. Schließlich spielt auch unsere Seele dabei eine große Rolle.

Wenn wir unseren Sinnen nicht genügend Zeit für eine gesunde Wahrnehmung lassen, kann auch unsere Seele sich nicht ausbreiten, und die Sinneswahrnehmung gerät in Gefahr, seelenlos zu werden. Dies ist fatal, aber leider in der Sinnenhaftigkeit vieler Menschen Alltag.

Dann werden die Emotionen sich nicht heben, sondern erniedrigen. Dies bedeutet, dass unsere Emotionen sich so in ihrer Qualität und Ebene an geistigem Gehalt gestaltet, wie wir unserer Seele gestatten, sich mit ihr zu verbinden. Es gibt, wie wir überall im Alltag sehen können, auch seelenlose Emotionen. Sie wirken meist laut, unangenehm und schrill auf unser Gemüt.

Dieser besondere Motor von Lebewesen und insbesondere des Menschen gerät dann in falsche Ebenen oder verkümmert. Dies gilt ebenso für unser Bewusstsein und unseren Intellekt, die ohne unsere Seele nur kaltes Bewusstsein und kalter Intellekt sind. Unsere Welt ist voll davon. Schließlich krankt am Ende auch der Körper daran.

Nehmen wir daher Empedokles, den großen Mystiker, der durchaus in die rosenkreuzerische Linie einzureihen ist, beim Wort und testen wir, was er uns über die großen Beweger, unsere Elemente sagt, die er als die Ursubstanzen bezeichnet und in Feuer, Wasser, Erde und Luft einteilt.

Sein großes Anliegen an seine Schüler war, Freude zu entwickeln, Freude an den Dingen, die uns umgeben, wie an allen, mit denen wir zu tun haben. Dies ist der beste Weg, um zu einem erfüllten Leben zu gelangen. Freude öffnet die Herzen, Hass aber verschließt sie. So ergeht es dem Menschen auch mit seinen Elementen. Freude ist dabei die Grundlage, welche die Elemente miteinander vereint und erhebt. Hass aber trennt sie und erniedrigt sie dabei zugleich, sodass man in diesem Zusammenhang nicht unbedingt von einem „gesunden"

Menschen sprechen kann. Wenn in der Mystik von Freude die Rede ist, so ist damit keine grobe Freude gemeint, sondern die feine tiefsinnige und umfassende, die von innen kommt und die Herzen erwärmt sowie für höhere Empfindungen fähig macht. Es ist keine blinde Freude, sondern eine, die wach hält und aufmerksam. Sie muss sich nicht unbedingt direkt äußern, ist aber trotzdem stille Grundlage allen Tuns.

Ein Prinzip der Freude ist, in allen Dingen die positiven Eigenschaften zu erkennen. Dies wird uns erstens zeigen, dass jede Gegebenheit ihre beiden Seiten hat, um überhaupt zu existieren. Es ist der Mensch, der lernen muss, dies wahrzunehmen, und sich schließlich für jene Seite entscheiden soll, die ihn zu den höheren Erfahrungen führt.

Dies gilt für alle Bereiche des Lebens; seien es die Bereiche des Lernens, des Arbeitens; sei dies in den verschiedensten Disziplinen wie Wirtschaft, Politik und im alltäglichen Geschehen von einfachen bis komplizierten beruflichen Einbindungen. Immer sind es dann jene Lösungen, die aus dieser Einstellung heraus gefunden werden, die Bestand haben, wegweisend sind und Entwicklungen vorwärts bringen – ganz besonders die menschliche Entwicklung.

In der rosenkreuzerischen Tradition des Tarot, wie er in der Akademie Rosae Crucis gelehrt wird, trägt die letzte Karte der Großen Arcana, die zugleich die höchste erreichbare Stufe des Mystikers anzeigt, die Unterbezeichnung: „Freudige Einkehr in den Kosmischen Reigen". Die Bezeichnung „freudig" ist dabei von Bedeutung, denn sie zeigt die mystische Bedeutung von Freude an. Diese Freude ist die Lebenskraft eines Mystikers, der die Verbindung zur kosmischen Welt gefunden hat.

Als ein Studierender der Lehren des AMORC befindet man sich auf dem Wege, einmal – wenn die Zeit gekommen ist – diese freudige Einkehr in den Kosmischen Reigen zu erleben. Dieser Ausdruck höchster Empfindung bedeutet, wenn dieser Zustand erreicht ist, vollkommene Erneuerung des Seins.

Da es viele Meister aus der Vergangenheit des rosenkreuzerischen Ordens gibt, die diesen Zustand erreicht haben, haben sie zugleich in ihrer immerwährenden Verbundenheit mit dem geistigen Orden, mit dem AMORC verbunden ist, auch die Wege dorthin mitgestärkt, für alle, die bereit sind, an sich zu arbeiten und nachzufolgen. Vieles dieser Freude-Kraft fließt über das Kosmische Sanktum zu unseren Brüdern und Schwestern, die sich auf den Weg begeben haben und ihm treu geblieben sind. Dies ist eines der Attribute des geistigen Bandes, das alle, die diesen Weg gehen, im Zuge der Initiationen mit den großen Meistern der Vergangenheit und der Gegenwart verbindet.

Nutzen Sie daher diese Zeit, um die Freude, die in der Natur gerade sichtbar geworden ist, auch für sich und den eigenen Weg zu nutzen. Die Natur teilt gerne, und auch die aufgestiegenen Meister, die Egozentrik und alle abträglichen Regungen überwunden haben, werden sich gerne jenem zuneigen, der aufrichtig nach den höheren Ebenen des Seins strebt.

Mögen Ihnen dadurch Harmonie, Kraft und Entfaltung für Ihre Seelen-Persönlichkeit auf dem Weg im Zeichen des Rosenkreuzes zuteil werden, sodass auch wahrer, innerer Friede sich ausbreitet.

MEDITATION

„Ich bitte um eine
Erfahrung der
inneren Freude,
welche meine
Elemente vereint.“

Wir empfehlen eine Meditation über die Verbindung zur Freude und zu den eigenen mystischen Elementen wie:

Feuer: *als der Wille, das Verlangen, die Emotionen und Instinkte;*

Wasser: *als das Bewusstsein und die Intuition;*

Erde: *als der Körper in seiner physischen und psychischen Beschaffenheit;*

Luft: *als der Geist, das Verstehen und die Inspiration.*

Diese brauchen die geistige Freude als Grundlage, um sich miteinander zu einen und dadurch mit der Quintessenz zu verbinden. Machen Sie sich zuvor noch einmal die Bedeutung dieser vier mystischen Elemente Ihres Wesens bewusst und betrachten deren Bedeutung für Ihre Persönlichkeit. Sollten Sie die Bilder dieser Elemente in Ihrem Heimsanktuarium vorrätig haben, so ist es gut, sie aufzustellen. Bereiten Sie dann alles Weitere für die Meditation im Heimsanktuarium vor. Sodann entlasse man all seine Gedanken und beginne anschließend, sich die Bitte auf den geistigen Bildschirm zu visualisieren: „Ich bitte um eine Erfahrung der inneren Freude, welche meine Elemente vereint." Man visualisiere diese Bitte richtig plastisch auf seinem geistigen Bildschirm und verlebendige diese mit dem aufrichtigen Verlangen seines Herzens, wie es einer aufrichtigen Bitte eigen sein soll. Schließlich entlasse man diese Bitte in den kosmischen Raum und bitte den Gott seines Herzens, darüber zu verfügen. Dann trete man frei von allen Gedanken und Vorstellungen in die Große Stille ein. Man beende die Stille nach etwa sieben Minuten und achte auf die Eindrücke, die kamen oder noch kommen können. Anschließend bedanke man sich dafür und beende die Meditation.

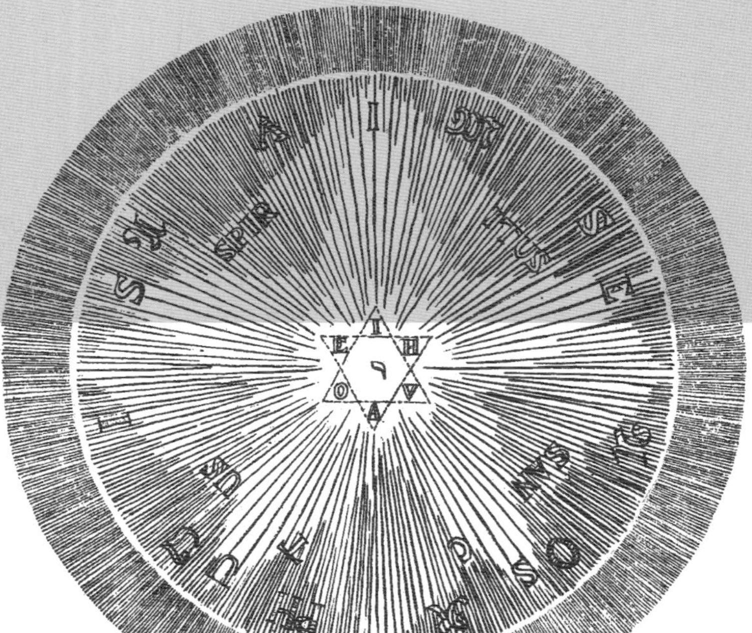

EINE ERFAHRUNG DER MYSTISCHEN ROSE

Es ist selbst für Studierende der höheren Grade immer wieder bereichernd, die Lehrbriefe des Atriums, der unteren Grade hervorzuholen und sich in diese zu vertiefen. Gerade wenn man schon weiter fortgeschritten ist und man daher auf bereits gemachte Erfahrungen aufbauen kann, sind diese oft noch tiefgehender. Daher ist eine Wiederholung immer auch eine große Erfahrung. Dies gilt gerade in den Atriumgraden, wenn wir bereits – einführend zwar, aber doch mit großer Einsicht versehen – in das rosenkreuzerische Heilsystem eingeführt werden, das auf dieser Ebene vor allem in energetische Übungen eingebunden ist. Diese ersten Erfahrungen sind für den Studierenden bestimmt, und viele sind hoch erstaunt darüber, wie doch der Körper von Energien durchströmt ist, die er nutzen kann, insbesondere, wenn sein Wohlbefinden leidet.

Später einmal, wenn der Neophyt in die Tempelgrade aufsteigt, werden ihm diese Erfahrungen von Nutzen sein, denn die persönliche Erfahrung der Wirkung von heilsamen Energien zeigt ihm, was im Menschen an Heilkräften vorhanden ist, die er – vor allem als zusätzliche heilsame Unterstützung – nutzen kann. Verbunden mit dem geistigen Aufbau des Ordens, erfahren wir die aufbauenden Kräfte ganz besonders.

Auf dem Wege des „Erkenne Dich Selbst" sind die Erfahrungen der in uns schlummernden und erwachenden aufbauenden Energien das erste Portal, denn sie eröffnen den Zugang zu jener Kraft, die uns auch aus anderen Kulturen bekannt ist, z.B. als das Chi (Ji, Ki) in der chinesisch-japanisch-koreanischen Kultur oder als das Prana in der indischen Kultur.

Wir Menschen sind in der Tat von jenen Energien durchströmt, die teils direkt aus unserem Leib strömen und uns zeigen, in welcher Befindlichkeit wir sind. Andererseits aber haben wir Anteil an den umgebenden Energien, als Aspiranten auf dem Wege der Einweihung vor allem an den höheren Energien, die wir aufnehmen und weitergeben können. Unsere Erde ist von elektro-magnetischen Energien durchströmt, und der menschliche Körper ist eng damit verbunden. Für ihn kommen neben diesen aus der Geist-Energie sich entfaltenden Schwingungen noch die Vitale Lebenskraft und die Seelen-Kraft hinzu, die allerdings nicht in den physikalischen Maßstäben gemessen werden können, wie wir dies von den Schwingungen der Geist-Energie her kennen. Es ist eine andere Ebene der Wahrnehmung und der Messbarkeit. Diese hinzukommende Kraft aber, die wiederum besondere Energien im Menschen hervorbringen kann, macht das Besondere des Menschen aus.

Machen wir uns bewusst, dass die größten Kräfte in uns die Kraft unserer Gedanken und unserer Emotionen sind. Gute und positive Gedanken und Emotionen zu haben, ist eine große aufbauende Kraft, die unserer Befindlichkeit sehr zugute kommt und die auch auf unsere Mitwelt ausstrahlt. Es heißt, dass gerade unsere Gedanken und unsere Emotionen, die sich durch unsere Bewusstwerdung mitentwickeln, es sind, die unsere Kraftfelder am stärksten beeinflussen.

So können wir leicht nachvollziehen, dass schlechte Gedanken uns schädigen können, ebenso schlechte Emotionen. Oft ist dies gar nicht so leicht zu unterscheiden. Es ist noch kein wirklich guter Gedanke und keine wirklich gute Empfindung, einfach undifferenziert alles gut und schön zu finden. Dies mag zwar von Zeit zu Zeit eine notwendige Reserve-Einstellung sein. Ungeachtet dessen aber bleibt die Notwendigkeit, alles zu prüfen und bewusst werden zu lassen – vor allem auch in Bezug auf sein Gegenüber – und sich dann bewusst für das Positive und Aufbauende zu entscheiden.

Die aufbauenden energetischen Übungen vor allem der Atriumgrade sollen uns helfen, dass diese Erfahrungen auch in unsere Gedanken und Wahrnehmungen übergehen und wir so in der Tat zu einem kraftvollen positiven Pol in unserer Welt werden.

In der Wahrnehmung unserer in uns fließenden Energien lernen wir auch die aufbauenden von den abträglichen zu unterscheiden. Stets müssen wir bedenken, dass die kosmischen Kräfte immer aufbauend wirken und allem Schädigenden entgegenstehen. Menschen aber können durch Abwendung dieser positiv aufbauenden Kräfte ihre Energien abträglich werden lassen, meist durch falsche Einstellungen und durch ich-süchtiges Verhalten. Oft müssen wir dabei lernen, dass nicht alles, was vordergründig gut erscheint, es auch tatsächlich ist.

Wenn wir aber selbst gut eingestimmt und in Geist und Bewusstsein gut ausgerichtet sind, vermögen wir wie ein Wandler solche abträglichen Einflüsse umzuwandeln.

Eines der großen Anliegen der AMORC-Lehren ist es, den Studierenden zu zeigen, wo die Unterschiede zwischen dem Äußeren Ich und dem Inneren Selbst liegen. Wenn wir die Welt mit ihren Sorgen und Nöten betrachten, mit denen wir allenthalben konfrontiert werden, so hat dies viel mit der mangelnden Unterscheidung zwischen diesen beiden Wesensebenen des Menschen zu tun.

Vieles wäre leichter erklärbar und auch veränderbar, wenn die Menschen unterscheiden könnten, dass es mehrere, insbesondere zwei Ebenen in uns gibt, und dass die Wünsche und Vorstellungen, die viele über ein erfolgreiches und sinnvolles Leben haben, meist auf nur eine Ebene, in der Regel lediglich auf die äußere Ebene aufgebaut ist.

Wenn wir aber unser Inneres – unser wirklich Inneres – nicht als Partner haben, dann können wir auch nicht erwarten, dass das, was wir lediglich äußerlich wollen, uns wirklich zuträglich ist. Wie aber kann dies geschehen, wenn man sein Inneres gar nicht kennt und man es dadurch höchstens mit jenen Erfahrungen, die wir mit Gefühl und Emotion verbinden, definiert?

Unsere Lehren zeigen uns, dass wir ein Äußeres Ich und ein Inneres Selbst haben, als die beiden wichtigsten Ebenen des Menschen. Sie zeigen aber auch, dass dieses Äußere Ich sich zweifach ausdrückt: durch die objektive und subjektive Wahrnehmung. Meist definieren die Menschen aber die subjektive Wahrnehmung bereits als die innere Wahrnehmung. Diese ist aber nur der Weg dorthin.

Wenn wir noch nicht zu unserem Inneren Selbst gefunden haben, so bleiben unsere subjektiven Wahrnehmungen disharmonisch und verzerren noch das Bild, das wir von uns haben können, wenn uns tatsächlich unser Inneres Selbst bewusst wird.

Für den Weg des Rosenkreuzes ist dies grundlegend, aber nicht nur für diesen unseren Weg. Es gilt für den Menschen ganz allgemein: Zu sich selbst finden heißt, zu seinem Selbst finden. Dies ist der Weg des „Erkenne Dich Selbst". Dies war zu allen Zeiten so und gilt gerade heute, in einer Zeit, in der die äußeren Einflüsse extrem zugenommen haben, ganz besonders. Die Zerrissenheit der Menschen rührt in überwiegendem Maße daher.

Die extreme Nach-Außen-Richtung, wie wir sie allenthalben feststellen, ist die Ursache vieler Probleme, in welchen sich die Menschen heute befinden. Sie suchen deren Lösung meist auch nur im Äußeren und drehen sich so im Kreis von Ersatzbefriedigungen, welche die Grundlage von so vielen Formen von Süchten sind, denen die Menschen nachhängen. Kein sehr befriedigender Zustand. Hier aber sehen wir auch die große

Chance, die wir durch unsere Lehren und auf unserem so schönen und reichen Weg haben.

Wir lernen, den Zugang zu unserem wirklichen Inneren zu entdecken und bewusst werden zu lassen. Nicht jenes Innere ist also damit gemeint, das uns nur äußerlich schmeichelt und vielleicht bestätigt, sondern jenes, das uns auch erlaubt, unser äußeres Tun von Zeit zu Zeit in Frage zu stellen, um Antworten aus unserem wirklichen Inneren zu erhalten, die uns nicht einfach nur in dem von uns gegenwärtig Erreichten bestätigen, sondern notwendig korrigierend sind. Die Erfahrungen durch unsere Intuition weisen uns hierzu den Weg.

Wenn es heißt, dass die Monografien und die Lehren so aufgebaut sind, dass wir immer mehr Zugang zu unserem Inneren Selbst und darüber hinaus dann zu unserem Über-Selbst erlangen, zeigt dies, auf welcher Ebene die Rosenkreuzer-Lehren anzusetzen sind.

Wenn dieser reiche Weg seit alten Zeiten als der Königsweg der Mystik bezeichnet wird, so vor allem darum. „Königsweg" ist in der Mystik nicht einfach nur eine schöne Bezeichnung, sondern hat eine symbolische Bedeutung. Ein König im Ursprung war ein Mensch edler Herkunft mit lenkender Verantwortung. Dies war das Ideal. In der Mystik weist dies darauf hin, dass es sich hier nicht um einen äußeren Menschen handelt, sondern um ein Wesen, das von „hoher Herkunft" ist, also mit dem Kosmos und den kosmischen Kräften verbunden, die ihn zu dieser Veredelung führen. Wie keine anderen Lehren zeigt dieser Königsweg dem Suchenden, zuerst zu sich und zu seinem Selbst zu gelangen. Nur so kann das „Erkenne Dich Selbst" wirklich stattfinden. Von da kann der Zugang zur kosmischen Ebene erlangt werden. Auf diesem Weg wird der Myste begleitet durch den geistigen Orden, dessen geistiges Zentrum für den auf dem Einweihungsweg Befindlichen das Kosmische Sanktum ist. Solange diese bewusste Erfahrung nicht gemacht ist, bereiten die Lehren den Weg dorthin; und dies ohne Unterlass, in hoher Toleranz und in hohem Verständnis, dem Zugeneigten stets Impulse gebend. Dieser Weg kann nicht in einem irdisch zeitgebundenen Programm eingezwercht werden, sondern ist lebensbegleitend. Dies ist eine der Grundlagen, welche die Lehren für jeden, der guten Willens ist und in seinem Bestreben nicht nachlässt, gangbar machen.

Der Mensch selbst ist es, der entscheidet, wie weit er vorankommen möchte. Bleibt er diesem seinem gegebenen Versprechen treu, wird er stets die kosmischen Kräfte für sich gewinnen können. AMORC, als die Weisheitsschule des Rosenkreuzes, stellt ihm diese zur Verfügung. Was er wirklich benötigt, dass erhält er; und je nachdem, in welche Ebene er einzudringen vermag, warten die entsprechenden Lehren auf den entsprechenden Stufen auf ihn, die ihn zur mystischen Schönheit dieses mystischen Königs gelangen lassen – jenes Königs, den wir in Sagen und Märchen wiederfinden.

Wenn wir die Schönheits-Vorstellungen vieler Menschen betrachten – und hier liefern uns so manche Fernsehsendungen heute eine große Anschauungsfläche –, so sehen wir, wie die meisten Menschen doch nur nach außen gerichtet sind. Sie definieren Schönheit und Wohlergehen rein äußerlich, und dies ist schade, denn wirkliche Schönheit und wirkliches Wohlergehen setzt ganzheitliche Wahrnehmung voraus. Das heißt, unsere äußeren Vorstellungen sollen mit unseren inneren Vorstellungen harmonieren. Es wird dann exzessiv, wenn aufgrund dieser falschen Schönheitsvorstellung viele Menschen dem Wahn unterliegen, alles für diese äußere Schönheit tun zu müssen. Wirklich zufrieden können sie dann nur sein, wenn ihr äußeres Bild dieser Schönheitsvorstellung entspricht; hier kann einem gut das Bild der Maus einfallen, die sich im Rad befindet, das sie unerlässlich durch Drehen in Bewegung halten muss. In gleichem Maße wird der Mensch immer zerrissener, und die psychologischen Praxen werden immer voller.

Schönheit ist etwas ganz anderes. Wirkliche Schönheit können wir dann feststellen, wenn das Äußere des Menschen zwar nicht der veräußerlichten Schönheitsvorstellung entspricht, aber von innen her jene harmonische Kraft seines Wesens ausstrahlt, die alle oberflächlichen Schönheitsvorstellungen unwichtig macht. In unseren Konvokationen in den Tempeln kann diese mystische Erfahrung der Schönheit ganz besonders zum Ausdruck kommen. Sie ist auch nicht so eingleisig zu definieren, wir man dies landläufig kennt. Die Erfahrung der mystischen Schönheit ist eine Erfahrung der mystischen Kraft der symbolischen Rose, die ausgleichend wirkt und eine höhere Schau des Seins und der eigenen Befindlichkeit zur Folge hat.

Natürlich ist es für den Menschen wichtig, eine Vorstellung von Schönheit zu haben. Auch ist es ein natürliches Bedürfnis, sich um äußere Schönheit zu sorgen. Es sollte aber ein harmonischer Ausdruck des Inneren sein; nicht mehr. Dies drückt sich in Kleiderfragen ebenso aus, wie im persönlichen Verhalten und in der Wahl der Worte.

Wir müssen uns dabei bewusst machen, dass diese rein äußere Vorstellung nicht einfach nur auf den physischen Körper bezogen sein darf. Sie gilt auch für das Benehmen im Rahmen des geistigen Ausdrucks und des ethischen Verhaltens. Falsches „Schönheitsverhalten" diesbezüglich können wir genauso in ehrgeizigen Lebensvorstellungen wiederfinden, was sich meist im Berufsleben, aber auch im Alltagsleben und im zwischenmenschlichen Umgang ausdrücken kann.

Meist werden allerdings Ehrgeiz und der natürliche Drang, aus einer Aufgabe das Beste zu bewirken, vermischt. Beides wird gerne in den Topf „Ehrgeiz" geworfen. Dabei sind dies zwei ganz verschiedene Dinge. Es ist nur natürlich, dass man aus einer Sache das Beste machen möchte. Dies hat nichts mit „Ehrgeiz" zu tun. Bleibt nur herauszufinden, was das Beste wirklich ist.

Ehrgeiz aber ist ein egoistisches Bestreben, alles an sich zu ziehen; sei dies im Beruf, aber auch in privaten Belangen, was unweigerlich zur Schädigung des Gesamten beiträgt und zuerst den Schwachen trifft.

Wenn wir dem natürlichen menschlichen Bestreben nachgehen, das Beste aus einer Sache zu machen, was immer das Wohl unserer Mitwelt mit einbezieht, so werden uns die positiv aufbauenden Kräfte gern eine Hilfe sein. Im anderen Falle aber rufen wir lediglich die egozentrisch entwickelten Energien auf den Plan, wenn am anderen höchstens egoistisches Interesse besteht, was sich daher auf Dauer schädlich auswirkt, ohne Ausnahme.

Auch daran können wir erkennen, wie wichtig es ist, bewussten Zugang zu unserem Inneren Selbst zu finden. Jede seelische Entwicklung, die sich ganzheitlich auswirkt und auf das Wohl des Menschen ausgerichtet ist, vollzieht sich nur über das Innere Selbst. Sie ist auch nicht auf nur eine Inkarnation festgelegt, sondern wirkt – auch gemäß dem Gesetz des Karmas – über die gegenwärtige Inkarnation hinaus.

Schließlich ist es das Innere Selbst, von wo aus sich die Verbindung zum Kosmische Bewusstsein erstreckt. Dies kann nicht über das Äußere Ich erfahren werden. Das Äußere Ich wird unweigerlich daran Anteil haben, muss sich aber als die „Nummer Zwei" zufrieden geben, wenn tatsächlich diese hohen Erfahrungen, die der Großen Erleuchtung vorausgehen, sich ausbreiten.

Dies ist die dritte Ebene des Menschen, die nur über das erfahrene Innere Selbst erreichbar ist. Es tritt ein, wenn das „Erkenne Dich Selbst" soweit gediehen ist, dass aus dem kosmischen Raum die Zustimmung zu diesem hohen Fließen des erhabenen kosmischen Geistes erfolgen kann.

Hier befinden wir uns am Geheimnis der mystischen Rose, die für die Rosenkreuzer auf ihrem mystischen Pfad eine so hohe Bedeutung hat.

Das „Erkenne Dich Selbst" findet vor allem bei der Arbeit an den eigenen mystischen Elementen statt. Jede

Tempelarbeit erinnert daran. Sie erinnert aber nicht nur daran, sondern verleiht dem sich vorbereitenden aufrichtigen Sucher jene inneren Erfahrungen, die ihn immer näher zu seinem Selbst gelangen und es ihm bewusst werden lassen.

Wenn sich dann die mystische Rose öffnet, erfährt der Wanderer auf dem mystischen Pfad die kosmische Schau. Er kann erahnen, was das Wesen des mystischen Ordens ist, von dem es heißt, dass er im Grunde zwar unsichtbar, aber mit dem AMORC, als der Bruderschaft des R.C. auf dem irdischen Plan, engstens verbunden ist. Dies belegen viele symbolische Darstellungen, nicht nur dokumentarischen Charakters, sondern in der Gematria, die auf die kosmische Verbundenheit von Kräften hinweist, ebenso wie die mystischen Schlüssel aus der Fama Fraternitatis, dem ersten rosenkreuzerischen Manifest.

Von Herzen wünsche ich Ihnen, dass Sie in diesen Tagen, in denen wir das „Fest der Rose" begehen, von der Schönheit dieser mystischen Rose erfahren mögen, die Sie auf dem Weg im Zeichen des Rosenkreuzes stets begleiten wird.

Mit meinen besten Wünschen für eine Zeit bereichernder Erfahrungen und für wahren, inneren Frieden.

MEDITATION

„Ich bitte um eine Erfahrung der mystischen Rose."

Wir empfehlen eine Meditation über die Erfahrung der eigenen mystischen Rose. Machen wir uns dabei die Bedeutung der mystischen Rose bewusst, als das Symbol für jede höhere Entwicklung. Nicht umsonst hat man Meister Jesus oft als eine Rose dargestellt, da er wie kein anderer mit den kosmischen Gesetzen und Kräften verbunden war. Diese symbolische Rose hat fünf Blätter. Sie weisen einesteils auf die fünf Sinne hin, die zu den inneren Sinnen und schließlich zu den Übersinnen führen. Sie weisen aber auch auf die Quintessenz hin, jene sammelnde und höhere Essenz, die alle mystischen Elemente vereint. Es kann auch hilfreich sein, diese rote Rose als eine im Aufgehen begriffene Rosenknospe zu malen und im Heimsanktuarium aufzustellen. Man kann dafür auch eine natürliche, frische rote Rose verwenden. Bereiten Sie dann alles Weitere für die Meditation im Heimsanktuarium vor. Sodann entlasse man all seine Gedanken und beginne anschließend, sich die Bitte auf den geistigen Bildschirm zu visualisieren: „Ich bitte um eine Erfahrung der mystischen Rose."

Man visualisiere diese Bitte richtig plastisch auf seinem geistigen Bildschirm und verlebendige diese mit dem aufrichtigen Verlangen seines Herzens, wie es einer aufrichtigen Bitte eigen sein soll. Schließlich entlasse man diese Bitte in den kosmischen Raum und bitte den Gott seines Herzens, darüber zu verfügen. Dann trete man frei von allen Gedanken und Vorstellungen in die Große Stille ein. Man beende die Stille nach etwa sieben Minuten und achte auf die Eindrücke, die kamen oder noch kommen können. Anschließend bedanke man sich dafür und beende die Meditation.

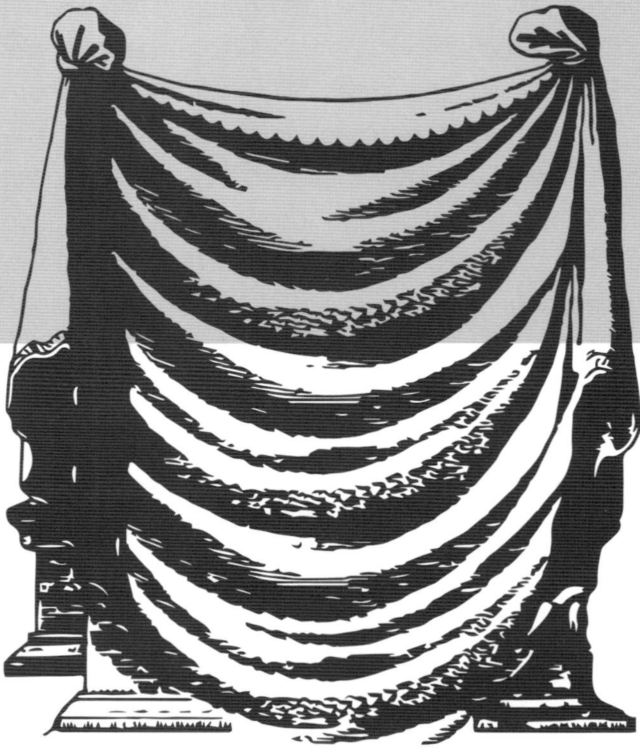

BEWUSSTWERDUNG VON FREUDE UND PFLICHT IN MEINEM LEBEN

Im Ferienmonat August ist anzunehmen, dass viele von Ihnen sich in Urlaub befinden, abseits vom Alltag, um sich zu erholen und andere Eindrücke zu sammeln, als dies der Alltag zulässt.

Ganz gleich, wo wir uns physisch-psychisch befinden, so sind wir mit unserem Bewusstsein doch oft auf unserem Globus unterwegs, insbesondere wenn wir den Weltnachrichten folgen. So wichtig es ist, dass wir über die Vorkommnisse auf unserer Erde informiert werden, so ist es doch bedauerlich, dass wir meist nur davon erfahren, wenn sich Katastrophen ereignen. Trotz allem Bedauerlichen, von dem wir erfahren, gibt es doch viel Schönes und Aufbauendes, das sich in unserer Welt ereignet und das uns ebenso interessieren sollte. Die Menschen aber gehen meist davon aus, dass, wenn alles in geordneten und angenehmen aufbauenden Bahnen verläuft, dies selbstverständlich ist. Es ist aber nicht selbstverständlich, sondern stets das Ergebnis ständigen Bemühens.

Oft ist bei den Sensationsnachrichten das Geschehen sehr fokussiert, und wir Menschen sind verleitet, dies auf das Gesamte eines Landes zu beziehen, was meist nicht der Fall ist.

Wenn wir als Touristen ein Land bereisen, so sind die Reiseveranstalter bemüht, uns nur das Schöne und Angenehme zu zeigen. In den Nachrichten der Medien ist es meist umgekehrt, und wir sind veranlasst, uns doch unsere eigene Meinung zu bilden, wie sich denn etwas nun wirklich verhält.

In allem, was uns umgibt und was wir von den Medien erfahren, gilt es zu bedenken, dass dies bei allem Respekt eine Recherche von Menschen ist, die uns über etwas Bestimmtes informieren wollen – und dies oft in kürzester Zeit. Selten ist ein solcher Berichterstatter neutral – und wie wir zunehmend feststellen, muss alles jenen Sensations-Charakter haben, der die Quoten fördert. Wie sehr hat sich die Welt der Medien doch in den letzten Jahrzehnten verändert! Man ist bemüht, alles als Sensation darzustellen, damit es die Aufmerksamkeit der Menschen immer mehr steigert; koste es, was es wolle. Selbst der Wetterbericht ist heute danach ausgerichtet; ganz gleich, wie die Wetterlage ist. Gibt die Wetterlage nicht genügend Sensation her, so ist schnell eine daraus gemacht.

Was immer sich ereignet, es hat sensationell zu sein. Was heißt „sensationell"? Es muss die Sinne ergreifen, wie das Wort schon sagt. Gemeint sind damit vor allem die äußeren Sinne. Unsere Zeit wendet alles auf, um den Menschen auf der äußerlichen Sinnlichkeit zu fixieren.

Für eine Verinnerlichung, die Zeit braucht, bleibt kaum Muße übrig. Auch der Wertewandel des Menschen hat sich verändert. Innere Qualitäten haben meist vor der Darstellung der äußeren Persönlichkeit zurückzutreten. Und doch liegt es an jedem Einzelnen, wofür er sich entscheidet, auch wenn ihm die Wahl erschwert wird. Umso erfreulicher ist es, wenn wir bei vielen jungen Menschen feststellen, dass sie sich im Dschungel der Reizüberflutung ihre eigene Einstellung dazu bewahrt haben, ihren inneren Überzeugungen vertrauen und ihr Leben danach ausrichten.

Sind nicht wir selbst es, die bestimmen sollten, wohin unsere Aufmerksamkeit geht? Sind nicht wir es, die Zeit und Raum zur Verfügung gestellt bekamen – als eine Energieform, um darin ein sinnvolles und erfülltes Leben zu gestalten?

Schon den Monografien der Atriumgrade können wir entnehmen, dass Zeit und Raum stark von der subjektiven Ebene aus wahrgenommen werden, die neben dem objektiven Teil ein Aspekt des äußeren Bewusstseins sind. Daraus gestaltet sich in hohem Maße die Entwicklung des Menschen auf dem irdischen Plan.

Nehmen wir ein Beispiel: Wer lässt sich nicht von schönem Wetter beeinflussen? Wenn die Sonne scheint und wir uns auf einen erholsamen Tag freuen können, sieht die Welt meist ganz anders aus. Wenn wir hingegen von Arbeitsüberhäufung geplagt sind, so ist auch die Gefahr vorhanden, dass dies eine negative Auswirkung auf unsere sinnliche Aufnahme unserer Umwelt hat.

Wie oft erleben wir, dass uns ein Tag länger oder kürzer erscheint als ein anderer, was natürlich auch mit den Tagesereignissen zu tun hat, die unser Zeitgefühl sehr beeinflussen. In unserem materiellen, linearen Vorstellungsvermögen haben wir dem Tag 24 Stunden gegeben, einhergehend mit dem Lauf der Erde um die Sonne. Wie wir aber diesen Tag, dem wir für unsere äußere Zeiteinteilung 24 Stunden gegeben haben, erleben, dies hat große Auswirkung auf die Dimensionen von Zeit und Raum. Nicht nur die Wahrnehmung der Zeit kann sich in uns verändern. Dies betrifft auch den Raum.

Einem Kind erscheint ein Raum unendlich groß. Dieses Raumgefühl wird nicht primär durch die kleinere Größe eines Kindes bewirkt, sondern vor allem dadurch, dass ein Kind in der Regel wesentlich allem es Umgebenden eine neue und höhere Aufmerksamkeit schenkt. Deshalb und aus der Tatsache, dass das Empfinden der Größe eines Raumes ohnehin mit unserer Ausrichtung des Bewusstseins zu tun hat, können wir schon entnehmen, wie relativ Zeit und Raum für unsere innere Wahrnehmung sind. Wir können dies auch daran testen, wenn wir eine Weile verreist sind und nach längerer Zeit in unsere Wohnung zurückkehren. Sie erscheint uns meist anders als zuvor, in der Regel kleiner.

Es ist eine besondere Energie, die als Grundlage von Zeit und Raum dem Menschen zur Verfügung steht; und es liegt an ihm, wie er damit umzugehen weiß. Nicht Zeit und Raum alleine bestimmen die Geschicke, sondern der Mensch hat einen hohen Einfluss darauf. Meister des Lebens zu werden heißt auch, Meister von Zeit und Raum zu sein. Wir haben unseren Willen zur Verfügung, der uns Zeit und Raum einteilen hilft.

Wir sollten verstehen lernen, dass diese Energie Zeit und Raum als eine Form hervorbringt, in welche schließlich wir Menschen eingebettet sind; materiell durch unsere Wahrnehmung der äußeren Sinne und geistig durch unsere innere Wahrnehmung. Beides lässt sich nicht wirklich voneinander trennen. Lediglich unsere Arbeit an uns selbst bringt uns immer mehr zu jener ausgewogenen Wahrnehmung, die durch Harmonisierung unserer beiden Wahrnehmungsebenen entsteht. Wie wir diese Energieform nutzen und wie wir diese füllen, ist unsere Entscheidung und in hohem Maße von der Entwicklung unserer Wahrnehmung abhängig. Natürlich können wir von Zwängen sprechen, die uns das Leben auferlegt und die uns in eine Wahrnehmung drängen, die uns belastet. Dabei müssen wir oft überlegen, wem oder was wir mehr Zeit und Raum geben. Und doch sind wir es, die entscheiden oder unsere Entscheidung davon mit beeinflussen lassen.

Wie gehen wir mit den Darlegungen aus den Lehrbriefen um? Wir können sie lesen und damit einfach unsere äußere Kenntnis erweitern. Dies alleine würde aber für einen sinnvollen Erfolg aus den Lehren nicht ausreichen; es müsste eine weitere Vorgehensweise hinzukommen. Erst dann kann man sagen, dass es unsere Entwicklung wirklich aufbauend und lebendig beeinflusst. Und dies ist die Praxis.

Wie können wir von der Theorie in die Praxis übergehen?

Indem wir uns bemühen, diese Kenntnis im Alltag umzusetzen. In unseren Belangen und Entscheidungen, die auf uns zukommen, sollten wir uns befragen, ob eine Entscheidung mit dem eigenen Inneren konform geht. Wie oft lassen wir uns nur von äußeren Vorstellungen leiten und von unserem Ego-Willen – und merken es gar nicht.

Gerade in den Sommermonaten, in denen uns meist etwas mehr Muße durch die Urlaubszeit zur Verfügung steht, können wir uns gut prüfen, ob das, was wir möchten, und das, was wir gerade tun, auch wirklich von unserer Seele gewollt ist.

ÜBUNG über den Umgang mit Zeit und Raum:

1. Überschauen wir am Morgen den Tag mit allem, was wir uns vorgenommen haben zu tun.

2. Fragen wir uns dabei, ob wir dies auch wirklich wollen, und achten wir dabei auf unsere Intuition. Dies gilt auch, wenn wir dem Wunsch eines anderen entsprechen sollen, was oft auch eine soziale Frage und eine Frage der zwischenmenschlichen Beziehung untereinander ist und zum Leben dazu gehört. Alles andere sollte überprüft werden, um nicht Gefahr zu laufen, auf die Schiene des Egoismus zu geraten.

3. Sagen wir im Geist zu uns bei allen Vorhaben: „Ja, es ist meine Entscheidung, dies zu tun." Oder: „Nein, es ist besser, sich anders zu entscheiden."

4. Bei allen Festlegungen sollten wir stets Raum lassen für unvorhergesehene Ereignisse, die auch zu unserem Leben gehören, aber noch nicht in unser Bewusstsein getreten sind.

5. Auch hier sollten wir – wenn auch oft ganz kurzfristig – entscheiden, ob wir dies tun sollten oder nicht.

In all unseren Ereignissen und Entscheidungen sind uns zwei Pfeiler, die unser Wesen bestimmen sollten, eigen: Freude und Pflicht. Beide stehen in engem Zusammenhang mit der Bedeutung von Freiheit und Verantwortung.

In all unserem Tun sollten wir Freude empfinden, wohlweislich, dass auch Freude ihre Ebenen hat. Wenn wir im mystischen Sinne von Freude sprechen, so hat stets die Seele daran Anteil. Ist dies der Fall, so können wir davon ausgehen, dass dies auch eine positive und gesunde Auswirkung auf unsere Sinne hat, die äußeren ebenso wie die inneren. Gesund deshalb, weil Freude, die mit unserer Seele verbunden ist, unsere Sinnes-Ebenen in Harmonie bringt. Dies ist die beste Voraussetzung für Gesundung. Dabei ist nicht nur physische Gesundung angesprochen. Wie viele Menschen gibt es mit physischen Gebrechen, die aber von der Seele her mehr Gesundheit ausstrahlen als so manche physisch absolut gesund erscheinende Menschen, deren Wohlergehen aber nur auf das Äußere ausgerichtet ist, und die ganzheitlich kaum gesund sind. Als Studierende der Mystik lohnt es sich, darüber nachzudenken, was „gesund" tatsächlich ist. Freude von innen ist dabei ein wichtiges Prinzip.

Wir sollten uns daher bemühen, in allem, wofür wir uns entscheiden, der Freude Raum zu lassen, dabei aber nicht den zweiten Pfeiler außer acht zu lassen, der ebenso von hoher Bedeutung ist: die Pflicht.

Nicht die aufgezwungene Pflicht ist damit gemeint. Auch die Pflicht sollte eine innere Entscheidung sein. Den Zugang zur inneren Entscheidung finden wir durch zwei Eigenschaften: durch Einbezug der Intuition und durch sorgfältiges Nachdenken und Bewusstwerden dessen, wofür wir uns entscheiden. Wenn wir dann innere Zustimmung erhalten und somit unsere Entscheidung treffen, dann können wir davon ausgehen, dass wir unser Inneres Selbst zum Partner haben, und dieses ist immerhin neben Einbeziehung der kosmischen Zustimmung der wichtigste Partner.

Freude und Pflicht aber sind zwei arg geschundene Begriffe. Vieles, was als Freude ausgegeben wird, muss noch lange keine sein; dies können wir allenthalben beobachten. Oft ist es nur ein Abreagieren, was manches Mal auch notwendig sein kann. Doch sollten wir unterscheiden lernen.

Auch ist vieles als Pflicht auferlegt, was aber nur von außen aufgesetzt und nicht aufrichtig ist. Auch Pflicht muss von innen her bestätigt sein, und wir tun daher gut daran, uns bei unseren Pflichten zu überprüfen.

Schließlich krankt die Welt oft, wie an wenigen, auch an falschen Freuden und, wie an zu wenigen, auch an falsch verstandenen Pflichten. Lernen wir, unsere Intuition dabei zu Rate zu ziehen und das, was uns die

Seele an Reaktion vermittelt, und wir haben die besten Ratgeber. Doch achten wir darauf, nicht der Pseudointuition zu verfallen, die uns das Ego vorgaukelt. Dies zu unterscheiden, ist eine der wichtigsten Übungen auf dem Wege der Erlangung von Ganzheitlichkeit unseres Wesens.

Verbunden mit allen guten Wünschen für eine schöne Sommerzeit; mögen diese Gedanken für Ihren weiteren Weg hilfreich sein, und möge wahrer, innerer Friede Sie dabei stets begleiten.

MEDITATION

„Ich bitte um mehr Bewusstsein über Freude und Verantwortung in meinem Leben."

Wir empfehlen eine Meditation über die Bedeutung von Freude und Verantwortung in unserem Leben. Zuvor sollten wir notieren, was uns im Vorfeld dazu einfällt. Dies wird helfen, sich die Bedeutung von Hindernissen bewusst zu machen, was die Meditation erleichtern wird. Wenn wir das Empfinden haben, genügend darüber nachgedacht zu haben, beenden wir unsere Überlegungen und Notizen und bereiten uns auf die Meditation vor.

Für die Meditation empfehlen wir, sich folgende Bitte zurecht zu legen, was auch mit eigenen Worten geschehen kann: „Ich bitte um mehr Bewusstsein über Freude und Verantwortung in meinem Leben."

Schließlich entlasse man diese Bitte und bitte den Gott seines Herzens, über uns zu verfügen, wie Er dies für richtig hält. Dann trete man, frei von allen Gedanken, in die Große Stille ein.

Man beende diese Stille nach etwa sieben Minuten und achte auf die Eindrücke, die kamen oder noch kommen können. Anschließend bedanke man sich dafür und beende die Meditation. Die Antworten, die nun kommen wollen, sollte man sich notieren. Dabei bleibe man in entspannter Haltung und achte bei den Notizen darauf, was die Intuition übermittelt. Erfahrungen aus der Meditation können auch noch später einströmen.

8

VOM WERT DER MYSTISCHEN ACHT FÜR DIE GEISTIGE ENTWICKLUNG

Wieder einmal haben wir den Oktober erreicht, den 8. Monat des Rosenkreuzer-Jahres, der wie kein anderer der Zahl Acht gerecht wird, was soviel wie Wandel bedeutet. Es ist interessant, von Zeit zu Zeit auf den Ursprung von Namen und Zahlen zu verweisen, von denen kaum einer mehr weiß, woher sie kamen.

In unserem so stark ausgeprägten rationalen Bewusstsein vergessen wir gerne, dass die Menschen der Vergangenheit einen ganz anderen geistigen Zugang hatten, als man dies heute allgemein pflegt. Auch wenn wir heute so stolz auf unsere geistigen Errungenschaften sein mögen, so waren die großen Geister der Vergangenheit in ihrem Vorstellungsvermögen meist ausgeprägter. Dies mag so manchen verwundern, und doch können wir feststellen, wenn wir das, was uns überliefert ist, betrachten, dass ihnen eine solche rein lineare Ausrichtung, wie wir sie heute unter „Logik“ verstehen, wohl kaum genügt hätte.

Wenn wir daher die Monatszahlen betrachten, so sollten wir sie in ihrem natürlichen Ursprung sehen, und wie sie doch auch mit jener überlieferten mystischen Symbolik übereinstimmen, der die Zahlen zugeordnet sind. Diese sind im Sinne der Monatszahlen wiederum in ihrer Bedeutung dem geistigen Rhythmus zugeordnet, dem ein Jahresablauf unterliegt, im Sinne des Naturjahres, das im März beginnt. Die meisten Monatsnamen weisen noch auf die ihr zugeordnete Zahl hin, wie es die Monate September, Oktober, November und Dezember tun – und so auch der Oktober als der Achte.

8

Nicht nur für den Monat Oktober, sondern auch generell ist die Figur der Acht, so wie wir sie schreiben, ein höchst interessantes Zeichen, das selbst in den verschiedenen mystischen Organisationen fast vergessen wurde, wie so vieles andere. Leider, denn so manches beinahe verlorene Wissen hat den Menschen gerade in der heutigen Zeit, in der sich eine Verwirrung ausbreitet, viel zu sagen. Oft haben wir in unserer Gesellschaft nur Bruchstücke darüber, und es bedarf vieler Erfahrung und Weisheit, um diese richtig einzuordnen.

Sicherlich: Viel überkommenes Wissen waren „alte Zöpfe", die nicht mehr in unsere heutige Zeit gehören. Das wahre überlieferte mystische Wissen aber, nämlich jenes, das die geistigen Fähigkeiten des Menschen anregt und ihn auf seine geistigen Tiefen ausrichtet, wo er sich selbst finden und zu höchster Entwicklung ausrichten kann – dieses Wissen darf nicht verloren gehen, denn es umfasst nicht nur die Ursprünge des menschlichen Wesens, sondern auch seine ständigen Wegweiser durch seine Entwicklung in Raum und Zeit.

Wenn auch die Sprache und der moderne Geist sich verändern, so bleiben die inneren Werte doch unverändert.

Wir leben heute in einer faszinierenden Computerwelt, worin aber für den Menschen auch die Gefahr besteht, sich so richtig gefangen nehmen zu lassen. Nicht dass die elektronische Datenverarbeitung von heute gering geschätzt werden sollte. Man möge dies nicht missverstehen, denn sie ist für den Menschen von heute und für morgen nicht mehr wegzudenken, da sie eine Vielfalt von Dingen ermöglicht, die in der Vergangenheit unmöglich waren. Sicherlich hat sie auch ihre Schattenseiten, wie alles, was Menschen entdeckt haben. Immer kann dies von hohem Nutzen, aber auch schädlich sein. Es kommt stets darauf an, wie damit umgegangen wird.

Wir Menschen dürfen aber nicht der Gefahr erliegen zu glauben, dass dies die geistige Welt des Menschen wäre. Würden wir die eigentliche Welt des Menschen so verstehen, würde dies bedeuten, dass er nur auf seine biologisch-organische Funktion und deren psychologische Auswirkung alleine zu reduzieren wäre. Dies aber würde dem menschlichen Wesen nicht gerecht. Er ist mehr als das; viel mehr! Wer aber weiß das schon.

Vor etwa 450 Jahren begann der Mensch, sich auf die reine Ratio auszurichten und alles andere abzulehnen. Dies kam nicht einfach so von ungefähr, sondern es war vor allem die hohe Einseitigkeit davor, die beinahe umgekehrt als die Welt der Ratio war. In der dogmatischen Welt von vorgestern drohte die Vernunft zu ersticken, und Aberglaube und Willkür bestimmten den Menschen. Magie in ihrer niederen Ausrichtung brachte die dem Menschen zugeordneten ethischen Werte in ein Fiasko. Die Geschichte des Mittelalters ist voll davon.

Heute dürfen wir sagen, dass die Ratio dem Menschen ein hohes Maß an Wissen bescherte – und trotzdem ist dieses Maß ebenso nur ein einseitiges, wenn auch auf der anderen Seite. Erst wenn wir erkannt haben, dass mentale Ausrichtung, so wertvoll sie auch sein mag, für den Menschen zwar wichtig, aber noch nicht die ganzheitliche geistige Ausrichtung ist, sondern nur die auf unser äußeres Bewusstsein bezogene „Logik", beginnen wir uns auf die Mystik unseres Wesens auszurichten: auf die wahren Höhen der geistigen Welt.

Auch dies ist eine Erkenntnis, die mit der mystisch-symbolischen Bedeutung der 8 in Verbindung steht: sozusagen die beiden Seiten eines jeden in der Schöpfung Befindlichen.

Das Zeichen der 8 zeigt einen gewundenen Kreis an. Es ist jener Kreis, der die Unendlichkeit anzeigt, die keinen Anfang und kein Ende hat. Es ist auch interessant, wenn wir die Tradition der mystischen Symbolik mit einbeziehen, die besagt, dass wenn dieser Kreis sich zu verändern beginnt, dieser erst einmal zur Ovalen wird, zur: 0.

Dies erinnert uns an die Null als eine Zahl ohne eigenen Wert. So ist auch die 8 wie eine gewundene 0. Durch die Windung zeigt sie zwei Hälften an, und so weist die

8 nicht nur auf ihren rein rechnerischen Wert, sondern auch auf ihren symbolischen Wert hin. Dadurch wird diese Zahl für uns höchst interessant, wie sie dies am Ende auch in ihrer Überlieferung ist.

Sie ist die Zahl des Wandels und zeigt die Dualität hier in unserer Welt der Entwicklung an. In dieser Welt befinden wir uns als Menschen, die wir selbst duale Wesen sind – mit einem äußeren und einem inneren Bewusstsein, wie uns die Rosenkreuzer-Lehren aufzeigen.

Die Zahl 8 weist darauf hin. Wenn wir dies mit der fernöstlichen Mystik vergleichen, so erinnert es uns an die Bedeutung des Yin und Yang Zeichens.

Wir erkennen darin auch die hohe Ähnlichkeit; doch anders als im fernen Osten sehen wir in der profanen Lehre diese hohe symbolische Zahl 8 heute bedauerlicherweise nur noch rational rechnerisch. Dabei hat sie uns auf dem mystisch-spirituellen Weg so vieles zu sagen.

Sie gilt als senkrechtes Zeichen als das, was wir rein rechnerisch von der 8 wissen. Als waagrechtes Zeichen aber wird sie als Lemniskate bezeichnet – als die symbolische Zahl der Unendlichkeit.

Was hat uns dies zu sagen? Die Acht als Zeichen 8 zeigt uns das Wesen dieser Welt an und unser eigenes Wesen, wie wir doch mit dieser Welt eng verbunden sind.

Wenn es schon in den unteren Studiengraden heißt, dass diese Welt, so wie sie uns erscheint, ein äußeres Bild unseres Selbst ist, so will uns dies nur zeigen, wie eng wir doch damit verbunden sind.

Immer ist alles dual in der Schöpfung aufgebaut. Immer gibt es ein Äußeres und Inneres. Wenn wir die Welt so wahrnehmen, wie sie uns erscheint, dann nur deshalb, weil sie bereits im Geistigen Bestand hatte, bevor sie sichtbar wurde. Immer ist es dieses ständig sich abwechselnde Spiel dieser beiden Hälften, wie wir sie durch die 8 dargestellt finden. Diese Zahl zeigt uns auch den Hauptrhythmus alles Seienden an, das in ihrer Grundlage erst einmal ein Äußeres und Inneres hat, das uns bewegt und das uns diese zwei Gesichter auch immer wieder zeigt, so wie wir es in der Natur alljährlich wahrnehmen können.

Die aktive Seite drängt uns, mehr äußerlich tätig zu sein, und die passive Seite, mehr innerlich. „Aktiv“ meint dabei, mehr nach außen darstellend zu wirken. Die „passive“ Seite aber weist uns darauf hin, uns mehr der Aufnahmefähigkeit zuzuwenden.

Die höchste Form der Gestaltung unserer Welt und unserer Entwicklung wird durch diese 8 dargestellt, die in der höchst inspirierenden Welt des Rosenkreuzes seit altersher der 5 zugesellt wird. Beide bilden die wichtigsten Zahlen des Rosenkreuzes. Zahlen sind in der Mystik stets in ihrem Ursprung auch Kräfte und wirken so höchst kraftvoll für unsere Entwicklung, wenn wir uns ihnen in der richtigen Weise zuwenden.

So kann uns diese Zahl als eine besondere mystische Kraft zeigen, dass wir unsere wahre Entwicklung nur voranbringen können, wenn wir uns dieser beiden Seiten unseres Wesens bewusst sind. Wenn wir uns dies auch im Sinne eines Jahresablaufes bewusst machen, so können wir unserer Entwicklung dabei nur Gutes tun. Der Mensch ist mehr mit der Natur verbunden, als er sich dessen oft äußerlich bewusst ist. Er ist schließlich ein Teil von ihr. Als hohe Kreatur in der Schöpfung ist es ihm gegeben, auf die Natur mehr einzuwirken, als es andere Wesen können.

Doch wie geht er damit um? In der Mystik gilt weniger der als intelligent und weit entwickelt, der raffinierte

Methoden entwickelt hat, um die Natur auszubeuten, als vielmehr jener, der sich auf sie einlässt, dadurch ihre Kräfte kennenlernt, sich mit ihr versöhnt und sich schließlich so zu einem starken Wesen entwickelt – durch die Erneuerung des Verbindenden und nicht des Trennenden. Nicht die sinnlich wahrnehmbare Natur alleine ist damit gemeint, sondern auch, was sie im Sinne der 8 ist: lediglich das Sichtbare des Geistigen, woraus sie hervorgegangen ist. Dieses Geistige müssen wir erfahren, wenn wir herausfinden wollen, was die Natur wirklich ist. Die sinnlichen Erfahrungen aber können uns dabei als Spiegel des Geistigen Hinweise geben.

So gesehen müssen wir oft feststellen, wie einseitig doch gerade jene handeln, die in unserer Gesellschaft als hoch intelligente Menschen gehandelt werden, denen es aber oft an Ethik und Mitempfinden in unserer Welt mangelt und die lediglich ihr Ego und ihre nur intellektuell ausgerichteten Interessen pflegen, wobei sie das tiefe Geistige ablehnen.

Mensch-Sein aber ist viel mehr. Eigentlich können wir dieses Mensch-Sein im Sinne des Schöpfers erst in Anspruch nehmen, wenn wir auch mit unserer Innenwelt vertraut sind und so im Sinne eines werdenden Mystikers unsere innere Welt soweit kennen, dass wir zu ethisch geistig Handelnden werden und unser Tun und Denken stets auch auf das höhere Menschentum ausgerichtet sind.

Was nützen uns die erhabensten Lehren, wenn wir nur intellektuelles Interesse an ihnen haben und nicht auch mit dem Herzen herangehen, um aus ihnen die hohen ethischen Werte für uns zu erkennen und in unser Leben mit einzubeziehen? Logische Systeme alleine helfen uns hier nicht weiter. Ohne Herz und ethisches Handeln droht jedes System – und sei es noch so faszinierend und von hohem geistigen Inhalt – zu einer kalten Welt zu verfremden, was lediglich früher oder später Spaltungen und Aufgehen in Zersplitterung zur Folge hat. Beispiele dafür sehen wir überall.

Beziehen wir in unser Denken und Handeln aber Herz und ethisches Verhalten mit ein, so haben wir den Pfad ausgelegt, das Verbindende und die Einheit in allem wahrzunehmen, was die Basis der Höherentwicklung ist.

Mögen diese Gedanken dazu beitragen, Ihrem Leben einen besonderen Sinn im Zeichen des Rosenkreuzes zu geben, und mögen die kommenden Monate als Anregung dienen, sich der geistigen Bedeutung dessen bewusst zu werden, wenn es in unserer Tradition heißt, dass die zweite Jahreshälfte eines Rosenkreuzer-Jahres, das mit der geistigen Natur verbunden ist, dazu dienen soll, sich nunmehr der geistigen Seite seines Wesens zuzuwenden, so wie wir dies im Zeichen der 8 erkennen können. Möge wahrer, innerer Friede Sie dabei stets begleiten.

MEDITATION

„Was bedeutet die Acht für meine spirituelle Entwicklung?“

Wir empfehlen eine Meditation über die mystische Bedeutung der Zahl 8. Zuvor sollte man notieren, was uns im Vorfeld dazu einfällt. Dies wird helfen, unser Bewusstsein für die Meditation gut vorzubereiten. Wenn wir das Empfinden haben, genügend darüber nachgedacht zu haben, beenden wir die Überlegungen und Notizen und bereiten uns auf die Meditation vor.

Für die Meditation empfehlen wir, sich folgende Frage zurecht zu legen, was auch mit eigenen Worten geschehen kann: „Was bedeutet die Acht für meine spirituelle Entwicklung?"

Schließlich entlasse man diese Bitte und bitte den Gott seines Herzens, über uns zu verfügen, wie Er dies für richtig hält. Dann trete man, frei von allen Gedanken, in die Große Stille ein.

Man beende diese Stille nach etwa sieben Minuten und achte auf die Eindrücke, die kamen oder noch kommen können. Anschließend bedanke man sich dafür und beende die Meditation. Die Antworten, die nun kommen wollen, sollte man sich notieren. Dabei bleibe man in entspannter Haltung und achte bei den Notizen darauf, was die Intuition dabei übermittelt. Erfahrungen aus der Meditation können auch noch später einströmen.

ÜBER DEN HOHEN WERT DER MEDITATION

Was ist eigentlich das Besondere an den Lehren der Rosenkreuzer, werde ich von Zeit zu Zeit gefragt. Obwohl es mir nicht allzu schwer fällt, eine Antwort darauf zu geben, bin ich doch immer wieder geneigt, darüber nachzudenken und mich in den Wert dieser Lehren zu vertiefen.

Das Wesentliche dieses Wertes für den Menschen, der sich dafür entscheidet und seine Geduld dabei beweist, ist wohl, dass der Mensch zuerst einmal als ein ganzheitliches Wesen gesehen wird, das sich nicht nur auf das äußere Leben alleine beschränkt, sondern Wege aufweist, um seine wahre Persönlichkeit zu erfahren und so Zugang zu den verborgenen Fähigkeiten seines Wesens findet. Mit der Zeit werden diese Fähigkeiten erweckt, und der Mensch findet immer mehr Zugang zu sich selbst, als zu dem, der er wirklich ist.

Wenn wir in einer Tempel-Konvokation den wertvollen und symbolischen Worten dort lauschen und sie in uns aufnehmen, so sind sie von dem Motto getragen: Erkenne Dich selbst. Dies ist schließlich das große Anliegen der Rosenkreuzer-Lehren, denn diese Selbsterkenntnis ist von grundlegender Bedeutung auf dem Wege der Meisterung seines Lebens und seiner Entwicklung.

Was also ist der Mensch? Wir haben aus den Lehren erfahren, dass der Mensch ein duales Wesen ist; dass er also aus einem Äußeren und einem Inneren besteht. Wir können den Lehren weiter entnehmen, dass dieses Äußere sich in eine objektive und eine subjektive Wahrnehmungsphase gliedert. Mit der objektiven Phase nehmen wir mittels unserer Sinne unsere Umwelt auf und verarbeiten diese Erfahrungen mittels unseres Verstandes. Mit der subjektiven Phase erleben wir unsere Gefühle und Empfindungen, die durch unsere Erfahrungen ausgelöst werden und meist mit unserer Erinnerung und unserem Gedächtnis verbunden sind.

Dort nehmen wir auch die Impulse unserer Instinkte, unserer Intuition und unserer Inspirationen aus dem Inneren wahr, die dort bewusst werden und die uns Botschaften aus dem Inneren Selbst senden. Unser Inneres Selbst ist dabei unser Inneres Bewusstsein, das sich ebenso wie das äußere Bewusstsein in zwei Phasen gliedert: in eine persönliche und eine kollektive Phase.

Dort, in unserer persönlichen Phase, ist jene Institution beheimatet, die wir als den Inneren Meister bezeichnen. Es ist jene Institution, die uns genauestens kennt und die uns rund um die Uhr mit unseren inneren, uns meist unbewussten Notwendigkeiten versorgt. Von dort erhalten wir Hilfen durch unsere Intuition, als die Stimme des Inneren Meisters, der uns auf dem Wege unserer Entwicklung stets zu Hilfe sein möchte. Dort ist auch das allumfassende Gedächtnis unserer Persönlichkeit angesiedelt, das alles aufgezeichnet hat, was wir im Verlauf unserer Entwicklung durch die Inkarnationen hindurch verarbeitet haben und wodurch somit unsere Persönlichkeit gebildet wurde, so wie sie gegenwärtig ist.

Diese innere Welt unserer Persönlichkeit, auch als das Innere Selbst bezeichnet, ist uns in der Regel unbewusst, und doch kennen wir eine Brücke, die uns hilft, damit diese inneren Erfahrungen zugänglich werden, um deren Impulse und Erfahrungen sowie deren aufbauende Kräfte für unsere Entwicklung zu nutzen: Es ist die besondere Fähigkeit des Menschen zur Meditation.

Für unseren Weg der geistigen Entwicklung ist sie von hoher Bedeutung, denn sie hilft uns, unsere innere Persönlichkeit zu erfahren und sie anzuregen, Hilfen und Antworten freizugeben, die für unsere Höherentwicklung notwendig sind. Daher ist die Fähigkeit der Meditation gar nicht hoch genug zu bewerten.

Wenn wir am Ende einer Monografie, die wir im Heimsanktuarium studieren, aufgefordert werden, darüber zu meditieren, so folgen wir hier einer sehr alten Tradition, die gemäß unserer Überlieferung schon von den Essenern und Therapeuten stammt, jenen mystischen Gemeinschaften, wie sie zur Zeit von Meister Jesus und davor bestanden haben. Diese waren auf das geistige Wohl der Menschheit und auf die Entwicklung seiner selbst ausgerichtet, um ein hohes Maß an positivem, aufbauendem Menschsein im Sinne des Schöpfers zu erlangen. Von ihnen, aber auch von Meister Jesus ist uns überliefert, dass sie nach jeder Lektion, die sie studiert haben, eine Meditation folgen ließen, um nach ihrem äußeren Studium nun jene inneren Impulse zu erhalten und für ihr Tun zu manifestieren, die ein Studium erst ganzheitlich machen.

Wir kennen viele Formen der Meditation, große und kleine. Auch haben verschiedene Institutionen verschiedene Vorstellungen dessen, was sie als „Meditation" bezeichnen. Deshalb ist es wichtig, von Zeit zu Zeit darauf einzugehen, denn für den Weg und das Studium im Zeichen des Rosenkreuzes ist die wirkliche Meditation von nicht hoch genug einzuschätzendem Wert. Das Wort „Meditation" weist in unserer Tradition auf die Mitte des eigenen Wesens hin, mit der man Verbindung aufnimmt, um von dort etwas zu erfahren, was auf herkömmlichem Wege nicht erfahrbar ist.

Dabei unterscheiden wir streng genommen zwischen Meditation und kosmischer Abstimmung, wenngleich beides in enger Verbindung zueinander steht. Meditation in unserer Tradition bedeutet, die eigene Mitte zu finden, die jenseits unserer äußeren Wahrnehmungen angesiedelt ist, nämlich dort, wo sich unser Äußeres und unser Inneres Bewusstsein berühren, verbinden und so eine hohe Erfahrung freiwerden lassen, die wir im Sinne des Gesetzes vom Dreieck als die hohe dritte Erfahrung bezeichnen können.

Wir ermuntern unsere Studierenden immer wieder, den hohen Wert der Meditation für ihr Studium und auch für eine Höherwertigkeit ihres Lebens zu nutzen. Wir wissen aber auch, dass es schwer ist, von alleine die dafür notwendige Technik zu üben, weshalb wir immer wieder Meditations-Seminare anbieten, um den hohen Wert der Meditation zu vermitteln und auch die Erfahrung der hohen Kräfte zu ermöglichen, die durch die Meditation zum Fließen gebracht werden können. Wenn es denn heißt, dass gerade die Meditation die wichtigste „Kammer" auf dem Wege zum Licht sei, so ist dies nicht einfach so dahin gesagt, sondern zeigt, wie hoch sie einzuschätzen ist.

Freilich gibt es viele Vorstellungen darüber, in den verschiedenen Kulturen ebenso, wie in den verschiedenen Institutionen. Noch vor Jahrzehnten wurden die Rosenkreuzer belächelt, wenn sie von dem hohen Wert der Meditation sprachen. Heute wird sie von unzähligen Institutionen angewandt, und es ist oft nicht schwer zu erkennen, dass sie gerade die traditionelle und bewährte rosenkreuzerische Technik genommen haben, um sich selbst damit zu schmücken.

Sicherlich wird man auch hier interessante Erfahrungen sammeln können, wenngleich wir deutlich zwischen den verschiedenen Ebenen unterscheiden müssen, auf denen Meditation oft angeboten wird; ungeachtet dessen, dass der falsch Vorbereitete nicht in jene Ebene eindringen wird, aus der er jene segensreichen Einflüsse erfährt, wie es die rosenkreuzerische

Meditation beabsichtigt. Es braucht also einen guten Trainer dafür, der auch um die Fallstricke weiß und hilft, diese zu vermeiden.

Ungeachtet dessen ist gerade die Meditation eines Suchenden, der sich auf dem Wege der Einweihung befindet, von ganz besonderem Wert, denn er wird dabei von Kräften begleitet, die gerade ihm in besonderem Maße behilflich sind, tiefe wertvolle Erfahrungen aus der Meditation zu ziehen.

Wenn wir uns vorhin das duale Bewusstsein des menschlichen Wesens vor Augen geführt haben, so gilt dies auch für die Meditation. Denn eine erfolgreich durchgeführte Meditation bewirkt immer ein zweifaches: zunächst jene Erfahrungen aus dem inneren hohen Wesen des Selbst, weswegen man in die Meditation gegangen ist und die sich meist in Form von geistigen Bildern und Impulsen kundtun. Darüber hinaus ist eine solche erfolgreiche Meditation von jenen Kräften begleitet, die uns in der nahen Zukunft nach unserer Meditation helfen, das zu erreichen, weswegen wir in die Meditation gegangen sind.

Meditation also bringt uns in Verbindung mit unserem äußeren und inneren Bewusstsein und darüber hinaus mit den kosmischen Bereichen, womit unser Inneres Selbst verbunden ist, um mit unserem höheren Selbst und dem mit ihm verbundenen kosmischen Anteil in Berührung zu gelangen. Wenn wir dies erreicht haben, so dürfen wir davon ausgehen, eine wichtige Basis für unsere Höherentwicklung geschaffen zu haben.

Dies wird uns helfen, auch die Betrachtung, auch als Kontemplation bezeichnet, zu verstärken, und das Leben kann für uns friedvoller und bewusster werden. Das große Problem, womit die Menschen von heute behaftet sind, ist, zu sehr nach außen gerichtet zu sein. Sei es, weil wir in hohem Maße von unserem Alltag gefordert werden, sei es, weil die Welt doch recht kühl rational und daher recht einseitig geworden ist.

Gerade hier sind unsere Abstimmungen im Heimsanktuarium sowie die rosenkreuzerischen Rituale von hohem Wert, die uns mit der kosmischen Ebene und dem Kosmischen Sanktum des Ordens in Verbindung bringen.

In diesem Zusammenhang ist es mir ein großes Anliegen, Ihnen den hohen Wert der Konvokationen nahezubringen, denn diese sind gerade für Sie, als einen Studierenden auf dem Wege der Meisterschaft, eingerichtet worden. Die gemeinsame Arbeit mit den anderen Brüdern und Schwestern, die im selben Geiste zusammenkommen, ist es schließlich, die solche besonderen Begegnungen in einem auf rosenkreuzerische Tradition ausgerichteten Tempel zu jener hohen Erfahrung macht, die Meditation und kosmische Abstimmung miteinander verbindet.

Die regelmäßige Beteiligung an diesen Konvokationen wird Ihnen helfen, vom Strom der Kräfte aus dem kosmischen Raum, wo die Quelle des geistigen Kraftortes des Ordens zuhause ist, zu schöpfen. Seien wir uns bewusst, dass wir als Studierende auf dem Wege der Einweihung mit dem Egregor des Ordens verbunden sind. Dieser schließt alle Brüder und Schwestern auf dem Wege der Einweihung mit ein und hilft ihnen, an den hohen Kräften des Ordens teilzuhaben.

Heute werden viele Tätigkeiten als „Ritual" bezeichnet; oft schon der Ablauf der morgendlichen Körperreinigung. Ungeachtet dessen ist ein mystisches Ritual in der Tradition des Rosenkreuzes ein sich in einem vorgegebenen Vorbereitungsweg vollziehender Ablauf, der sich in Stufen des Aufstiegs vollzieht, um an der Spitze mit dem Höchsten in Verbindung zu treten, das sich in den kosmischen Kräften verbirgt und mit dem Arkanum des Ordens verbunden ist.

Wer im Zweifel ist, daran teilzunehmen, den möchte ich ermuntern, diese zu überwinden. Viele Brüder und Schwestern aus der Vergangenheit haben den Weg in den Städtegruppen dafür geebnet und die Fackel stets hoch getragen und wieder weiter gegeben, wie es bis in die heutige Zeit hinein der Brauch ist. Diese hoch zu halten und weiterzugeben, heißt auch, das Licht für die Zukunft zu festigen, woran jeder Anteil hat, der den Weg der Einweihung genießt.

Möge es Ihnen gelingen, stets genügend Zeit und Raum dafür zu erübrigen, was schließlich die eigenen hohen Kräfte festigen wird und stark macht für die Anforderungen des Lebens. Mit meinen besten Wünschen für Ihren weiteren Weg, für Mut und Ausdauer. Mögen Ihnen daraus Harmonie, Kraft und Entfaltung Ihrer Persönlichkeit erwachsen.

„Ich bitte um eine Erfahrung über den Wert der Meditation für meine persönliche Entwicklung.“

Wir empfehlen eine Meditation über den Wert der Meditation für den eigenen Entwicklungsweg. Zur Vorbereitung sollten wir über deren Wert nachdenken und uns notieren, was wir über die Meditation schon wissen. Fügen wir dabei hinzu, was das Wort nach unserem Verständnis bedeutet.

Bereiten wir uns dann für eine Meditation vor, um herauszufinden, wie wir dem Wert für uns näher kommen können. Für die Meditation empfehlen wir, sich folgende Bitte zurechtzulegen, was auch mit eigenen Worten geschehen kann: „Ich bitte um eine Erfahrung über den Wert der Meditation für meine persönliche Entwicklung."

Diesen Satz sollten wir richtig plastisch auf unserem inneren Bildschirm visualisieren und dann, wenn wir ihn mit unserem Gefühl verlebendigt haben, abgeben in den kosmischen Raum. Geben wir diese unsere aufrichtige Bitte dort ab und denken nicht mehr weiter daran. Anschließend bitte man den Gott seines Herzens, über uns frei zu verfügen, und trete dann, frei von allen Gedanken, in die Große Stille ein.

Man beende diese Stille nach etwa sieben Minuten und achte auf die Eindrücke, die kamen oder noch kommen können. Anschließend bedanke man sich dafür und beende die Meditation. Die Antwort aus dieser Meditation sollte man sich notieren. Dabei bleibe man in entspannter Haltung und achte bei den Notizen darauf, was die Intuition dabei übermittelt. Erfahrungen aus der Meditation können auch noch später einströmen.

ERFAHRUNG ZUR „WIEDERKEHR DES LICHTES"

Jedes Jahr im Monat Dezember gedenken wir der „Wiederkehr des Lichtes", und in den Städtegruppen bereitet man sich vor, dies entsprechend zu feiern. Schließlich ist das Licht eines der drei hohen Prinzipien, die – zusammen mit Leben und Liebe – den Rosenkreuzern zu allen Zeiten für die gesamten Lehren grundlegend waren und sind. Sie werden als gottgegebene Prinzipien bezeichnet, weil sie zu den Grundlagen des Schöpfers gehören, worauf die gesamte Schöpfung aufgebaut ist. Neben den vier mystischen Elementen Feuer, Wasser, Erde und Luft sind sie in allem vorhanden, was die Schöpfung ausmacht.

Wenn es denn heißt, dass ein Rosenkreuzer-Tempel nach kosmischen Gesetzen errichtet ist, so sind dies die Grundlagen davon. Dabei ist die Kerze, die dem Licht entspricht, immer die erste, die entzündet wird – noch vor den beiden Kerzen, die dem Leben und der Liebe entsprechen. Warum? Weil damit alles beginnt. Ohne dieses Licht ist nichts, was gemacht bzw. erschaffen ist. Es war der geistige Ausgangspunkt für die Schöpfung, und so ist es auch mit dem Menschen. Im Tempel leuchtet es in seiner edelsten Form auf allen drei Ebenen des gesamten Seins.

Wenn wir also des Lichtes gedenken, so gedenken wir des Allerersten, woraus alles entstand, das sich schließlich in Stufen herabsenkte, bis hinein in die sinnliche materielle Welt. So ist Licht also auch für den Menschen von grundlegender Bedeutung. Wenn er des Lichtes gedenkt, so hat dies sehr viel nicht nur mit dem Göttlichen, dem Kosmos und der Schöpfung zu tun, sondern auch mit ihm selbst.

Im Allgemeinen stellt sich der Mensch unter Licht das sichtbare Licht vor, das den Tag erhellt, die Nacht beleuchtet und das uns hell und dunkel zu unterscheiden befähigt. In den Religionen hat das Licht von jeher eine hohe symbolische Bedeutung. Und von den Lehren der Mysterienschulen ist es zu allen Zeiten ebenso nicht wegzudenken.

Wenn wir als AMORC-Studierende ein Licht entzünden, so rufen wir ins Bewusstsein, dass es uns geistig und spirituell erhellen oder sogar erleuchten möge, auf unserem Wege der Entfaltung unserer Seelen-Persönlichkeit. Auf der mentalen Ebene, wenn wir einen Gedanken haben, so fühlen wir uns ebenso zu dem Ausruf veranlasst: Es ist uns ein „Licht" aufgegangen.

Schon alleine daran können wir erkennen, dass die Vorstellung von Licht ihre verschiedenen Ebenen hat: von der spirituellen Ebene hinein in die psychisch-mentale und weiter in die physische Ebene. Sie alle gehören zum Menschen. Er kennt also das Licht, das den Tag erhellt und das von der materiellen Sonne am Firmament ausgeht, oder von künstlichen Erzeugnissen wie etwa der Elektrizität oder auch von physischem Leuchten heraus. Wir kennen das Leuchten der Sterne in der Nacht am Himmel oder auch die leuchtenden Augen von Lebewesen in der Dunkelheit.

Wir kennen auf unserer mentalen Ebene den „Gedankenblitz", die „zündende Idee" oder auch weiter, in die psychische Ebene hinein, die Intuition.

Dann aber kennen wir auch das mystische Licht, oder das spirituelle Licht; jenes Licht, das in unserem Inneren aufleuchtet, wenn wir einer mystischen Arbeit nachgehen, sodass in uns eine innere Erleuchtung hervorgerufen werden kann, die alles erhellt.

Es ist interessant, wenn wir bedenken, dass „Licht" und „leicht" dieselbe Sprachwurzel haben. Im englischen ist es sogar dasselbe Wort: „light". So ist es also nicht weit hergeholt, wenn wir Licht und leicht in Zusammenhang bringen. Wenn etwas also „licht" wird, so wird es wohl auch „leicht". In der Seemannssprache kennt man zum Beispiel den Ausdruck „den Anker lichten", was das Schiff wieder in Bewegung setzt, oder „die Fracht lichten", was bedeutet, das Schiff entladen und dadurch leichter machen. So gewinnt das Schiff auch wieder an Fahrt.

„Es werde Licht!“ Wer kennt nicht diesen Gott zugesprochenen ersten Ausdruck, womit die Schöpfung begann. Oft können wir auch in den Einladungen lesen, wenn wir zur Konvokation unserer Städtegruppe aufgerufen werden, dass wir uns auf dem „Wege zum Licht“ zusammenfinden. Eine Fülle könnte man noch aufzählen, was uns sagen soll, von welchem Wert das Licht für uns ist.

Wenn wir uns im Dezember zur „Wiederkehr des Lichtes“ zusammenfinden, so tun wir dies in einer Jahreszeit, in welcher wir das Licht am meisten vermissen, denn es ist die Zeit der kürzesten Tage. Wenn wir dann die Wiederkehr des Lichtes feiern, so benützen wir diese äußere sinnliche Erfahrung, um in uns selbst das anzuregen, was durch die „Wiederkehr des Lichtes“ in uns auf der geistigen Ebene hervorgebracht werden soll. „Wie innen, so außen; wie oben, so unten“, lautet das hermetische Prinzip, das uns sagen will, das alles in Entsprechung ist.

Schon in den Atriumgraden werden wir damit vertraut gemacht, dass diese äußere Welt eigentlich ein Spiegel der inneren Welt ist. Ist es im Menschen „licht“, so wird sich dies auch in seinem Gemüt ausdrücken. Und es wird seine Gedanken und Empfindungen beeinflussen. Schließlich wird sich dies auch auf seine Welt übertragen und ihn für höhere Gedanken und Wahrnehmungen empfänglich machen.

Umgekehrt ist es ebenso: Wenn wir uns für lange Zeit in überwiegender Dunkelheit befinden, so sind wir geneigt, darauf zu achten, dass dies nicht unser Gemüt beeinträchtigt. Mangel an Licht ist wohl einer der

Gründe, warum der Mensch gerade in dieser Zeit mehr als sonst zur Schwermut neigt und im übertragenen Sinne „Lichter entzündet".

So hat er im Laufe der Jahrhunderte Bräuche entwickelt, die überwiegend dem Licht gewidmet sind, in den verschiedensten Vorstellungen. Weise Menschen waren dabei nicht unbeteiligt, und es haben sich Traditionen entwickelt, die wir bis heute pflegen.

Einer davon ist in unseren Breiten der Adventskranz, der von Johan Hinrich Wichern, einem Hamburger Theologen aus dem 19. Jahrhundert, eingeführt wurde. Damals waren es noch 19 und vier Kerzen, und dies wurde mit den Tagen des christlichen Advents begründet. Später wurden diese Kerzen immer mehr reduziert. Die ursprüngliche Zahl ist für uns interessant, da die Zahl 19 eine symbolische Zahl ist, welche auf neue Entwicklung hinweist. Die vier aber steht für die vier Elemente sowie die aus ihrer Harmonie zueinander entstehende Festigkeit, Stabilität und Ordnung.

In unserer Tradition gedenken wir dieser vier mystischen Elemente als Grundlagen der Schöpfung, indem man diese gerade zur „Wiederkehr des Lichtes" in Erinnerung bringt und daher vier Kerzen nacheinander entzündet, um den Weg der Höherentwicklung bis hin zur Quintessenz darzustellen, die dem Zustand der Erleuchtung gleichkommt. Meister Jesus, als Christus, hat man ebenso gerne als die Quintessenz bezeichnet, da jenes Christusbewusstsein, das dem Kosmischen Bewusstsein gleichkommt, auch das große Erstreben eines Rosenkreuzers ist.

Im Verlaufe unseres spirituellen Weges werden wir zur Erfahrung dieses höheren Bewusstseins gelangen, und es wird uns auf unserem Wege zur Meisterschaft unserer Persönlichkeit, hin zur Vervollkommnung begleiten. Es ist jenes hohe kosmische Licht, welches zugleich jenen Weg erhellt, der zu höherem Bewusstsein führt, das der Mystiker erstrebt.

So ist also der Monat Dezember für uns eine gute Gelegenheit, sich der Bedeutung des Lichtes bewusst zu werden und es in uns erfahrbar zu machen. Dieses Licht, von dem die Rosenkreuzer sich leiten lassen, ruft Leben hervor und schließlich jenes hohe Bewusstsein, das wir als die universale Liebe bezeichnen, das Gegensätze verbindet und schließlich den Menschen mit der Einheit.

„Licht ist eine Eigenschaft des Seins, denn das Sein leuchtet durch die Strahlung Seiner Energie, das aus Seiner immer währenden Bemühung zu sein erzeugt wird." So lautet eine Aussage im Rosenkreuzer-Ritual und zeigt damit an, dass Licht und Sein engstens miteinander verbunden sind. Es zeigt aber auch, dass es ein Akt des Bemühens ist, dass Licht also nicht von selbst kommt. Diese hohe Aussage gilt auch für den Menschen, ja ist auf dem Wege der Höherentwicklung eines der wichtigsten Prinzipien.

Wer Licht empfängt, wird sich auch beflügelt fühlen, etwas zu tun, um dieses Licht in der Welt zu manifestieren, damit es sinnvoll umgesetzt werden kann. Dies ist wohl einer der Gründe, warum Mystiker immer recht inspirierte Menschen sind. Dies erkennen sicherlich viele von Ihnen aus eigener Erfahrung. Und dies ist gut so, denn ist der Mensch nicht auch vor allem ein Wesen des Tuns?

Wenn er daher ein mit besonderen Eigenschaften ausgestattetes Wesen ist, so doch vor allem, um etwas damit zu bewirken.

So dürfen wir davon ausgehen, wenn wir der „Wiederkehr des Lichtes" gedenken, dass uns diese mystische Erfahrung schließlich inspirieren soll. Im mystischen Sinne wird das Fest zur Wiederkehr des Lichtes, dessen Höhepunkt nicht nur seit der christlichen Tradition, sondern darüber hinaus am 25. Dezember begangen wird, als der mystische Beginn des neuen Jahres angesehen.

Es ist eine symbolische Zahl, die das Christentum mit dem Mithras-Kult verbindet, der über die persische Kultur in die römische Kultur kam. Die 25 ist als eine symbolische Zahl sehr bedeutend und symbolisiert genau jenes Bewusstsein, das man dem römischen „Sol Invictus" und später Christus zuerkannte. Für die Rosenkreuzer ist dies in der mystischen Auslegung sehr aufschlussreich.

Wir können daran erkennen, dass diese Zeit stets von höchster Bedeutung war und die Menschen in den entsprechenden Kulturepochen sehr inspirierte. Dies dürfte kein Zufall sein, sondern geht einher mit der hohen Bedeutung, welche die Rosenkreuzer dieser Zeit, die in diesem hohen Tag gipfelt, zuerkannten.

Lassen wir uns ebenso von dieser Zeit inspirieren, verehrte Studierende, und wenn wir das hektische Treiben betrachten, das in unserer Konsumgesellschaft mit dieser Zeit einhergeht, so besinnen wir uns darauf, dass diese Zeit eigentlich eine Zeit der Einkehr und der Innenschau sein sollte. Wir sollten sie nutzen und können dabei jene mystische Erfahrung machen, wie Licht „entsteht" – wie die Erfahrung des Lichtes uns schließlich zum Größeren Licht führt, das wiederum vom Großen Licht ausgeht.

Es lohnt sich, darüber nachzudenken. Wir finden darin wieder jene drei Ebenen, von welchen die gesamte und ganzheitliche Schöpfung und der Mensch durchdrungen sind. Das Licht soll uns schließlich zum Inneren Licht führen, das wir in uns tragen und das immer wieder neu entzündet werden soll. Das Fest zur „Wiederkehr des Lichtes" erinnert uns an dieses Innere Licht, das uns schließlich „hinter dem Portal" erwartet.

Wenn wir es auch mit der Vorstellung „Frieden auf Erden" verbinden, so haben wir dem Licht eine hohe Bedeutung für den Menschen gegeben. Es lohnt sich daher für alle, sich der „Wiederkehr des Lichtes" zu widmen und es in seinem Gemüt Einzug halten zu lassen. Mit meinen besten Wünschen für diese Zeit. Möge wahrer, innerer Friede dabei stets mit Ihnen sein.

MEDITATION

„Ich bitte um eine Erfahrung der Wiederkehr des Lichtes."

Wir empfehlen eine Meditation über die mystische Bedeutung der Wiederkehr des Lichtes. In der vorhergehenden Botschaft wurde schon darauf eingegangen. Zur Vorbereitung sollten wir alles notieren, was uns jetzt dazu einfällt. Wenn wir durch unsere Kontemplation darüber unsere Vorarbeit vertieft haben, sollten wir zur Meditation übergehen.

Bereiten wir uns dann in gewohnter Weise auf unsere Meditation vor. Für die Meditation empfehlen wir, sich folgende Bitte zurecht zu legen, was auch mit eigenen Worten geschehen kann: „Ich bitte um eine Erfahrung der Wiederkehr des Lichtes." Diese Bitte sollten wir richtig plastisch auf unserem inneren Bildschirm visualisieren und dann, wenn wir sie aufrichtig mit unserem Gefühl verlebendigt haben, abgeben in den kosmischen Raum. Geben wir diese unsere aufrichtige Bitte dort ab und denken nicht mehr weiter daran. Anschließend bitte man den Gott seines Herzens, über uns frei zu verfügen, und trete dann, frei von allen Gedanken, in die Große Stille ein. Man beende diese Stille nach etwa sieben Minuten und achte auf die Eindrücke, die kamen oder noch kommen können. Anschließend bedanke man sich dafür und beende die Meditation.

Die Antwort aus dieser Meditation sollte man sich notieren. Dabei bleibe man in entspannter Haltung und achte bei den Notizen darauf, was die Intuition dabei übermittelt. Erfahrungen aus der Meditation können auch noch später einströmen, wenn wir vielleicht bereits zu unseren gewohnten Tätigkeiten zurückgekehrt sind.

VOM STREBEN NACH GLÜCK

Ist alles in unserem Leben schon vorgezeichnet, oder sind wir es, die das Leben bestimmen können? Dies ist eine Frage, die oft von Menschen gestellt wird; insbesondere dann, wenn sie sich in schwierigen Lebenssituationen befinden.

Die Rosenkreuzer-Lehren zeigen uns, dass wir unser Leben selbst in die Hand nehmen können. Was wäre sonst der tiefe Sinn des gesamten Weges, der Übungen und Meditationen? Trotzdem stoßen wir immer wieder auf Ereignisse, die auf uns einwirken, und von denen wir feststellen können, wie diese Weichen entscheidend für die Zukunft wirken.

Wenn wir unser Leben aufmerksam betrachten, so können wir darin zwei Erfahrungs- oder Ereignis-Abläufe feststellen, die wie zwei Stränge parallel zueinander laufen und sich gegenseitig beeinflussen: Der eine Strang ist jener, den wir durch unser Handeln und Tun auslösen – der andere jener, den uns das Schicksal vorgibt.

Ein Frater brachte einmal das Beispiel der beiden Nervensystem-Stränge, die unsere Wirbelsäule begleiten: der Sympaticus und der Parasympaticus. Der eine Strang des Sympaticus kann willentlich beeinflusst werden,

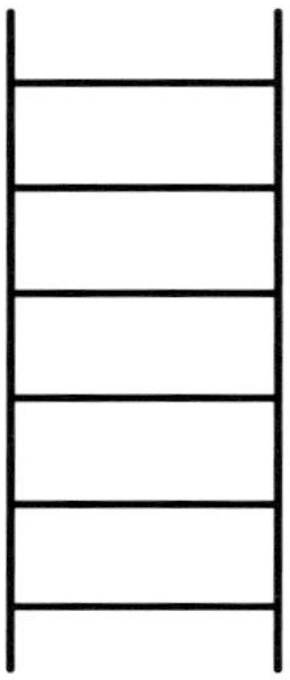

während der andere, als Parasympaticus bezeichnete Strang von unserem Inneren aus gesteuert wird und nicht dem direkten Willen des Menschen unterliegt. Verbunden sind diese beiden durch die Ganglien, wobei sich die Reaktionen des Sympaticus sowie des Parasympaticus begegnen. Der Sechste Tempelgrad gibt genauere Auskunft im Zusammenhang unserer Lehren wieder.

Wenn wir uns daher die Frage stellen, inwieweit wir unser Leben beeinflussen können, stellen wir eine ähnliche Reaktion fest: Wir können auf unser Leben großen Einfluss ausüben, denn wir sind es selbst, mittels unseres Willens und unseres Selbstbewusstseins, die unser Leben bestimmen; sei dies im Sinne des Lernens, des Gestaltens unseres Alltags, unseres privaten und beruflichen Lebens.

Wenn wir die Lehren der Atriumgrade heranziehen, so können wir diesen bereits die Rosenkreuzer-Lehre entnehmen, dass die Welt, wie sie uns begegnet, zugleich ein Spiegel unserer Persönlichkeit ist. Das heißt, dass uns im Leben Situationen und Ereignisse begegnen, die unsere Persönlichkeit und auch unser Verhalten widerspiegeln. Ungeachtet dessen haben wir unsere Fähigkeit, mittels unseres Verstandes, unserer Vernunft und unseres Willens, uns gemäß darauf einzugehen. Dies ist wie ein Zusammenspiel dieser beiden „Stränge", welche unser

Leben ausmachen. Zum einen finden wir unsere Welt vor, so, wie sie sich uns darstellt; zum anderen dient sie uns, entsprechend auf sie einzuwirken, um unser Leben nach unseren besten Vorstellungen zu gestalten. Dies wiederum wird Auswirkung auf jenen innerlich ausgerichteten Strang haben, der unsere Welt schließlich verändert.

Wenn wir zu diesem Vergleich der beiden Stränge – Sympaticus und Parasympaticus – zurückkehren, so ist es auch hier so: Der Sympaticus ermöglicht uns ein direktes Einwirken auf unsere körperliche Befindlichkeit. Der Parasympaticus schließlich beeinflusst von innen unseren körperlichen- und Gemüts-Haushalt und gibt uns somit eine Basis unseres Wesens vor, sowie die Möglichkeiten, entsprechend wie auf einer Klaviatur zu spielen.

Ähnlich ist es auch mit unserem Lebensraster. Die Welt, in der wir uns befinden – unsere ganz persönliche ebenso wie unsere gesellschaftliche – ist unsere Klaviatur, die uns zur Verfügung steht, um darauf unsere Lebensmelodie erstehen zu lassen. Dies könnten wir nicht ohne unser Vorstellungsvermögen über uns selbst, über unsere erkannten Möglichkeiten, über unsere Lebensgestaltung.

Im Sinne unseres zeitgemäßen Verständnisses könnten wir sagen: Input und Output. Das, was wir hineingeben, wird sein Echo haben und – gemäß unserer bisher bereits gebildeten Persönlichkeit – unsere Welt so verändern, dass sich unsere Klaviatur verändert; verfeinert, indem sie uns jene Möglichkeiten aufzeigt, die uns helfen, weiter durch unser persönliches Tun darauf einzuwirken.

Erkenne Dich Selbst

Je mehr wir dabei uns selbst erkennen, umso mehr haben wir die Möglichkeiten, sinnvoll unser Leben zu gestalten. Wir können uns aber nur selbst erkennen, wenn wir zulassen, dass der größte Teil unserer Persönlichkeit in uns verborgen ist. Mystik handelt vom Verborgenen; von jenem, was in uns ruht und ebenso wie die Schöpfung seine Ebenen hat, welche Bausteine unserer Persönlichkeit sind. Es ist fatal für eine Gesellschaft, wenn sie dieses Verborgene, das in uns ruht, verleugnet, denn der weit größte Teil unseres Wesens, unseres Selbstes ist genau dort. Dies ist der Grund, warum jeder seriöse und ernstzunehmende Weg zur Persönlichkeitsbildung mit diesem „Erkenne Dich Selbst" beginnt. So war es schon immer. Wenn wir unser Leben sinnvoll gestalten wollen, sodass wir in der Tat von uns sagen können, ein glückliches, erfülltes Leben zu führen, so kommen wir an diesem „Erkenne Dich Selbst" nicht vorbei. In unserem Inneren Selbst sind schließlich auch die Wege angelegt, die uns in die kosmischen Bereiche führen; in die höheren Ebenen unseres Seins, von wo jenes Glück strömt, das sich der Mensch ersehnt.

Wie viele Menschen ersehnen sich ein glückliches Leben, vermögen aber nur schwer einzusehen, dass man dafür auch etwas tun muss. Was aber ist Glück? Die Mehrheit der Menschen mag dieses Glück eher außen angesiedelt sehen, im Sinne von materiellem Erfolg und allem, was man braucht, um im „Wohlstand" zu leben. Was aber ist Wohlstand?

Glücksempfinden und auch Empfinden von Wohlstand sind eine recht subjektive Angelegenheit. „Es muss aus dem Inneren unseres Wesens kommen; sonst kann es kein Glück sein, sondern nur ein Befriedigen unserer Bequemlichkeit!" sagte eine Studierende einmal, von der mir bekannt ist, dass sie in der Vergangenheit kein leichtes Leben hatte. Darüber lässt sich nachdenken.

Was ist das größte Hindernis, Glück zu empfinden? Sind es nicht die inneren Zwänge, die so viele Menschen mit sich herumtragen – vor allem jene, derer man sich meist gar nicht bewusst ist. Oft nähren die Menschen ihre Zwänge aber immer wieder, mangels besseren Wissens. Der Alltag tut das seine dazu. Ist aber der Alltag nicht dazu da, um unserem Leben eine sichere Existenz zu geben, sowie eine Plattform, auf der sich unsere Persönlichkeit ausdrücken kann? Hier scheinen Mensch und Gesellschaft heute oft einen pervertierten gemeinsamen Weg zu gehen, nämlich dann, wenn Arbeit zum Zwang wird. Dann sollte man etwas daran ändern. Das erste dabei ist, Innenschau zu halten, um wieder zu erfahren, was die inneren Vorstellungen unseres Lebens sind, die nicht vom Äußeren Ich alleine, sondern vom Inneren Selbst erfahren werden sollen – von unserer Seelen-Persönlichkeit – dort, wo unser Innerer Meister angesiedelt ist, der stets bereit ist, uns zu helfen und den Weg zu weisen.

Vielleicht muss man hinzufügen, dass Glücklichsein nicht unbedingt mit den Vorstellungen von „angenehm" oder „unangenehm" zusammenfließen muss. Es kommt immer darauf an, woher dieses angenehm oder unangenehm kommt. Oft meiden wir notwendige Schritte, nur weil sie uns unangenehm sind. Und oft stehen wir selbst unserem Glück im Wege, weil wir nur das Angenehme oder Bequeme suchen. Daher ist es immer von Bedeutung, dass wir hierbei auf unser Inneres achten, das uns zeigt, ob das, womit wir gerade befasst sind, für uns akzeptabel ist oder nicht; unabhängig davon, ob dies für uns gerade angenehm oder weniger angenehm ist. Dies hilft uns auch zu unterscheiden, ob wir uns nur von unserem Ego alleine leiten lassen oder doch mehr von unserer wahren Persönlichkeit. Diese wiederum weiß recht genau, wo das Leben ist, das in der Tat zu uns gehört, und wo wir uns glücklich fühlen können, trotz aller notwendigen Anforderungen, die zu unserem Leben ebenso gehören. Wir haben nur einen einzigen Zeitraum zur Verfügung, in dem wir unser Leben gestalten können; und dies ist die Gegenwart. Daher sollten wir uns nicht allzu sehr auf das Morgen verlassen, sondern darauf, was wir jetzt tun können.

Es sind die geistigen Schlacken der Trägheit, welche uns oft den Weg versperren, der uns zu diesem wahren Glücklichsein führt. Auch hier sehen wir wieder einen Grund, warum dieses „Erkenne Dich Selbst" so von Bedeutung ist. Es hilft uns, diese Schlacken zu lösen, um den Strom der Lebensfreude besser fließen zu lassen.

Mystik schließlich führt uns über unser Inneres Selbst zu den höheren Bereichen unseres Seins, sowie auch der Schöpfung. Sie zeigt uns die Wege auf, wie wir zum Kosmischen Bewusstsein gelangen können, mit dem wir über unser Inneres Selbst und unser Über-Selbst verbunden sind. Damit uns der Weg zu uns selbst und darüber hinaus in die höheren Bereiche unseres Wesens und des Seins immer besser gelingt, stehen uns die Meditationen, die Konvokationen mit anderen Brüdern und Schwestern, die gleich uns diesen Weg beschreiten, sowie unsere Abstimmungen im eigenen Heimsanktuarium zur

Verfügung. Und schließlich lässt uns die spirituelle Leiter der Initiationen immer weiter auf dem Wege der wahren Selbstverwirklichung voranschreiten.

Immer wird es ein Weg der Tat und der rechten Aufnahmefähigkeit sein, sowie der Widerspiegelung unseres Selbstes, welches unser Leben mitbestimmt. Doch nicht nur wir selbst bestimmen unser Leben, sondern es ist auch mitgeprägt von der Gesellschaft, in der wir leben. Diese ist für uns ebenso von Bedeutung, denn sie wird Einfluss auf uns haben. Dies soll sie auch, denn sie spiegelt schließlich auch unser inneres Wesen wider. Und dies ebenfalls auf zwei Wegen: einerseits, indem sie für uns eine Fläche der Verwirklichung bietet; andererseits, weil unser Verhalten in dieser Gesellschaft ein Spiegelbild über uns selbst darstellt. Da sollten wir schon darauf achten, in welcher Gesellschaft wir leben. Wenn wir nur von egoistisch eingestellten Menschen umgeben sind, bzw. von einer gleichgültigen Gesellschaft, so wird unsere Persönlichkeit sich nur schwer entfalten können und läuft Gefahr, nur von deren Ego-Willen umgeben zu sein. Ist unsere Gesellschaft eine, die das Leben differenziert betrachtet und einen aufbauenden Gemeinschaftsgeist entwickelt hat, so wird dies unserer Seelen-Persönlichkeit sehr wohl tun.

Und auch wir sollten das unsere dazu beitragen, dass diese Gesellschaft so wohltuend aufbauend erhalten bleibt, was zu kreativem Verhalten und gemeinsam stärkenden Ideen und Wahrnehmungen beitragen wird. Dies ist nicht selbstverständlich in unserer materiell geprägten Welt und will immer wieder erworben sein.

So können wir erkennen, wie unser eigenes Verhalten maßgeblich von uns selbst ausgehen muss, auch wenn wir die Widrigkeiten des Lebens nicht immer ausschließen können. Vielleicht gerade dann sollte man erst recht etwas tun und unseren Input sozusagen verändern. Wenn wir das Eingangsbild dieser beiden Stränge – die wir mit dem Sympaticus und dem Parasympaticus der Nervenstränge verglichen haben – wieder zu Rate ziehen, so können wir dem entnehmen, dass die Art unseres äußeren Verhaltens und unseres Tuns doch maßgeblichen Anteil daran hat, wie der symbolische „Parasympaticus" reagiert – der für die Spielwiese unseres Lebens sorgt, auf der wir alles vorfinden, was wir für ein sinnvolles, kreatives, aufbauendes Leben benötigen.

Es ist dabei nicht so entscheidend, in welchem äußeren „Wohlstandsverhältnis" wir stehen. Entscheidend ist, wie wir dazu stehen und wie wir die Möglichkeiten nutzen, die es in jeder Lebenssituation gibt. Darüber nachzudenken, die entsprechenden inneren Antworten zuzulassen und schließlich danach zu handeln – dies ist für ein sinnvolles, kreatives, aufbauendes Leben von großer Bedeutung. Es sollte eine der grundlegenden Verhaltensweisen unseres Lebens sein.

Bei diesem In-sich-Hineinhören sollten wir allerdings über unsere Schwelle der unaufgearbeiteten Ängste und Zwänge hinausgehen. Wir sollten dorthin hören, wo unser tatsächliches Inneres ist, das wir erreichen, wenn wir dieses Hindernis überschritten haben. Für eine richtige Meditation ist dies von besonderer Bedeutung. Für unsere wirkliche positive, aufbauende Lebensgestaltung gilt dies ebenso: Für jede Fortentwicklung gilt es eine Hürde zu überwinden.

Das Hängenbleiben an dieser Hürde ist meist geprägt von vier hinderlichen abträglichen Eigenschaften wie: Ängste, Zwänge, Trägheit und Intoleranz. Wenn wir diese erkannt haben, so haben wir bereits vieles für das Ebnen des Weges zu unserem wahren Inneren Selbst getan.

Ängste dürfen wir dabei nicht mit notwendiger Umsicht verwechseln, die wir für unser Leben brauchen; Zwänge dürfen wir auch nicht mit Verpflichtungen verwechseln, die wir in unserem Leben haben und die ein wichtiger Teil unserer Entwicklung sind; Trägheit dürfen wir auch nicht mit notwendiger Muße verwechseln, die ebenso zu unserem Leben gehört; und Intoleranz sollten wir auch nicht mit der oft notwendigen Entscheidung: „Bis hierher und nicht weiter" verwechseln, da Toleranz sonst zu undifferenziertem Akzeptieren verkommen könnte.

Wir sehen schon, verehrte Studierende, ohne differenziertes Wahrnehmen in unseren Neigungen und in unserer Beziehung zu unserer Mitwelt kommen wir nicht weiter. Dieses brauchen wir, wie auch die notwendige „Beherztheit" im Leben. Herzensbildung ist ebenso von Bedeutung für den Menschen, denn mit Wissen alleine kommen wir nicht weiter, wenn nicht auch das Herz mit im Spiel ist, sowie Achtung und Respekt dem anderen gegenüber. Dies sind die Maßstäbe, die wir brauchen und die wir unserer Willensbildung zugrunde legen sollten.

Mit meinen besten Wünschen für Ihren persönlichen Weg im Zeichen des Rosenkreuzes. Möge wahrer, innerer Friede Sie dabei stets begleiten.

MEDITATION

„Was bedeutet für mich Glück?“

Wir empfehlen eine Meditation über das persönliche Glücksempfinden. In der vorhergehenden Botschaft wurde schon darauf eingegangen. Zur Vorbereitung sollten wir alles notieren, was uns jetzt dazu einfällt. Wenn wir durch unsere Kontemplation darüber unsere Vorarbeit vertieft haben, sollten wir zur Meditation übergehen.

Bereiten wir uns dann für eine Meditation vor, um von innen heraus jene Antwort zu erfahren, die unserer Seele entspricht. Für die Meditation empfehlen wir, sich folgende Frage zurecht zu legen, was auch mit eigenen Worten geschehen kann: „Was bedeutet für mich Glück?"

Diese Frage sollten wir richtig plastisch auf unserem inneren Bildschirm visualisieren und dann, wenn wir sie aufrichtig mit unserem Gefühl verlebendigt haben, abgeben in den kosmischen Raum. Geben wir diese unsere aufrichtige Frage und Bitte um eine Antwort ab in den Kosmischen Raum und denken nicht mehr weiter daran.

Anschließend bitte man den Gott seines Herzens, über uns frei zu verfügen, und trete dann, frei von allen Gedanken, in die Große Stille ein. Man beende diese Stille nach etwa sieben Minuten und achte auf die Eindrücke, die kamen oder noch kommen können. Anschließend bedanke man sich dafür und beende die Meditation.

Die Antwort aus dieser Meditation sollte man sich notieren. Dabei bleibe man in entspannter Haltung und achte bei den Notizen darauf, was die Intuition dabei übermittelt. Erfahrungen aus der Meditation können auch noch später einströmen, wenn wir vielleicht bereits zu unseren gewohnten Tätigkeiten zurückgekehrt sind.

DIE ERFAHRUNG DER STILLE

Wenn wir uns die Welt von heute betrachten, so können wir doch erkennen, inwieweit sie grundverschieden von jener des alten Jahrhunderts ist. Man könnte geradezu sagen, dass wir uns in Umwälzungen befinden, die Geist und Bewusstsein des Menschen von morgen gänzlich verschieden erscheinen lassen. Das Schlagwort für diese Veränderung heißt EDV bzw. Computer-Technologie oder auch Internet. Dies ermöglichte bislang eine Vielfalt, wie sie vor 40 Jahren noch den Vorstellungen der wenigsten Menschen entsprach. Die Welt ist mittlerweile so vernetzt, dass selbst der Beduine in seinem Wüstenzelt mit der ganzen Welt kommunizieren kann.

Natürlich hat dies seine Auswirkungen, die auch Nachteile mit sich bringen; und die Welt wird nicht umhin kommen, eine neue diesbezügliche Ethik zu entwickeln, die den Menschen zugänglich gemacht werden muss. Wir sind also bereits im neuen Zeitalter angekommen, und was den Kindern ganz selbstverständlich ist, bringt die ältere Generation doch noch sehr zum Staunen – gerade auch, was die Kenntnisse der Jugendlichen in dieser Hinsicht betrifft.

Eine Welt ohne Computer? Kann es so etwas geben? Es gab diese Welt in der noch jüngeren Vergangenheit, die man im Vergleich zu heute und morgen mehr als analoges Zeitalter betrachten kann. Dieser Vergangenheit gegenüber ist die Welt von heute doch sehr digital geprägt, und dies nicht nur technisch gesehen. Auch das Bewusstsein des Menschen wird immer digitaler, je mehr es sich in der Cyber-Welt bewegt. Eine Scheinwelt, könnte man vermuten. Man kommuniziert, ohne sich zu begegnen.

Dies erlaubt eine gewisse Anonymität. Das hat Vorteile und Nachteile. Die Vorteile liegen vielleicht darin, dass viele ihre Scheu verlieren, der sie bei persönlichen Begegnungen leichter ausgesetzt sind – wobei eine gewisse Scheu durchaus menschlich ist. Sie kommt aus Respekt dem anderen gegenüber. Wir sprechen nicht von einer psychotischen Scheu, die nicht gut wäre, als vielmehr von einer natürlichen. Der Respekt dem anderen gegenüber ist doch eine wichtige menschliche Eigenschaft, die einer Wertschätzung des Mitmenschen entspricht. Wenn man sich einem Menschen direkt gegenüber befindet, so ist eine gesunde Scheu vorhanden, die einhergeht mit der direkten Erfahrung des Menschen. Denn wenn diese mit ihrer ganzen Persönlichkeit erspürt werden kann, so erwächst daraus ein Kennenlernen, das einen gesunden Respekt vor dem anderen hervorruft.

Dies ist eine menschliche Eigenschaft, die sich bei digitalem Kennenlernen kaum ergibt, da der andere nur eine digitale Erscheinung ist. Das Bild, das man auf dem Bildschirm erkennt, ist nicht der Mensch. Es ist nur ein äußeres Abbild, und man braucht schon sehr viel Erfahrung, um daraus in der Tat einen Kontakt herzustellen, der einer persönlichen Begegnung nahekommen könnte. Wenn man den Menschen auf dem Bildschirm schon persönlich kennt, so ist unsere Begegnung sehr von der Erinnerung an diesen Menschen und den Erfahrungen mit ihm geprägt. Sehen wir diesen Menschen zum ersten Mal, so dominiert unser kollektives Erinnerungsvermögen über Menschen ganz allgemein.

Diese Cyber-Welt, wie sie bereits zur Normalität geworden ist, kann man kaum mit der direkten Erfahrung mit einer Persönlichkeit vergleichen. Denn eine solche direkte Begegnung ist wesentlich vielschichtiger. Wir erfahren den Menschen mit seiner Psyche. Wir erfahren nicht nur ein Abbild eines Menschen, an dem wir uns vielleicht erfreuen können, weil es ein angenehmes Abbild ist, bzw. weil es in unserer Erinnerung Vergleiche hervorruft, die dem Abbild entsprechen. Das Wesen Mensch ist es aber nicht. Würde man hier einseitig werden und nur noch elektronisch kommunizieren, ginge etwas verloren. Dies könnte sich bei Menschen mit mehr labiler Verfassung so gestalten, dass sie direkte Begegnungen kaum mehr gewohnt wären und diese sogar als Bedrohung erleben würden.

Allgemein kann man sagen, dass die Reaktionen auf eine elektronische oder eine direkte Begegnung Verschiedenes bewirken. Daher ist in unserem digitalen

Zeitalter die persönliche Begegnung von besonderer Bedeutung geworden. Die psychologischen Praxen von heute sind voll von zerrissenen Menschen, in denen sich, obwohl sie mit der Welt verbunden sind, ungute Symptome aus Kontaktarmut zur Zerrissenheit intensiviert haben. Damit gehen ein großes Misstrauen und Sich-verloren-Fühlen einher.

Wir Menschen brauchen die zwischenmenschliche Begegnung; schon alleine, um den anderen auch auf gesunder Basis wahrnehmen zu können. Es ist auch ein großer Unterschied, ob man sich über das Internet belehren lässt oder durch persönliche Begegnung. Wissen ist nicht gleich Wissen. Selbst wenn alles richtig wäre, was da geschrieben ist – und hier ist große Vorsicht geboten –, so ist es doch ein großer Unterschied, ob man nur etwas Gelesenes aufnimmt oder etwas durch persönliche Begegnung übermittelt bekommt. Beides hat seinen Wert, wie wir wissen. Es kommt aber auf gesunde Ausgewogenheit an.

Immer mehr erleben wir in unserer Gesellschaft, wie Menschen heute nur noch zusammenkommen, um etwas durchzuführen, weil dies auf digitalem Wege noch zu schwierig wäre oder nicht möglich ist. Der selbstverständliche zwischenmenschliche Kontakt durch Begegnungen, die nicht von einem gesetzten Termin abhängig sind, wird immer seltener.

Alles läuft nach einem Terminplan, und es ist geradezu, als würde man wie eine Biene nur von einer Blume zur anderen fliegen, um lediglich aufzusammeln, statt einen nicht von Termindruck beherrschten harmonisch-freudigen

Umgang zu pflegen. Zwischenmenschliche Begegnung beschränken sich dabei immer mehr auf Notwendiges oder auf besondere Events, verlieren also an Normalität. Diese zwischenmenschliche Normalität gewinnt dadurch immer mehr an Wert, weil das Sich-Zeit-lassen für viele beinahe Luxus ist.

Wozu ist der Mensch eigentlich bestimmt? Eine Frage, die man sich selbst von Zeit zu Zeit stellen sollte. Ist er nur ein Informations-Sammler und ein sich durch irgendein Event Abreagierender, oder besteht das Leben aus mehr? Was bedeutet es, ein bereicherndes Leben zu führen?

Es ist wichtig, das Wesen in seinem Inneren wahrzunehmen. Den anderen wirklich in seiner menschlich-mystischen oder spirituellen Beschaffenheit wahrzunehmen, ist nicht einfach nur ein Wahrnehmen von „Schwingungsverhältnissen". Das ist nicht der Mensch, sondern nur das, was er abstrahlt. Diese beschränkte Wahrnehmung ist eigentlich nur eine Reaktion auf die Ausstrahlung einer Persönlichkeit und nicht das Wesen selbst.

Menschlich zu bleiben; die ethischen Werte zu pflegen; sich zu fordern und trotzdem in seiner Balance zu bleiben oder diese immer wieder anzustreben; nicht zu glauben, man müsse Nächte „durchsurfen", um am Ball zu bleiben; nicht nur ein geistig durchgestyltes Wesen zu sein, sondern menschlich; über menschliche Herzenswärme und Tiefgang verfügen – dies ist der Reichtum des Menschen, der ihn ein erfülltes Leben leben lässt. Hier müssen wir uns selbst immer wieder prüfen, inwieweit uns nicht nur wichtig ist, ein großer Wissender zu werden, sondern auch, dass wir unseren menschlichen Reichtum vermehren, der sich insbesondere an den zwischenmenschlichen Beziehungen messen lassen muss.

Die Einsamkeit der Menschen mag für manche Menschen ein Problem sein; trotzdem raten wir, von Zeit zu Zeit das Alleinsein mit sich zu pflegen, um sich dadurch wieder näherzukommen. Dieses Sich-Näherkommen brauchen wir, da wir damit lernen, uns wahrzunehmen, wie wir wirklich sind.

Die Erfahrung der Stille

Der Alltag bringt es oft mit sich, dass wir im Grunde nur noch reagieren. Sicherlich können wir daraus ebenso Rückschlüsse ziehen, doch ersetzt es nicht das Kennenlernen von uns selbst in der Stille. Im Allgemeinen lässt sich erkennen, dass sich die Erfahrung der Stille in Stufen vollzieht. Um uns selbst zu erfahren, müssen wir erst einmal selbst zur Ruhe kommen.

Stufe 1: In dieser ersten Stufe der Suche nach der Stille müssen wir erst einmal unsere Unruhe besänftigen, die sich durch ständiges Reagieren auf die Umwelt aufbaut. Dies erkennen wir daran, dass unsere Gedanken und unsere Empfindungen um unzählige Dinge kreisen, mit denen wir beschäftigt waren. Davon sollten wir uns befreien, denn mit ihnen werden wir diese aufbauende Stille nur sehr bedingt erreichen.

Stufe 2: Erst wenn wir einigermaßen zur Ruhe gekommen sind, sollten wir eine Kerze entzünden und dann einfach ihr Licht auf uns wirken lassen. Wenn wir den

Schein der Kerzenflamme betrachten, so befinden wir uns in der zweiten Stufe unserer Reise in unser inneres Wesen. Wir denken nicht mehr äußerlich, sondern erfahren nun eine andere Ebene der Wahrnehmung, die aus unserem Inneren fließt.

Stufe 3: Dann, wenn wir den Schein der Kerzenflamme für eine Weile betrachtet und eine andere, mehr innere Wahrnehmung erreicht haben, lösen wir uns von dem Kerzenschein und verweilen einfach nur noch im Verbund mit unserem inneren Wesen, das sich sanft und liebevoll mit uns vereint. In diesem Zustand wollen wir nichts, sondern fühlen uns nur mit unserer Seele verbunden.

Wir können nun die Seelen-Kräfte spüren, die durch diese Harmonie zu fließen beginnen – und wir fühlen uns vereint.

Diese Übung ist zugleich eine wunderbare Hilfe, um uns in der Unterscheidung zwischen unserer äußeren Individualität und unserer inneren Seelen-Persönlichkeit zu üben.

Wenn es in unseren Lehren heißt, wie wichtig es für unsere Entwicklung zur Meisterschaft unseres Lebens ist zu erkennen, dass wir eine Individualität für dieses Leben, für diese Inkarnation haben, dass aber unser eigentliches Wesen unsere innere Seelen-Persönlichkeit ist, so ist es notwendig, diese Erfahrung zu machen.

Ganz gleich, ob wir in diesem Leben Frau oder Mann sind, ist es unsere Seelen-Persönlichkeit nicht; sie ist frei davon.

Wer also bin ich? Durch diese oben angeführte Übung können wir uns näher kommen. Dies wird eine Bereicherung sein, die uns immer mehr Gewissheit über uns verschafft und unsere inneren Kräfte zum Fließen bringt.

Lassen wir uns auf uns selbst ein, verehrte Studierende. Dies ist für unsere Entwicklung sehr wichtig. Wie viele Menschen wissen nicht, wer sie sind. Sie haben sich nie die Mühe gemacht, sich kennenzulernen. Sich kennenlernen ist aber nicht einfach nur ein experimenteller Prozess. Sich kennenlernen heißt vor allem: sich vertraut werden. Es ist die Vertrautheit mit uns, die wir brauchen. Wir müssen uns dabei nicht zum Studienobjekt machen. Dies wäre eigentlich schade. Mit sich selbst vertraut zu werden, ist das Wichtigste dabei. Alles andere erwächst daraus.

Das, was wir immer empfehlen, dass man mit dem Weg des Rosenkreuzes vertraut werden muss, um ihn zu verstehen und um seine hohen Kräfte und sein hohes Wissen in uns aufgehen zu lassen, gilt auch für uns selbst. Wie sollte es anders sein?

Ein großes Geheimnis, das dazu dient, ein Wissender zu werden ist, besteht darin, Vertrauen zu entwickeln. Erst durch dieses Vertrauen kann dieser Fluss wirksam sein. Dass es so ist, können wir auf wunderbare Weise an uns selbst durch das vertraut werden mit uns selbst erkennen.

Solange wir kein Vertrauen zu uns gewinnen, zu uns selbst – das heißt, zu unserer inneren Seelen-Persönlichkeit –, sind wir noch nicht zu uns selbst gelangt. Dieser

Bund mit uns selbst ist eine wichtige Stufe, um den nächsten Schritt des hohen Bundes zu wagen: den Bund mit unserem Höheren Selbst, womit wir die kosmische Welt berühren.

Mögen diese Gedanken, verehrte Studierende der Rosenkreuzer-Lehren, Ihnen Hilfe auf Ihrem weiteren Wege zu sich selbst sein.

MEDITATION

„Was bedeutet die Erfahrung der Stille für meine Entwicklung?“

Wir empfehlen Ihnen eine Meditation über die Bedeutung der Erlangung der Stille in uns. Diese Meditation soll uns tiefer erfahren lassen, was die Stille für uns bedeuten kann, und wie wir sie in uns erfahren können. Eine Antwort aus dem Inneren wird dazu beitragen, mehr mit der Stille vertraut zu werden. Zur Vorbereitung sollten Sie notieren, was Ihnen im Vorfeld dazu bereits einfällt. Wenn wir durch unsere Kontemplation darüber unsere Vorarbeit vertieft haben, sollten wir zur Meditation übergehen.

Bereiten wir uns dann für eine Meditation vor, um von innen heraus jene Antwort zu erfahren, die unserer Seele entspricht. Für die Meditation empfehlen wir, sich folgende Bitte zurechtzulegen, was auch mit eigenen Worten geschehen kann: „Was bedeutet die Erfahrung der Stille für meine Entwicklung?"

Diese Frage sollten wir richtig plastisch auf unserem inneren Bildschirm visualisieren und dann, wenn wir sie aufrichtig mit unserem Gefühl verlebendigt haben, abgeben in den kosmischen Raum. Geben wir diese unsere aufrichtige Frage und Bitte um eine Antwort ab in den Kosmischen Raum und denken nicht mehr weiter daran. Anschließend bitte man den Gott seines Herzens, über uns frei zu verfügen, und trete dann, frei von allen Gedanken, in die Große Stille ein.

Man beende diese Stille nach etwa sieben Minuten und achte auf die Eindrücke, die kamen oder noch kommen können. Anschließend bedanke man sich dafür und beende die Meditation. Die Antworten aus dieser Meditation sollte man sich notieren.

STÄRKUNG DER GEDANKEN AUS DEM REICH DER SEELE

Mit der Herausgabe eines neuen rosenkreuzerischen Manifestes, der „Appellatio Fraternitatis Rosae Crucis", tritt der Orden wieder einmal an die Öffentlichkeit mit einem Appell an die Herzen und die Vernunft der Menschen, um auf die Gefahren der Gegenwart aufmerksam zu machen und aufzuzeigen, wie man ihnen heute begegnen kann. Es ist das vierte rosenkreuzerische Manifest – man bezieht auch gerne die „Chymische Hochzeit des Christiani Rosenkreutz" mit ein, sodass es mit ihr das fünfte wäre. Allerdings hat diese in der Tat einen Autor, nämlich Johann Valentin Andreae.

Die „Appellatio", wenn wir sie in der Kurzform einfach so nennen wollen, ist sehr geeignet, um sie an Menschen weiterzugeben, von denen man annimmt, dass die dargelegten Gedanken darin für sie von Interesse sein können. Es ist für mich gut vorstellbar, dass auch in vielen von Ihnen der Wunsch entsteht, diese weiterzugeben, denn der Inhalt ist für alle Menschen guten Geistes bestimmt. Sie können daher weitere Exemplare anfordern oder der Großloge Anschriften nennen, wohin man diese weitergeben kann. Man findet die Appellatio natürlich auch auf unserer Webseite.

Die Appellatio erscheint genau 400 Jahre nach dem Bekanntwerden des ersten Manifestes, der Fama Fraternitatis Rosae Crucis, was natürlich kein Zufall ist. In der Mystik zählt man gerne epochale Veränderungen von Kultur und Gesellschaft in einem 400-Jahres-Takt. Auch heute brechen die Menschen in eine neue Zeit auf, die sich in den vergangenen Jahrzehnten schon vorbereitet hat. Die Menschheit steht vor großen Veränderungen, aber auch vor großen Aufgaben für die Zukunft. Die Medien, die heute für die Menschheit schon selbstverständlich geworden sind, sind ganz typisch für das neue Zeitalter, in der Kommunikation das große Motto ist.

Mehr denn je stellt man heute fest, dass es die Menschen in der Hand haben, wie unsere Mutter Erde für die Zukunft ausgestattet sein wird – und wie der Mensch zu ihr steht, aber auch zu sich selbst als ein Glied der Menschheit. Daher werden in diesem Manifest neben Ökologie vor allem der Mangel an Spiritualität und Humanismus angesprochen. Wenn wir heute die Fülle des Esoterik-Marktes betrachten, könnte man meinen, die Menschen wären mit Spiritualität gut versorgt. Doch ist dies wirklich so? Der Appell, wieder mehr auf die spirituelle Pflege seines Wesens zu achten, lädt ein, darüber nachzudenken, was Spiritualität wirklich ist.

Und jeder ist im Grunde angehalten, darüber nachzudenken, wie sein Beitrag zu diesen drei Themen Ökologie, Humanismus und Spiritualität aussehen kann.

Es ist hilfreich, sich ins Gedächtnis zu rufen, dass jede Veränderung stets auf der eigenen geistigen Ebene beginnt. Es reicht dabei allerdings nicht aus, sich damit zu begnügen, dass alles geistig sei, in der falschen Annahme, dass man sich nur geistig alles ausdenken möge, dann werde es schon gelingen.

Zu den ganz besonderen menschlichen Eigenschaften gehört es, dass er neben seinen geistigen Erkenntnissen und Erfahrungen auch praktisch tätig ist. Das heißt, dass die geistige Arbeit mit der praktischen einhergehen soll. Dies gebietet uns das Gesetz des Dreiecks. Würde die praktische Tätigkeit fehlen, käme dies der falschen Anwendung des Gesetzes vom Dreieck gleich, indem man die Dinge am ersten Punkt stehen ließe und alle Impulse, die nunmehr als Konsequenz kommen und zur praktischen Umsetzung anregen, unbeachtet lassen würde.

Daher gebietet es uns die Dualität allen Seins, welche der Mensch in sich trägt, dass wir diese beiden Gegebenheiten:

1) die durch die lebendige Visualisation eingebrachte zündende Idee – sowie

2) die in unserer Umwelt sich bietende Umsetzung der Gegebenheiten, die durch die Visualisation in Erscheinung treten, zusammenbringen.

Dann kann eine neue Manifestation entstehen, und unsere Idee, die wir in eine Visualisation umgesetzt haben, gelangt durch die daraus erfolgende Tat zum Erfolg. Dies ist schöpferisches Tätigsein.

Daher befürworten die Rosenkreuzer nicht, einfach zu glauben und sich nur noch in das stille Kämmerlein zu setzen, in der Annahme, damit wäre dem Guten Genüge getan. Wir alle wissen zwar durch unsere hohen Erfahrungen, wie wertvoll dies ist. Der zweite dazugehörige Teil ist aber auch wichtig, nämlich sich der daraus bietenden praktischen Umsetzung zuzuwenden. Und diese ist erforderlich. Das ist ein kosmisches Gesetz. Es liegt an uns, dies herauszufinden. Dies ist der Hintergrund, warum auch geistig inspirierte Menschen oft sehr tätig sind. In unseren Städtegruppen finden wir eine Fülle an Beispielen davon.

Oft sind es gerade jene Gegebenheiten als Gelegenheiten zur praktischen Umsetzung, die beinahe ins Auge springen, die wir aber oft nicht annehmen wollen, weil sie uns nicht opportun genug erscheinen; oder vielleicht sogar als zu hoch für uns – oder entgegengesetzt als zu profan. Wie oft erkennen wir etwas gerade deswegen nicht, weil es uns zu nahe ist. Würden wir aber auf unser Inneres lauschen, so könnten wir den zarten Hinweis vernehmen, gerade dies nun aufzugreifen. Es kann auch sein, dass sich die Gelegenheit zu handeln ganz sachte neben uns auftut und sich immer wieder bei uns meldet, wir es aber nicht glauben mögen, da es uns zu unscheinbar erscheint. Wir sehen, hier ist gerade die Intuition gefragt und – das Vertrauen in unsere Intuition. Über eines aber dürfen wir bei unserer Arbeit an einem erfolgreichen Leben sicher sein: Das Gesetz des Dreiecks wirkt. Eine lebendige Visualisation ruft immer eine Wirkung hervor. Es liegt dann an uns, die sich daraus ergebenden Gelegenheiten anzupacken und umzusetzen.

Die Lehren unseres Ordens, aber auch die Manifeste, die für alle Menschen bestimmt sind, weisen darauf hin, dass es immer am Menschen liegt, was er aus den Gelegenheiten macht. Er kann sie vorüberziehen lassen oder aufgreifen. Einem sogenannten „ungerechten Gott" alles anzulasten, was beim Menschen schief läuft, würde bedeuten, es sich zu leicht zu machen. Gemäß dem Gesetz des Karmas und der Kausalität leben wir in den Umständen, die wir in der Vergangenheit selbst hervorgerufen haben. Dies gilt für den Menschen ebenso wie für die Menschheit. Dies aber soll uns eher ermuntern, gerade deshalb unser Leben in die Hand zu nehmen. Wertvollere Werkzeuge als jene, die uns in den Lehren übergeben werden, wird es kaum geben. Der Erfolg aber zeigt sich in der Anwendung!

Das Gesetz des Karmas, also von Ursache und Wirkung, das absolut gerecht ist, zeigt uns aber auch, dass es barmherzig ist, da es uns immer wieder darauf hinweist, wie wir etwas im Leben verändern und zum Guten wenden können. Oft sehen wir nur nicht wie, obwohl wir von Gelegenheiten umgeben sind. Es geht hier dem Menschen oft so wie einem, der ungesunde Ernährung pflegt und dies ändern möchte. Er ist aber an die ungesunde Ernährung so gewöhnt, dass ihm jede andere als geschmacklos oder unangenehm schmeckend erscheint. Dies ist oft kein Wunder, da er bereits schon von Kindheit an diese Ernährung gewöhnt und dadurch stark in dieser Richtung programmiert ist.

Genau so geht es uns oft auch mit unserem Leben. Wir möchten etwas an uns verändern. Sodann erkennen wir, dass wir unser bisheriges Handeln ändern müssen, woran wir aber so gewöhnt sind, dass uns jede Veränderung, die wir daraus erfahren, als schädlich erscheint. Sind wir aber hartnäckig unserer Ichhaftigkeit gegenüber, wird langsam eine Veränderung eintreten, und es braucht einige Zeit, bis wir erkennen, dass diese erst scheinbar „schädliche" Veränderung in Wirklichkeit gut für uns war. Dies geht nicht von heute auf morgen, sondern benötigt das, was die Grundlage für jede Veränderung und daher für die Welt der Entwicklung, in der wir uns befinden, grundlegend ist: Zeit und Geduld! Diese beiden Eigenschaften sind der eigentliche Luxus unserer Zeit.

Wie oft vereitelt man selbst seine Vorhaben, weil man nicht abwarten kann. Es ist eine Eigenart unserer Zeit, dass man etwas will. Wenn es aber nicht gleich geschieht, verliert man schon die Lust daran. Man verkennt dabei, dass dies im Grunde einer Missachtung gleichkommt. Es ist geradezu so, dass man den Kosmos zwar bemüht, ihm aber nicht gestattet zu wirken. Dadurch, dass heute alles an Informationen in Überfülle vorhanden ist, glaubt man, dass man etwas verpasse, wenn sich nicht sofort das einstellt, was man sich erhofft; und schon schwirrt man zum Nächsten. So aber kann Erfolg sich nicht einstellen. Es kann sich nichts manifestieren. Unweigerlich wird man in diesem Fall die enttäuschende Feststellung machen müssen, dass man am Ende auf der Strecke bleiben wird.

Heute, in der Überfülle unserer Informations-Gesellschaft, müssen wir oft erfahren, dass die Welt oberflächlicher geworden ist, als dies in der Vergangenheit der Fall war. Warum ist dies so? Viele Menschen leben in der vermeintlichen Überzeugung, man müsse nur so viele Informationen wie möglich in sich hineinziehen, um gut fundamentiert für das Leben zu sein. Dies kann aber sehr schnell ein „Schuss nach hinten" werden, wie der Volksmund sagt. So kann es dem Menschen ergehen, wie den heutigen Nachrichten- und Informations-Kanälen: Ein Ereignis wird aufgegriffen, das man für Informationswert erachtet, und in allen diesen Kanälen erfahren wir immer wieder das Gleiche – und dies oft unzureichend fokussiert, oft auch nur von anderen abgeschaut, ohne seriös hinterfragt zu haben, was an der Sache wirklich dran ist. Dann aber sähe alles meist anders aus, und es würde wohl der Sensation ermangeln, nach der die Menschen so dürsten. Man wird sozusagen damit überfüttert, und das Bewusstsein läuft Gefahr der überzogenen Fokussierung, die alles andere, was vielleicht wichtiger gewesen wäre, verdrängt.

Denn wenn wir Information aufnehmen, die wir nicht verarbeiten können, wird uns diese zur Last. So begegnen uns heute viele Menschen, die „alles wissen". Ihnen kann kaum mehr einer etwas begegnen, und es bleibt den Zuhörern lediglich, entweder zu schweigen oder sich in einen nicht enden-wollenden Streit einzulassen, der nur Rechthaberei zur Grundlage hat. Eigentlich muss man einen solchen „Alleswisser" bedauern, denn er „weiß zwar alles", geht aber trotzdem meist am Leben vorbei.

Wie kann man für sich herausfinden, was das richtige Maß an Informationen ist? Indem man lernt, in sich hineinzuhören und seiner Intuition zu lauschen. Sie ist gerade heute sehr vonnöten, um sich nicht zu überfüttern.

Eine weitere wichtige Pflege ist aber auch, sich von Zeit zu Zeit von den „wohl-meinenden Informations-Angeboten" zu befreien, um wieder zu sich selbst zu kommen. Dazu braucht es keine Wellness-Angebote, sondern nur einen zeitweiligen persönlichen Rückzug; manches Mal auch einen Rückzug vom eigenen „Ich" – um wieder zu seinem höheren Selbst zu gelangen.

Man muss dabei nur bedenken, dass dieser Rückzug sich nicht gleich einstellt, sondern in Stufen verläuft, um wieder zu seiner Mitte zu gelangen. Man muss sich dafür Zeit nehmen. Hier geht es uns oft, wie bei einem Spaziergang in der freien Natur. Zu Beginn mag es uns noch schwer fallen, und wir mögen es anfangs eher als eine Pflicht unserem Fitness-Programm gegenüber empfinden. Dies liegt daran, dass wir durch unsere Alltagsverpflichtungen oft zu sehr nach außen gerichtet sind. Nach einer Weile aber können wir in uns wahrnehmen, wie eine Veränderung eintritt.

Es braucht eine gewisse Zeit, bis wir uns vom Gefühl der Pflicht befreien. Dies aber kann beinahe wie von selbst geschehen, wenn wir uns nur Zeit dafür nehmen und diese Wende zulassen, damit die äußeren Kräfte ihre

Dominanz beenden und die wirklichen inneren Kräfte zur Wirkung kommen, und nicht nur jene, von denen wir oft glauben, dass dies schon die inneren seien. Erst wenn dieses Empfinden eines zu absolvierenden „Pflicht-Programms" nachlässt, können wir sagen, nun mit unserem Bewusstsein tatsächlich da zu sein – und es beginnt von innen zu fließen, was erst die eigentliche positive und aufbauende Kräftigung für unser gesamtes Wesen und nicht nur für unseren Körper ist.

Es ist wichtig, für unser Leben ein gewisses uns zugehöriges Gleichmaß zu finden. Wenn es heißt, dass es für unsere Entwicklung unabdingbar ist, unsere Mitte zu finden, dann gilt das für unseren Alltag ebenso wie für unsere Lernprozesse und den Umgang mit den richtigen Informationen.

Was also gehört zu uns? Dies ist keine Frage an das Äußere Ich, sondern an unser Inneres. In uns wartet die Antwort schon. Im Grunde ist sie schon da. Sie muss nur abgerufen werden. Unser PC und unsere E-Mail-Möglichkeiten dienen uns dabei als Beispiel: Welche Mails sind die wichtigen Informationen und welche nur Spams bzw. Junk-Mails. Seien wir dabei versichert: Die Spams werden mehr verlockende Versprechen beinhalten als die wirklich wichtigen Informationen. Letztere versprechen nicht; sie sind nur da. Aber dadurch, dass sie da sind, warten sie mit Impulsen auf uns. Sie kommen dann, wenn wir uns ihnen zuwenden, das heißt, wenn wir sie uns bewusst machen.

Wenn wir also die Welt verändern wollen, so ist es notwendig, bei sich selbst zu beginnen. Denn wenn wir nicht für uns zulassen, eine andere Sicht der Dinge, mit denen wir zu tun haben, zu erhalten, können wir nicht erwarten, die richtige Weltsicht zu haben. Beides bedingt einander. Der Ausspruch, dass, wenn wir in dieser Welt etwas verändern wollen, wir zuerst einmal bei uns selbst beginnen müssen, zeigt auch, wie eng verbunden wir mit dieser Welt eigentlich sind.

Denken wir daran, dass Gedanken Kräfte sind, und fragen wir uns dabei, ob wir unsere Gedanken denn auch alle kennen. Wie viele Gedanken mögen wir denken, die uns vielleicht gar nicht bewusst sind. Sie schwirren sozusagen im Hintergrund unserer bewusst gewordenen und vordergründigen Gedanken. Die Gedanken im Hintergrund sind aber auch wichtig. Sie treten vor allem in unseren Träumen verstärkt hervor, indem sie uns darin mitteilen, dass unsere vordergründigen Gedanken eigentlich nur das wahrnehmbare Ergebnis unserer hintergründigen Gedanken sind.

Wenn wir uns zu einer Meditation zurückziehen und bewusst lernen, uns von den Gedanken erst einmal zu befreien, um „still" zu werden, erfahren wir als erste Phase in der Regel, wie gerade diese Hintergrundgedanken bewusst werden. Dies ist eine gute Erfahrung, denn dadurch, dass sie uns bewusst geworden sind, können wir sie auch entlassen. Dies betrifft natürlich auch unsere Gefühle, wie auch unsere tieferen Emotionen. Warum wir dieses oder jenes auf besondere Weise fühlen, liegt oft mehr an unseren hintergründigen begleitenden Gedanken.

Die Fähigkeit zu denken macht erst den Menschen aus. Es ist jene besondere menschliche Fähigkeit, die ihn mit den schöpferischen kosmischen Kräften in Verbindung bringt. Man kann sehr leicht in seinem Denken die Feststellung machen, dass diese stets von Empfindungen begleitet sind, auch wenn man sie oft verdrängen mag. Wir erfahren dabei meist zwei verschiedene Wahrnehmungs-Ebenen, die unser Denken begleiten. Diese zeigen uns, dass wir Menschen Wesen sind, die vor allem mit zwei Welten verbunden sind:

a) durch die sinnlichen und körperlichen Eigenschaften mit der animalischen Ebene. Diese ist meist recht dominierend, und unsere Existenzängste kommen aus dieser Richtung, aber auch unsere sinnlichen Freuden, unsere starken Gefühle und Emotionen.

b) Die andere Ebene, mit der wir mittels unserer Gedanken verbunden sind, teilt sich uns auf intuitive Weise mit. Es ist mehr eine feine Wahrnehmung und keine emotionale oder gefühlsbetonte, jedoch eine sehr stärkende, wenn auch auf andere Weise, als wir dies in den emotionalen Begleiterscheinungen erleben.

Beides ist dem Menschen eigen. Bei allen Erfahrungen und Gedanken kann er diese beiden verschiedenen Ebenen der Wahrnehmung beobachten. Jeder Mensch hat dabei seinen ganz persönlichen Schwerpunkt in dieser Art von Wahrnehmung. Doch sind immer beide dabei. Dies macht gerade den Menschen aus. Man könnte diese beiden Wahrnehmungs-Ebenen auch als die Ebene des Egos und jene der Seele bezeichnen. Es liegt am Menschen, welcher Wahrnehmungs-Ebene er mehr zugeneigt ist.

Im Verlauf seines mystischen und spirituellen Weges wird er seine Wahrnehmung mehr und mehr auf die seelische Ebene ausrichten und erfahren, dass ihm dies eine innere Festigung gibt, die ihn zu einem Mittler der höheren Ebene macht. Auf dieser Ebene, welche die Ebene eines Mystikers ist, erlebt er den Zugang zum kosmischen Reich und vermag im Schweigen segensreich für den Weg der Entwicklung zu wirken. Dadurch erkennt er immer mehr, was die Botschaften sind, die von den Lehren und auch von den Manifesten ausgehen, und seine Gedanken verbinden sich mit jenen Kräften, die von der Seele ausgehen, für das eigene Wohlergehen und für seine Welt, in der er lebt.

Mit meinen besten Wünschen für Ihr Studium und die daraus erwachsende Anwendung. Möge wahrer, innerer Friede stets mit Ihnen sein.

MEDITATION

„Ich bitte um Stärkung meiner Gedanken aus dem Bereich der Seele.“

Wir empfehlen Ihnen eine Meditation über das Wesen der Gedanken, mit denen wir tagtäglich verbunden sind und die unseren Lebensweg ausmachen. Die vorausgegangene Botschaft möge helfen, über das Wesen der Gedanken mehr Klarheit zu erlangen. Im Vorfeld zur Meditation ist es hilfreich, Gedanken in sein Bewusstsein zu rufen, die uns erst kürzlich sehr bewegt haben. Dabei sollte man sich die Frage stellen, ob diese Gedanken mehr von Emotionen und gefühlsstarken Regungen begleitet waren oder von Wahrnehmungen aus dem Bereich der Seele. Stellen wir anschließend für uns fest, ob diese Gedanken mehr mit dem Bereich des äußeren Ichs verbunden waren oder mit der inneren Seelen-Persönlichkeit. Diese Analyse wird eine gute Hilfe sein für die Bewusstseins-Ausrichtung auf die nachfolgende Meditation. Wenn wir unsere Kontemplation darüber beendet und auch unsere Notizen gemacht haben, richten wir das Heimsanktuarium. Entzünden wir die Kerze und nehmen Platz. Zur Einstimmung sollten wir die Übung zur Harmonisierung des Bewusstseins vornehmen. Wenn wir dann still geworden sind und unsere Gedanken verabschiedet haben, gehen wir über zur Meditation. Die Bitte für die Meditation kann lauten: „Ich bitte um Stärkung meiner Gedanken aus dem Bereich der Seele." Diese Bitte sollte man richtig plastisch auf dem inneren Bildschirm visualisieren. Man gebe diese aufrichtige Bitte um eine Antwort ab in den Kosmischen Raum, und denke nicht mehr weiter daran. Anschließend bitte man den Gott seines Herzens, über uns frei zu verfügen, und trete dann, frei von allen Gedanken, in die Große Stille ein. Man beende diese Stille nach etwa sieben Minuten und achte auf die Eindrücke, die kamen oder noch kommen können. Man bedanke sich dafür und beende die Meditation.

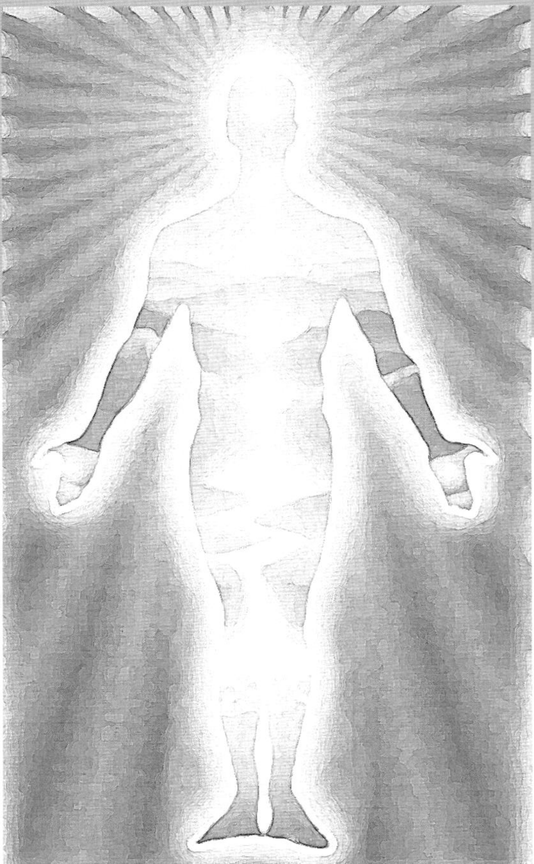

ERNÄHRUNG UND ATMUNG ALS GRUNDLAGEN DER GESUNDHEIT

Für einen Suchenden, der sich für die Lehren unseres Ordens interessierte, war es sehr wichtig zu erfahren, wie man sich als ein Mitglied des Ordens denn ernähre. Er fragte, ob man eine besondere Ernährungsform einhalten und eine besondere Lebensweise beherzigen müsse. Diese Frage ist nicht ungewöhnlich, denn wenn man sich für ein solches Studium und einen solchen Weg entscheidet, drängt sich eine solche Frage gerne auf. Wenn wir die Monografien zu Rate ziehen, so werden wir eine genau vorgegebene Ernährungstabelle vermissen. Wir werden im Zweiten Atriumgrad auf die rosenkreuzerische Lehre der A- und B-Elemente hingewiesen, und es wird erklärt, wie wir uns diese Elemente am besten zuführen können. Wir werden damit vertraut gemacht, dass die A-Elemente vor allem aus der Luft aufgenommen werden und die B-Elemente aus der physischen Speise, die wir aufnehmen, und es wird uns bewusst gemacht, dass eine Ausgewogenheit dieser Elemente für unser Wohlbefinden von Bedeutung ist.

Wir können lernen, wie eine Disharmonie dieser Elemente Auswirkung auf die Schwingungsfrequenz unseres Körpers hat, der von physischer und psychischer Natur ist. Gerade in einem Land, in dem wir leben, wo sich das Problem des Hungers kaum stellt, haben wir eine Fülle an Möglichkeiten, um auf eine ausgewogene Ernährung zu achten. Allerdings gehört es nicht zur rosenkreuzerischen Lehre, dem Menschen vorzuschreiben, ob er sich vegetarisch oder vegan ernähren oder ob er Fleisch zu sich nehmen soll. Hier ist jeder selbst angehalten, die rechte Ernährungsform für sich herauszufinden. Gegebene rigide Vorschriften für eine Entwicklung bringen den Menschen nicht wirklich weiter. Anders wäre dies, wenn ein Notfall vorläge.

Vielmehr kommt es darauf an, dem Menschen zu helfen, sich die Vorteile und Nachteile für seine Entwicklung bewusst zu machen, sodass er die Möglichkeit hat, seinen eigenen Weg zu finden. Auch wird mit einzubeziehen sein, ob andere Menschen durch die eigenen Ansprüche benachteiligt wären, wie auch, ob man sich im Einklang mit einer aufbauenden, positiven Gesellschaftsform befindet.

Die sogenannten A-Elemente und die in ihnen enthaltene Lebenskraft werden durch die Luft aufgenommen. Daher ist es von Bedeutung, sich regelmäßig die Zeit zu nehmen, sich in der Natur zu bewegen, wo man davon ausgehen kann, dass die Luft von guter Qualität ist. Dies betrifft nicht nur die chemischen Substanzen, sondern vor allem den Gehalt der Lebenskraft, die sich nicht nur in diesen Substanzen befindet. Diese Substanzen könnten wir ebenfalls in zwei Bereiche aufgliedern. In jenen, der die chemischen Bestandteile der Luft ausmacht, und jenen geistigen Gehalt, wovon die chemischen Substanzen lediglich Träger sind. Dabei sind die chemischen Substanzen vorwiegend den physischen Bestandteilen des Körpers zugeordnet, und die geistigen Substanzen, deren Gefäße die chemischen Substanzen sind, den geistigen. Auch um die Luft richtig aufzunehmen, braucht es zwei Dinge, die zu berücksichtigen sind: Einesteils ist es wichtig, sich um gute, gehaltvolle Luft zu bemühen, wobei die Luft in der Natur unbedingt vorzuziehen ist. Andererseits ist es aber auch von Bedeutung, wie wir die Luft in uns aufnehmen. Es kommt also ebenso auf das richtige Atmen an.

Viele Menschen atmen zu flach, sodass die Luftaufnahme ebenfalls recht oberflächlich geschieht. Wir tun daher gut daran, uns von Zeit zu Zeit zu beobachten und uns in der richtigen Atmung zu üben. Am besten ist es, wenn wir über die Lunge in den Bauch hineinatmen, sodass dieser sich leicht wölbt. Über den Bauch führt man die Luft dann weiter bis hoch zu den Schultern. So kann man davon ausgehen, dass die Atmung den Körper am besten ausfüllt. Es ist hilfreich, wenn wir wenigstens einmal am Tag innehalten und darauf achten, inwieweit wir uns vielleicht wieder ausloten müssen. Dies kann auch im Sitzen geschehen, am Arbeitsplatz oder wo wir uns sonst gerade befinden. Gerade wenn wir eine Tätigkeit ausüben, bei der wir viel sitzen, ist dies von noch größerer Bedeutung. Wenn wir in der Natur spazieren gehen, so haben wir hier die beste Gelegenheit, uns während des Gehens im rechten Atmen zu üben. Zuerst sollten wir uns dabei beobachten, wie wir atmen, bevor wir mit der zu trainierenden Atmung beginnen.

Dies beginnen wir am besten, indem wir beim Gehen etwa bis 9 zählen und dabei einatmen. Das Ausatmen soll dann im selben Rhythmus geschehen, indem wir also wieder bis 9 zählen. Wenn es uns zu viel ist, bis 9 zu zählen, können wir dies auch leicht verringern. Für Geübte kann dies auch erhöht werden. Es kommt dabei vor allem auf die Gleichmäßigkeit an, sodass ein ausgewogenes rhythmisches Atmen entsteht. Wenn wir dies etwa 20 Minuten halten können, so werden wir merken, wie wir hinterher frisch sind und unser Atemrhythmus wieder ausgewogen ist. Können wir dies jeden Tag tun, werden wir feststellen, wie sich unsere Atmung positiv für unsere Gesundheit und Ausgewogenheit verändert. Machen wir uns bewusst, dass wir durch das Atmen Lebenskraft in uns aufnehmen. Je bewusster wir dies tun, umso intensiver wird auch die Aufnahme der Lebenskraft. Achten wir dabei auch auf gute Luft, die wir einatmen, so tun wir für unsere Gesundheit schon eine ganze Menge.

Hinzu kommt die rechte Ernährung im Sinne der B-Elemente, wobei vor allem die Ausgewogenheit von Bedeutung ist; so sorgen wir für eine gesunde Basis im Sinne unserer Entwicklung.

Die Lebenskraft finden wir in beiden: in der Ernährung, ebenso wie im Atmen. Beides wird in unsere Zellen aufgenommen, und beide sorgen so für die Aufrechterhaltung und qualitative Steigerung in unseren Zellen im Sinne der chemischen Substanzen bzw. der geistigen, die vor allem im Zellkern aufgenommen werden.

Oft entsteht dabei die Frage, ob denn die eine oder andere Ernährungsform im Sinne von organischer Nahrung günstiger ist, um die Schwingungsverhältnisse in unserem Körper zu verbessern oder zu erhöhen. Dies kann so pauschal nicht beantwortet werden, denn es hängt in hohem Maße davon ab, inwieweit die Persönlichkeit selbst sich damit identifizieren kann. Hier ist unbedingt unsere Psyche mit einzubeziehen, und man täte ganz sicher nicht gut daran, Menschen danach zu beurteilen, welche Ernährungsform sie gewählt haben. Vielmehr kommt es darauf an, für sich herauszufinden, welche Art der Ernährung man für sich als die richtige ansehen kann. Es lohnt, sich dabei auch die Frage zu stellen: Warum?

Immer ist es hilfreich, sein Inneres zu befragen und dabei auf seine Intuition zu achten. Sie sagt uns genau, was zu uns gehört. Entscheidend aber ist, dass wir für uns wissen, warum wir uns so ernähren und nicht anders, sowie, warum wir etwas so tun und nicht anders. Auch hier kommen wir uns näher, im Sinne des „Erkenne Dich Selbst".

Ob wir alkoholische Getränke zu uns nehmen oder nicht, ist keine Frage des Richtig oder Falsch, wenn wir von religiösen Aspekten einmal absehen, sondern vielmehr warum und wie wir dies tun. Dies gilt auch für alles andere, was uns die Ernährungs-Vielfalt ermöglicht. Wenn wir lernen, in Maßen mit den Dingen umzugehen, so haben wir einen guten Ausgangspunkt. Man bedenke: Ein Rosenkreuzer ist kein Asket; wohlweißlich, dass diese Form im Grunde am Menschen vorbeiführt. Diese Erfahrung machte auch Buddha. Am Ende ist es wichtig, dass sich unsere Seele wohlfühlt und nicht geknechtet fühlt. Dies wäre der Fall bei Askese ebenso, wie bei Völlerei.

Eine Hilfestellung dabei ist vielleicht, dass man sich, um sich ausreichend zu ernähren, nicht einfach füllt. Dies gilt für Getränke ebenso wie für Speisen. Unsere Intuition sagt uns genau, wann es genug ist; was uns gut tut und was nicht. Wenn diese innere sachte Stimme uns dies liebevoll übermittelt, dann sollten wir auch darauf hören; sei dies in der Auswahl oder auch in der Menge. Unser Inneres wird uns dabei kaum zu Gewaltakten raten, sondern zu Ausgewogenheit.

Im mystischen Sinne sollten wir aber, was die richtige Nahrung anbelangt, nicht nur auf unsere körperliche Ernährung achten. Die geistige Nahrung ist von ebenso hoher Bedeutung, was allerdings meist viel zu wenig beachtet wird. Wenn sich Menschen mit der rechten Ernährung befassen, so denken sie zumeist lediglich an körperliche Nahrung; kaum an die geistige. Dies ist für die Gesundheit aber mit von Bedeutung. Ohnehin versteht man im rosenkreuzerischen Sinne Gesundheit nicht einfach nur körperlich. Daher müssen wir uns von Zeit zu Zeit die Frage stellen, was denn die richtige geistige Nahrung ist.

„Ein gesunder Geist wohnt in einem gesunden Körper." Diesen Ausspruch kennen wir nur zu gut und sind bestrebt, dass dies so sein möge. Was aber ist ein gesunder Geist, und was ist ein gesunder Körper? Hier gehen die Meinungen schon etwas auseinander.

Wie oft können wir erkennen, wie Menschen mit einem körperlichen Gebrechen gesünder sind als so manch anderer, dessen Körper „perfekt" ist. Gesundheit bezieht sich also auch auf die innere Einstellung, auf unsere

Emotionen, Gefühle und auf das, was wir allgemein als geistige Nahrung in uns aufnehmen. Worauf also kommt es eigentlich im Leben an, um eine gesunde und ausgewogene Basis für seine persönliche Höher-Entwicklung zu haben?

In diesem Sinne müssten wir „gesund" für uns definieren und dabei mit einbeziehen, dass Gesundheit nicht nur körperlich alleine angesehen werden kann. Je nachdem, in welchem körperlichen oder geistigen Zustand wir uns befinden, ist es wichtig, dafür Sorge zu tragen, dass wir unsere persönliche Ausgewogenheit finden.

Wenn wir uns krank fühlen, so sollten wir nicht nur nach Gesundung streben, sondern auch darüber nachdenken, ob diese gegenwärtige Unausgewogenheit eine Botschaft für uns beinhaltet. Vielleicht sollen wir etwas dabei lernen. Sicherlich ist es einfach, darüber zu philosophieren, wenn man sich selbst nicht in dieser Unausgewogenheit befindet. Trotzdem wird es hilfreich sein und dazu beitragen, zu uns zu finden, wenn wir uns bemühen herauszufinden, warum wir uns in jener gegebenen Lebenssituation befinden. Denn in uns wartet eine Antwort darauf.

Diese innere Antwort über unsere gegenwärtige Befindlichkeit ist weder rechthaberisch noch strafend, sondern wohlwollend hinweisend. Im Grunde ist unser Inneres stets bestrebt, Ausgewogenheit herbeizuführen, um den Weg der Höher-Entwicklung weiter fortzusetzen. Je mehr wir uns dieser Ausgewogenheit nähern, umso mehr eröffnen sich uns die nächsten Portale für unseren weiteren Weg. Dabei ist die geistige und seelische Ausgewogenheit stets vorrangig.

Manches Mal müssen wir innehalten, um etwas aufzuholen und zum Ausgleich zu bringen. Zeit spielt dabei kaum eine Rolle, höchstens dass sie die Gelegenheit der Entwicklung bietet. Unser Inneres wirkt vielmehr in Zyklen, die immer wieder zu Erneuerung drängen. Oft spüren wir nur deswegen Unausgewogenheit in uns, weil unser Äußeres das Innere nicht akzeptieren will. Es kann auch umgekehrt sein. Was aber wirklich zu uns und zu unserer Seelen-Persönlichkeit gehört, ist in unserem Inneren angelegt. Und wir erhalten stets Hinweise. Es führt im Grunde gar kein Weg daran vorbei, als sich unserem inneren Wesen anzunähern, denn damit nähern wir uns uns selbst. Wenn wir dann unser Inneres erkannt haben, so haben wir einen wichtigen Ausgangspunkt erlangt, der uns der Gesundung unseres Wesens näher bringt.

Jeder Weg der Höher-Entwicklung beginnt so. Dies war zu allen Zeiten so und gilt heute und morgen ebenso. Denn das Wesen Mensch bleibt in seiner geistigen und seelischen Struktur stets unverändert. Wenn wir uns auch in einer Welt der ständigen Veränderung befinden – dies ist das Wesen dieser Welt der Entwicklung –, so ist unser Inneres doch stets mit den kosmischen Gesetzen verbunden, die sich nicht verändern. Entscheidend bleibt, dass wir Menschen im Verlauf unserer Inkarnations-Prozesse duale Wesen sind; dass wir ein Äußeres und ein Inneres besitzen. Beide Teile unserer Wesenheit sind aus einem Höheren hervorgegangen.

Nach dem Gesetz des Dreiecks ist auch der Mensch ausgerichtet; ein Gesetz, das für die gesamte Schöpfung gilt, womit der Mensch verbunden ist. Das Höhere in uns zu finden, setzt voraus, zuerst wieder mit seinem inneren Wesen vertraut zu werden, sodass das Äußere und das Innere sich als eine Wesenheit erkennen, mit zwei verschiedenen Ausrichtungen. Dies sind die Stufen der wahren Erleuchtung. Gesund werden heißt also auch, wieder damit vertraut werden, wer man eigentlich ist.

Oft genügt es den Menschen, einfach nur einer Wunschvorstellung über sich nachzujagen. Daraus schöpfen sie ihre selbst erzeugten Träume. Gegen solche Träume ist nichts einzuwenden. Wir müssen aber unterscheiden zwischen Wunschträumen und tatsächlichen Träumen, die uns über unsere wirkliche Befindlichkeit aufklären.

Diese zwei Arten sind dem Menschen eigen. Durch die besondere Befähigung der Visualisation können auch Wünsche entstehen, die eigentlich nicht zu uns gehören, sondern aus anderen Einflüssen heraus entstanden sind. Wenn wir aber jene Wünsche in uns nähren, die aus uns selbst heraus entstanden sind, wie wir wirklich sind, so befinden wir uns auf dem Weg der Ausgewogenheit. Dann wird der Kosmos, der dies erkennt, sich gerne zu uns gesellen und dazu beitragen, dass diese Wünsche wahr werden.

Auch das gehört zur richtigen „Ernährung". Mögen diese Zeilen dazu beitragen, Ihre persönliche Entwicklung durch eigene Gedanken und Ideen zu nähren. Möge wahrer, innerer Friede dabei stets mit Ihnen sein.

MEDITATION

„Was soll ich für meine Gesundheit beachten?“

Wir empfehlen eine Meditation über die Bedeutung der Gesundheit. In der vorausgegangenen Botschaft wurde bereits darauf eingegangen. Im Vorfeld unserer Meditation sollten wir uns alles notieren, was wir darüber bereits wissen.

Wenn wir unsere Konzentration darauf und unsere Betrachtung darüber beendet und auch unsere Notizen gemacht haben, richten wir das Heimsanktuarium her. Entzünden wir die Kerze und nehmen Platz. Zur Einstimmung sollten wir die Übung zur Harmonisierung des Bewusstseins vornehmen.

Wenn wir dann still geworden sind und unsere Gedanken beiseite gestellt haben, gehen wir über zur Meditation. Die Bitte für die Meditation kann lauten: „Was soll ich für meine Gesundung beachten?"

Diese Bitte sollte man richtig plastisch auf dem inneren Bildschirm visualisieren. Man gebe diese aufrichtige Bitte um eine Antwort ab in den Kosmischen Raum, und denke nicht mehr weiter daran. Anschließend bitte man den Gott seines Herzens, über uns frei zu verfügen, und trete dann, frei von allen Gedanken, in die Große Stille ein.

Man beende diese Stille nach etwa sieben Minuten und achte auf die Eindrücke, die kamen oder noch kommen können. Anschließend bedanke man sich dafür und beende die Meditation. Die Antwort aus dieser Meditation sollte man sich notieren. Dabei bleibe man in entspannter Haltung und achte bei den Notizen darauf, was die Intuition übermittelt.

DIE SYMBOLIK DES ROSENKREUZES

Der Monat Juni trägt einen Namen, der sich aus der römischen Tradition ableitet und der Juno gewidmet war, der Göttin, welche als Gattin des Jupiters galt und für die Geburt, aber auch für Heim und Herd stand.

Dieser Monat hat für die Rosenkreuzer immer eine besondere Bedeutung, denn es ist die Zeit für das „Fest der Rose", und um eine gemeinsame Meditation für den Frieden in der Welt durchzuführen. Ich hoffe, es ist Ihnen möglich, in Ihrer nächstgelegenen Städtegruppe daran teilzunehmen, denn es ist stets eine bereichernde Erfahrung. Diese kleinen Feste sind auch immer eine gute Gelegenheit, Freunde oder Angehörige, die sich dafür interessieren, mitzubringen, die meist sehr beeindruckt davon sind.

Hier in Baden-Baden, am Sitz der Großloge, haben so manche Bürger im Laufe der fünf Jahrzehnte, in denen

AMORC dort bereits ansässig ist, von den „Rosenkreuzern" gehört, und wenn sie nichts Näheres darüber wussten, haben sie diese auch schon mit „Rosenfreunden" identifiziert. Dies ist auch gar nicht so verkehrt, mögen wir die Rose doch als die schönste Blume überhaupt, wenngleich die Rosenkreuzer nicht die Rose direkt meinen, sondern das, was sie symbolisch nach alter Tradition mit ihr verbinden. Als Studierender der AMORC-Lehren weiß man, dass diese über viele Jahrhunderte und noch weiter zurück eine mystische symbolische Bedeutung hatte.

Lassen Sie uns daher die Gelegenheit nutzen, um etwas näher auf die Bedeutung der Rose im Rosenkreuz und ihre hohe Symbolik einzugehen:

Sie steht sozusagen am Schnittpunkt des Kreuzes, dort, wo die materielle Waagrechte und die geistige Senkrechte sich miteinander verbinden, wobei durch ihre besondere Verbundenheit diese Rose zum Erblühen kommt. Sie steht für das Erwachen der Seele und die daraus resultierende Meisterung des Lebens, welche sich vollzieht, indem die Seelen-Persönlichkeit zur Reife gelangt.

Wir wissen, dass das Kreuz die Menschen seit uralten Zeiten als Symbol immer wieder sehr fasziniert hat – und dies nicht nur, seit es das Christentum gibt. Historische Funde gibt es bis zurück in die Steinzeit in den verschiedensten Kulturen. Woher kommt wohl diese Faszination? Es ist die Grund-Aussage, die man vor allem im mystischen Verständnis dem Kreuz zuschreibt, wie oben bei der Kurz-Beschreibung schon angeklungen. Durch die Art, wie es gebildet ist, symbolisiert das Kreuz aber nicht nur die materielle und geistige Welt oder das, was man in diesem Zusammenhang unter Himmel und Erde versteht, sondern auch die aus den vier Balken entstandenen vier Richtungen, die wir in Ost – West – Süd und Nord einteilen. Diese stehen wiederum mit den vier mystischen Elementen Luft – Wasser – Feuer und Erde in Verbindung, sodass wir im Kreuz ein Symbol der Schöpfung sehen können. Es ist aber auch das Symbol für den Menschen, der eng mit dieser Schöpfung verbunden ist.

Wir lernen immer, an den eigenen vier mystischen Elementen zu arbeiten, die wir in so vielen anderen Systemen vorfinden; sei dies im Lebensbaum, insbesondere in der Tradition des Rosenkreuzes, aber auch in anderen Symbol-Modellen, die mit den Rosenkreuzer-Lehren verbunden sind. Es gibt dabei unzählige Formen des Kreuzes, in vielen anderen Kulturen und auch sozialen Gesellschaften, verbunden mit zusätzlichen Balken, womit eine besondere Ausrichtung einer Religion oder einer spirituellen Vereinigung angedeutet werden soll.

In der ägyptischen Tradition war es das Henkelkreuz, das Crux Ansata, das ebenfalls zu unserer Tradition gehört und die Seelen-Persönlichkeit und deren unendliches Leben symbolisiert. In Ägypten war es das Symbol der Einweihung, durch welches bei der Initiation die Verbindung des Kandidaten mit der Unendlichkeit der Seele erneuert wurde.

Die klassische Form des Rosenkreuzes aber ist dieses, das wir hier vorfinden.

Es ist das Kreuz mit der fünf-blättrigen Rosenknospe im Schnittpunkt.

Nicht immer finden wir es in dieser klassischen Form vor. Und auch in der jüngeren Vergangenheit hat es verschiedene Darstellungen erfahren. So manche Gesellschaften haben es verwendet, um auf die Nähe ihrer Vorstellungen zu dessen Bedeutung hinzuweisen. So konnte man auch das Kreuz mit einem Kranz von Rosen vorfinden, und es gab noch andere Darstellungen.

Die genaue Symbolik aber wird am besten durch dieses hier dargestellte Symbol ausgedrückt. Darüber hinaus ist es eine Rosenknospe, die gerade im Aufgehen begriffen ist. Auch das Verhältnis der Maße der Waagrechten und der Senkrechten sind von besonderer Bedeutung, wobei eine Aufteilung von 5 zu 8 zugrunde liegt. Dies ist für die unveränderliche Tradition von großer Bedeutung, denn in der mystischen Tradition, worin Zahlen auch als Kräfte in verschiedenen Qualitäten gelten, drückt sich in diesem Zahlen-Verhältnis die hohe, allen kosmischen Kräften übergeordnete göttliche Kraft aus, welche die kosmische Ordnung lenkt und das hervorbringt, was man als Quint-Essenz bezeichnet oder auch als den „Achten Stern".

Vollendet wird diese Aussage über die symbolische Bedeutung des Rosenkreuzes in seinem Zahlen-Verhältnis durch die drei Ausbuchtungen, die sich am Ende eines jeden Balken befinden. Sie symbolisieren Licht, Leben und Liebe, jene drei gottgegebenen Prinzipien der Schöpfung, die in jedem dieser vier Balken wirksam sind. Den oben genannten Zahlen 5 und 8 hinzugefügt (13), ergeben sie die Zahl 16. Diese symbolische Zahl finden wir auch im ersten Manifest der Rosenkreuzer vor, wenn es heißt, dass das Grabgewölbe des R.C. im Jahr 1604 entdeckt wurde. Dies ist eine mystische Zahl, welche die gesamte Schöpfung in höchster Harmonie symbolisiert. Mystische Harmonie kommt der hohen Meisterschaft gleich, in welcher die geistigen Kräfte harmonisch, schöpferisch aufbauend zum Fließen gebracht worden sind.

Die fünf Blätter der Rosenknospe weisen ebenso auf die Quint-Essenz hin, die im Aufgehen der Rose zur

Wirkung kommt. Vielleicht können wir so verstehen, was den hohen Wert der mystischen Symbolik des Rosenkreuzes ausmacht, dessen Zentrum die rote Rosenknospe im Schnittpunkt des Kreuzes ist. Dies sind einfach nur Hinweise, welche nun die Bedeutung der Rose und des Kreuzes in der Mystik wiedergeben. Es hilft uns aber noch nicht wirklich weiter, denn im Grunde ist es nur Information und noch kein wirkliches Wissen darüber. Es stellt aber die Arbeit an uns selbst dar, die hierdurch zum Ausdruck kommt. Denn dieses Rosenkreuz symbolisiert uns selbst; einen jeden von uns. Wir finden darin die mystischen oder auch spirituellen Eigenschaften unseres Wesens wieder.

Das Gold des Kreuzes zeigt die Veredelung und Meisterschaft unseres Wesens an, wenn dies alles in Harmonie gebracht wurde. Für die geistige Alchymie vor allem in früheren Jahrhunderten hatte dies eine große Bedeutung. Sie drückten diese Eigenschaften, die wir gerade angesprochen haben, vor allem in Metallen und besonderen Essenzen aus, die in ihrer fundamentalen Bedeutung aber nichts anderes sind, als was Sie hier oben dargestellt finden. Hinzu kommen noch die Eigenschaften der mystischen planetarischen Kräfte, die sie vor allem in der entsprechenden Zuordnung zu Metallen darstellten.

Wenn der Mensch den Pfad der Einweihung beschreitet, wie es der Studierende des AMORC tut, wenn er beherzigt, seinen Weg dadurch zu bereichern, so beginnt sein Kreuz sich zu vergolden, und die rote Rosenknospe im Schnittpunkt seines Kreuzes beginnt aufzugehen. Gemäß der Bedeutung des Kreuzes arbeitet er an der Meisterung der vier Elemente seines Wesens, wobei die Erde oder der Norden für die Entwicklung in der Materie und deren

Verbindung zum physischen und psychischen Körper steht. Dies wird vor allem durch seinen physischen und psychischen Körper ausgedrückt.

Er arbeitet an der Meisterung seines Feuers oder Südens. Dies wird durch die Veredelung seiner Emotionen, seines Verlangens und seines Willens ausgedrückt.

Er arbeitet an der Meisterung seines Wassers oder Westens. Dies wird durch die Veredelung seines Bewusstseins ausgedrückt.

Und er arbeitet an der Meisterung seiner Luft oder des Ostens. Dies wird durch seinen Geist, seinen Verstand, seine Vernunft sowie seine Ausrichtung an das Höhere ausgedrückt.

So bringt er seine Quint-Essenz als das höhere Bewusstsein zum Erwachen, wobei ihm die kosmische Ordnung bewusst wird. Seine Rosenknospe beginnt sich zu öffnen, und der Mensch erfährt seine Verbundenheit mit den höheren Kräften. So richtet er seinen Geist auf den Kosmos aus.

Dies geschieht im Grunde durch das Studium der Monografien, durch seinen Weg durch die zwölf Tempelgrade, verbunden mit den Einweihungen und der Beteiligung an den Konvokationen in den Tempeln des Ordens; sei dies in einem Pronaos, einem Kapitel oder einer Loge. Diese symbolische Vergoldung des Rosenkreuzes ist die eigentliche Bedeutung, wenn es in der geistigen Alchymie der Vergangenheit hieß, dass die Rosenkreuzer es verstehen, „Gold" zu machen. Die rein wörtliche materielle

Vorstellung der „Goldmacherei" wurde von ihnen eher verworfen, wie dies auch in der Fama Fraternitatis, dem ersten Rosenkreuzer-Manifest zum Ausdruck kommt, dessen 400-jähriges Jubiläum bezüglich seines Erscheinens in der Öffentlichkeit wir in diesem und im kommenden Jahr begehen. Der Monat Juni aber ist vor allem dieser mystischen roten Rose gewidmet, die, so heißt es in der symbolischen Darstellung, „nach 100 Tagen" zum Erblühen kommt. Daher wird dieses Fest der Rose meist im Zeitraum um die 100 Tage nach dem rosenkreuzerischen Neujahr, das stets mit der Frühlings-Tagundnachtgleiche beginnt, gefeiert.

Auch diese 100 Tage sind symbolisch zu verstehen. Es heißt, dass 100 Tage der Arbeit am „Erkenne Dich Selbst" notwendig sind, um die Erleuchtung, die mit dem Erblühen der Rosenknospe verbunden ist, zu erfahren. Natürlich sind keine rein irdischen Tage damit gemeint, sondern ein bestimmter Bewusstseins-Zustand. Wenn dieser auf dem Wege zur Meisterschaft des Lebens erreicht ist, dann kommt diese hohe Erfahrung, die das ganze Wesen neu durchflutet und ihm ein höheres, ein erwachtes Leben verleiht. Auf diesem Wege befindet sich ein jeder von uns.

Mit all dem ist diese symbolische Rose verbunden, der wir im Monat Juni gedenken. So ist dieser Monat auch eine Gelegenheit der Begegnung mit anderen Brüdern und Schwestern, die sich gleich uns auf diesen Weg gemacht haben. Ganz gleich, auf welcher Stufe jeder Einzelne von uns in seiner Entwicklung stehen mag, so bildet dieser gemeinsame Weg doch ein Band, das uns verbindet, was gerade bei solchen Begegnungen spürbar werden kann.

Gerade in unserer immer mehr digitalisierten Welt erfährt die persönliche Begegnung wieder einen besonderen Stellenwert. Es ist notwendig zu erfahren, dass die hohe Informationsflut, in welcher der Mensch immer mehr lernen muss, zwischen Sinn und Unsinn zu unterscheiden, alleine nicht genügt, um mehr Wissen zu erlangen. Wissen erlangt man erst durch die Anwendung all dessen, was heute die Medien in Überfülle offenbaren. Anwendung aber braucht Zeit. Diese muss man sich geben, denn jene Anwendung, die Wissen erst hervorbringt, muss die Gelegenheit haben, die Phasen ihrer Entwicklung vom Pflanzen, zum Wachstum, zur Blüte und zur Reife zu durchwandern. Solange sich dies nicht vollzieht, ist es kein wirkliches Wissen. Dasselbe gilt auch für die mystische Rose.

Zeit aber bringt der Mensch aus sich selbst hervor. „Zeit ist die Dauer des Bewusstseins", so heißt es schon in den ersten Monografien auf dem Wege zur Meisterschaft. Wir können dort entnehmen, dass es der Mensch selbst ist, der Zeit und Raum schafft. Der Ausdruck „wir haben keine Zeit" ist nicht so ganz richtig. Besser wäre zu sagen: „Dafür habe ich keine Zeit eingeräumt". Denn unser Bewusstsein ist es, das die Zeit schafft. Möge es Ihnen gelingen, verehrte Studierende, sich jene Zeitdauer zu schaffen, die Sie für die wirkliche Entwicklung Ihrer Persönlichkeit benötigen. Hilfreich dabei ist die immer zu wiederholende Überprüfung seiner Zeit, um zu erkennen, wofür wir sie nutzen, damit wir kein Sklave der Zeit sind, sondern Meister unserer Zeit bleiben oder werden.

Mit meinen besten Wünschen, dass uns dies immer besser gelingt.

MEDITATION

„Welche Bedeutung hat das Rosenkreuz für meine Entwicklung?“

Wir empfehlen eine Meditation über die mystische Bedeutung des Rosenkreuzes. In der vorausgegangenen Botschaft wurde bereits darauf eingegangen. Im Vorfeld unserer Meditation sollten wir uns alles notieren, was wir darüber bereits wissen. Wenn wir unsere Konzentration darauf und unsere Betrachtung darüber beendet und auch unsere Notizen gemacht haben, richten wir das Heimsanktuarium. Entzünden wir die Kerze und nehmen Platz. Zur Einstimmung sollten wir die Übung zur Harmonisierung des Bewusstseins vornehmen.

Wenn wir dann still geworden sind und unsere Gedanken verabschiedet haben, gehen wir über zur Meditation. Die Frage für die Meditation kann lauten: „Welche Bedeutung hat das Rosenkreuz für meine Entwicklung?"

Diese Frage sollte man richtig plastisch auf dem inneren Bildschirm visualisieren. Man gebe diese aufrichtige Bitte um eine Antwort ab in den Kosmischen Raum, und denke nicht mehr weiter daran. Anschließend bitte man den Gott seines Herzens, über uns frei zu verfügen, und trete dann, frei von allen Gedanken, in die Große Stille ein. Man beende diese Stille nach etwa sieben Minuten und achte auf die Eindrücke, die kamen oder noch kommen können. Anschließend bedanke man sich dafür und beende die Meditation.

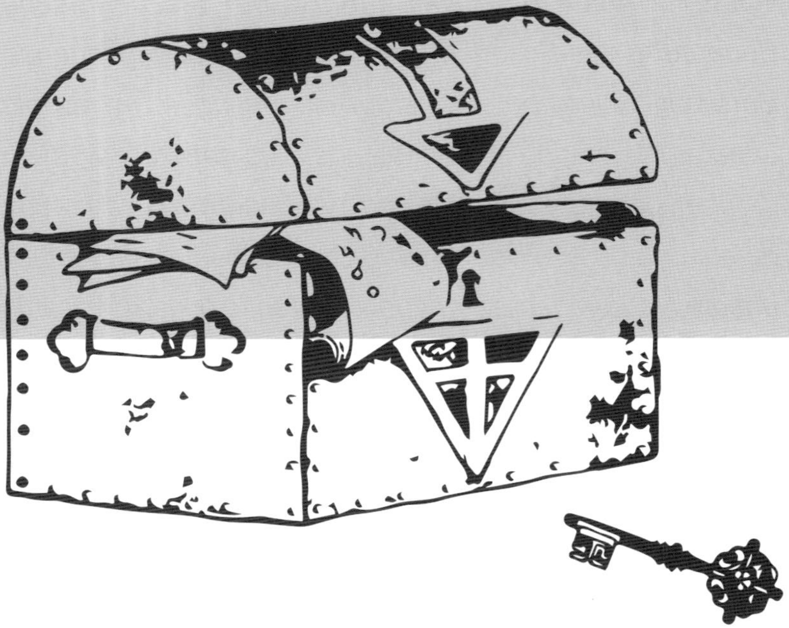

EINE PERSÖNLICHE ERFAHRUNG ÜBER EINE BESTIMMTE TUGEND

Tugend ist eine Eigenschaft, die in Religionen und Philosophien stets eine hohe Bedeutung hat. Auch die Rosenkreuzer legen Wert auf Tugenden, und wenn wir die Lehren und den Weg innerhalb des AMORC betrachten, so können wir feststellen, wie das Erwerben von Tugenden stets zwischen den Zeilen mitschwingt. In der jüngeren Vergangenheit war Tugend ein Begriff, den viele gerne im Alltag als überholt betrachteten. Vielleicht lag dies daran, dass man der Meinung war, dass es nur der Geist sein sollte, der primär im Vordergrund steht, gerade was die rasante Entwicklung unserer Zeit anbelangt. Da konnte so mancher schnell zu der Auffassung gelangen, dass solche Eigenschaften wie Tugend im Wege sein könnten. Heute aber, nachdem wir die Krisen unserer Zeit betrachten, beginnt man wieder nachzudenken, dass geistige Entwicklung im Sinne von Rationalität alleine früher oder später in eine Sackgasse führen kann.

Tugend erinnert uns an das Wort „taugen". Vor allem in der Entwicklung von Kulturen gewann der daraus abgeleitete Begriff „Tugend" eine besondere Bedeutung. Etwas taugen im Sinne von Tugend setzte voraus, seinen Geist zu veredeln, zu verfeinern und Sittlichkeit gelten zu lassen. Im heutigen philosophischen Sinne versteht man darunter eine edle innere Haltung, sowie das Gute mit innerer Neigung und mit Freude zu tun. Im allgemeineren Kontext bezeichnet man mit ‚Tugend' den Besitz einer positiv aufbauenden Eigenschaft. Als die klassischen Tugenden werden Weisheit, Gerechtigkeit, Tapferkeit und Mäßigung angesehen. Als Tugenden des Rittertums kamen zu diesen Idealen vor allem Bescheidenheit, Verlässlichkeit und Aufrichtigkeit hinzu. Wenn wir dies im Sinne der rosenkreuzerischen Lehren betrachten wollen, sehen wir, dass die Anwendung dieser Tugenden auch hier von hoher Bedeutung ist.

Weisheit

Eines der großen Ziele des rosenkreuzerischen Pfades ist das Erlangen von Weisheit. Wie erreicht man Weisheit im rosenkreuzerischen Sinne? Insbesondere durch Studium und Anwendung der Lehren und die Bereitschaft, diese mit Vernunft in sein Leben zu integrieren. Beides und die daraus entstehende Erfahrung bringen das, was als menschliche Weisheit bezeichnet werden kann. Sie wird auf der Verstandes-Ebene vor allem durch die Vernunft gebildet, die wir in allem, was wir tun, zur Grundlage machen sollten. Unter Vernunft könnte man wiederum jene Art des Tuns verstehen, die aus der Symbiose von Verstand, Erfahrung und innerer Anteilnahme resultiert.

Weisheit zu erlangen, ist das große mystische Ziel auf dem Pfade des Rosenkreuzes. Sie zu erlangen, ist weit mehr noch als Wissen. Sie ist vielmehr die Kunst, Wissen weise anzuwenden. Um Wissen weise anzuwenden, bedarf es zuerst einmal der Aufmerksamkeit, welches Wissen für uns notwendig ist und zu unserer Entwicklung gehört. Wenn wir dies beachten, so werden wir in allem Wissen, das wir uns aneignen, das Innere Selbst als unser eigentliches Wesen zu unserem Partner haben. Steht das zu erwerbende Wissen im Einklang mit unserem Inneren Selbst, wird dieses mit Freude aus der Schatzkammer des Gedächtnisses, die wir in uns tragen, das Notwendige hinzufügen, und wir gelangen so zu einem hohen Maß an ganzheitlichem Wissen, das alle dazugehörigen Bereiche berührt. Heute herrscht die allgemeine Ansicht, man könne sich Wissen aus dem Internet erwerben. Dies aber wäre ein Trugschluss. Das Internet kann nur Informationen vermitteln, kein echtes Wissen.

Gerechtigkeit

Gerechtigkeit walten zu lassen, bedeutet, alles, was man tut, so zu tun, dass nach bestem Gewissen kein Schaden für andere daraus entstehen kann und das eigene Handeln zum Wohle anderer gereicht. Dies setzt positives Denken voraus sowie einen ausgewogenen Umgang mit Verstand und Gefühl. Dabei ist es der Verstand, der überlegt und Pläne erarbeitet, und das Gefühl, das die Verbundenheit mit dem und den Anderen erspüren lässt. Gerechtigkeit im mystischen Sinne bedeutet ein nach kosmischen Gesetzmäßigkeiten ausgewogenes Maß, das für alle gilt. Im sozialen Sinne bedeutet dies, dass jeder Mensch die gleichen Rechte genießt. Für uns Menschen ist es von Bedeutung, immer wieder zu überprüfen, ob wir gerecht handeln. Dies schließt vor allem auch unser Denken und unsere Empfindungen mit ein. Wie schnell kann der Mensch zu Urteilen neigen, ohne gründlich darüber nachgedacht zu haben. Meist deswegen, weil er sich von seinen Gefühlen leiten lässt, die bei zu wenig Überprüfung auf Sympathie oder Antipathie beruhen, ohne dass hinterfragt wird, woraus diese entstanden sind. Es geht hierbei nicht darum, keine Sympathien oder Antipathien zu hegen. Dies gehört zu den Eigenschaften des Menschen und kann auch ein Schutz sein. Es ist aber notwendig zu wissen, woraus sie entstehen oder entstanden sind. Und sie brauchen oft auch Lenkung, wofür Nachdenken auf der Grundlage von Gerechtigkeit, gepaart mit dem Bemühen um weisen Umgang, die beste Hilfe ist. Auch dies ist ein Schritt zur Weisheit.

Tapferkeit

Tapferkeit ist nach wie vor eine wichtige Eigenschaft, die es zu pflegen gilt. Aber was ist Tapferkeit? In seinem Ursprung bedeutet das Wort, von ‚tapfar' kommend, soviel wie ‚Schwere' oder ‚etwas eine Schwere geben'; auch eine Schwere zu überwinden. Man verbindet Tapferkeit gerne mit einem Menschen, der voller Tatendrang ist. Einem solchen Menschen wird es nicht schwer sein, die Tugend Tapferkeit zu pflegen.

Für ihn aber mag Tapferkeit oft mehr darin liegen zu lernen, sich zurückzunehmen, wenn es angebracht ist, und sich dann einzubringen, wenn es erforderlich ist. Andere Menschen wiederum sind voller Gedanken und Ideen, die sie gern verwirklichen möchten; es ermangelt ihnen aber an Mut, dies zu tun. Beherztheit ist oft dann vonnöten, wenn es gilt, das zu verwirklichen, was man selbst in seinem Innersten erreichen möchte, wovon man sich aber immer wieder durch die Alltags-Ereignisse abbringen lässt. Die größte Tapferkeit dürfte wohl der haben, der seine eigene Trägheit überwunden hat, die sich auf drei Ebenen ausbreiten kann. So hat der Mensch oft zu ringen mit der Trägheit des Geistes, der Trägheit des Herzens und des Körpers.

Trägheit des Geistes kann sein, wenn man zu wenig seinen Geist bemüht. Andererseits kann Trägheit aber auch darin bestehen, dass man zu viel rein verstandesmäßig betrachtet und seine Seele zu wenig mit einbezieht. Ebenso ist es mit der Trägheit des Herzens. Diese kann darin bestehen, dass man sein Herz zu wenig mit einbezieht. Die andere unausgewogene Seite davon wäre Überschwenglichkeit oder Gefühls-Duselei. Auch hier, sehen wir, kommt es auf die Ausgewogenheit an. Auf der körperlichen Ebene können wir Trägheit darin erkennen, dass wir unserem Körper zu wenig Beachtung schenken. Wir können dem aber auch zu viel tun und dadurch das andere vernachlässigen. Auch hier braucht es Tapferkeit, um das richtige Maß in sich selbst durchzusetzen. Im Grunde seines Herzens neigt der Mensch zu Tapferkeit. Dies ist bei ihm eigentlich naturgegeben. Es ist aber gerade die Trägheit, die dies gerne verhindert.

Im rosenkreuzerischen Sinne ist Tapferkeit eine hohe Eigenschaft, wenn es gilt, vor allem vor sich selbst zu bestehen.

Es braucht oft Tapferkeit vor sich selbst, um für das, was man durch seine edlen Erfahrungen aus Meditation und mystischem Studium im Leben aufbauend zu integrieren gelernt hat, einzustehen, wenn es darum geht, etwas zu verteidigen und aufrichtig seinen Standpunkt zu vertreten.

Mäßigung

Es ist das ausgewogene Maß, das es im Leben zu erreichen gilt. Das Prinzip der Waage fällt uns dabei ein, die uns daran erinnert, dass alles im Leben nach dem Gesetz des Karmas abgewogen wird. Das rechte Maß für sich selbst im Leben zu finden, ist schließlich eine der wichtigen Ausrichtungen, die erst die richtigen positiven, aufbauenden Kräfte zum Fließen bringt. Solange wir aus extremer Unausgewogenheit handeln, sind die dabei entstehenden Kräfte sehr geneigt, sich auf die abträgliche Seite zu gesellen. Mittelmaß im Leben scheint uns nicht unbedingt als ein erstrebenswertes Ziel, da es uns an Mangel eigener Vorstellung und Entscheidungs-Fähigkeit erinnert. Dies ist mit Mäßigung ganz sicherlich nicht gemeint. Im mystischen Sinne aber steht die Fähigkeit der Mäßigkeit in Zusammenhang mit dem Gesetz des Dreiecks, das besagt, dass für eine erfolgreiche Manifestation im Leben ein ausgewogenes und aufeinander abgestimmtes Maß an positiven und negativen Kräften angestrebt werden soll. Mit positiven Kräften sind die Gedanken und Ideen gemeint, die schließlich die Grundlage für eine erfolgreiche Visualisation sind.

Die negative Seite bilden dabei die Werkzeuge, die in Erscheinung treten und die man verwendet, damit die

Visualisation zum Erfolg wird. Beide müssen zueinander passen, wenn die Manifestation erfolgreich werden soll.

So verhält es sich auch im ganzen Leben. Selbst die Pronaos-Konvokation in unseren Tempeln erinnert uns ganz besonders daran, indem sie eine hohe spirituelle Erfahrung bewirkt, wenn diese beiden Pole zur höchsten Ausgewogenheit gelangen.

Bescheidenheit

Es ist sehr aufschlussreich, wenn gerade die Bescheidenheit als eine ritterliche Tugend angesehen wird, sieht man in der profanen Erinnerung den Ritter doch eher als einen „Hau-Drauf-Burschen" an. Das hohe Rittertum aber – und von diesem sprechen wir – betrachtete die Bescheidenheit als eine hohe Tugend. Bedenken wir, dass das Rittertum im Ursprung und in seinem Ideal eine beschützende und verteidigende Funktion hatte. Dies bedeutete vor allem, sich selbst „zu bescheiden" und das als beschützens- und verteidigungswert in den Vordergrund zu stellen, wofür man als Ritter ernannt wurde.

Doch auch der Begriff von ‚Bescheidenheit' hat im Laufe der Jahrhunderte eine Wandlung erfahren. Im ursprünglichen Sinne bedeutete ‚bescheiden' zu sein, sich auf das zu beschränken, was zu einem gehört, und nicht Dinge erzwingen oder sich aneignen wollen, die man im Grunde gar nicht braucht und die höchstens oberflächliche Freude oder Befriedigung bedeuten würden.

Verlässlichkeit

Auch die Verlässlichkeit galt als eine ritterliche Tugend, da sie bedeutet, dass man für das, wofür man sein Wort gegeben hat oder wofür man einsteht, auch Standhaftigkeit beweist. Verlässlichkeit hängt auch mit Geduld zusammen. Denn nur der Verlässliche, so heißt es, wird seine Früchte ernten können. Unweigerlich wird das, wofür man sich entschieden hat und wofür man einsteht, zum persönlichen Erfolg führen, wenn die Zeit gekommen ist.

Wenn man für etwas eine Entscheidung getroffen hat, so hat man etwas auf den geistigen Weg gebracht, das gemäß der kosmischen Ordnung in Stufen verläuft, um sich zu verwirklichen. Dies braucht Zeit, die aber nicht von irdischen Maßstäben beherrscht werden kann. Dies gilt vor allem auch auf dem mystischen Wege. Daher bedeutet Meisterschaft auch Meisterschaft über die eigene Ungeduld, die oft eigene Vorhaben daran hindert zu reifen.

Aufrichtigkeit

Aufrichtigkeit bedeutet, für das, wofür man steht, auch einzustehen. Der Mensch sei aufrichtig wie ein Baum, der aber nicht starr ist. Manche unserer Studierenden kennen die „Grashalm-Übung", die wir von Zeit zu Zeit durchführen. Sie bedeutet, fest gegründet und aufrichtig zu stehen, sich aber im Winde zu bewegen. Denn ein starrer Grashalm würde bald zerbrechen, wenn er sich nicht in den Wogen der Zeit mitbewegt. Die Tugenden, die wir gerade beleuchtet haben, werden immer für die Menschheit von Bedeutung sein, zu allen Zeiten. Selbst in alten ägyptischen Überlieferungen, deren älteste 5000 Jahre alt ist, können wir als Verhaltens-Maßregeln diese Tugenden schon erkennen. Und sie werden auch morgen noch gültig sein, da sie für die wahre menschliche Entwicklung unverzichtbar sind.

Sie mögen aber in den verschiedenen Zeit-Epochen auf den verschiedenen Stufen der kulturellen Entwicklung der Menschheit ihre der Zeit angepasste Sprache haben. In ihren Grundfesten und in ihrer Grundbedeutung werden sie aber stets gleich bleiben.

All diese Tugenden tragen aber noch eine übergeordnete in sich: die Güte. Sie ist wie ein Leitfaden für den Menschen, in dem sich alle diese Tugenden spiegeln sollten. Ohne Güte und auch Wohlwollen allem gegenüber, von dem wir in unserer Mitwelt und in uns selbst umgeben sind, bliebe alles Streben nur ein oberflächliches Streben.

Güte

Güte entwickelt sich aus der Herzens-Bildung heraus. Sie sollte den Verstand leiten. In der Güte aus der Herzensbildung heraus fühlt sich die Seele wohl und wird gerne ihre Seelenkräfte ausbreiten, um dem Menschen jene Kraft und Einsicht zu vermitteln, die ihm an der Reifung seiner Persönlichkeit in diesen Tugenden höchstes Wohlbefinden bereiten werden. Wenn wir uns von Zeit zu Zeit auf diese Tugenden hin überprüfen, wird dies ebenso für unsere Charakter-Bildung von höchstem Nutzen sein.

Lassen Sie uns, verehrte Studierende, in unserem Heimsanktuarium einmal diese Tugenden betrachten, und befragen wir uns, inwieweit wir uns mit ihnen identifizieren können und welchen wir uns für die Entwicklung unserer Persönlichkeit verstärkt zuwenden sollten.

Mögen diese Gedanken Ihnen gerade zu Beginn des Rosenkreuzer-Jahres, das mit der Frühlings-Tagundnachtgleiche beginnt, Hilfe für Ihren Weg im Zeichen des Rosenkreuzes hin zur Meisterung des Lebens Harmonie, Kraft und Entfaltung verleihen.

MEDITATION

„Ich bitte um eine tiefere persönliche Erfahrung über...

(den Namen der Tugend hinzufügen)"

Wir empfehlen eine Meditation über eine der Tugenden, wie sie in der vorausgegangenen Botschaft angesprochen wurden. Man sollte also im Vorfeld dieser Meditation diese Tugenden und ihre Beschreibung betrachten und jene auswählen, an der unser Geist besonders haften bleibt. Betrachten wir dann diese ausgewählte Tugend und notieren uns, was wir selbst darunter verstehen. Dann bereite man alles für die Meditation im Heimsanktuarium vor. Ist dies geschehen, nehme man Platz und führe die Übung zur Harmonisierung des Bewusstseins durch. Entzünden Sie dann zu Beginn Ihrer Meditation den Moosrose-Räucherkegel, sowie die Kerze. Sodann entlasse man all seine Gedanken und lasse nur noch die Bitte vor seinem inneren Bildschirm erscheinen, die man für die Meditation vorbereitet hat. Sie soll wie folgt lauten: „Ich bitte um eine tiefere persönliche Erfahrung über... (den Namen der Tugend hinzufügen)."

Man visualisiere diese Bitte richtig plastisch auf seinem geistigen Bildschirm und verlebendige sie mit dem gereinigten Verlangen seines Herzens. Schließlich entlasse man diese Bitte in den kosmischen Raum und bitte den Gott seines Herzens, über einen zu verfügen, wie ER dies für richtig hält. Dann trete man frei von allen Gedanken in die Große Stille ein.

Man beende diese Stille nach etwa sieben Minuten und achte auf die Eindrücke, die kamen oder noch kommen können. Anschließend bedanke man sich dafür und beende die Meditation. Die Erfahrung aus der Stille heraus sollte man sich notieren.

DIE MEISTERUNG DES LEBENS

Oft können wir von unserer Welt hören, von der Erde, auf der wir uns befinden, dass dies ein Übungs-Planet wäre. Es wäre also ein Planet, wo wir Menschen uns aufhalten, um zu üben. Dies ist eine interessante Feststellung, über die es sich lohnt, mehr nachzudenken. Es erhebt sich aus dieser Feststellung eine weitere Frage, die da lautet: Was soll denn hier geübt werden? Und wenn dies in der Tat ein Übungsplanet wäre, so mögen wir uns weiter fragen, wo denn dann unsere wirkliche Heimat sein könnte.

Dies sind Fragen, die sich auftun, wenn wir uns mit dieser Aussage über den Übungsplaneten näher beschäftigen. Wenn wir dann weiter betrachten, was denn auf unserer guten Mutter Erde so alles stattfindet, so drängt sich bald die Erkenntnis auf, dass dies doch nicht die ultima ratio eines vollendeten Lebens für den Menschen im Allgemeinen sein könne.

Wenn wir all die Unzulänglichkeiten betrachten und erkennen müssen, wie schwierig es doch für die meisten Menschen ist, ihren Platz in diesem Leben zu finden, so kann es geradezu beruhigend wirken festzustellen, dass dies hier ja „nur ein Übungs-Planet" sei. Gerade in unserer Zeit, in der wir mit Krisen allerorten bekannt werden, erwacht bei vielen wieder die Sehnsucht nach Sicherheit, Ausgewogenheit und einem glücklichen, harmonischen Leben.

Sicherlich, wenn wir den Begriff „Übungs-Planet" wörtlich nehmen, könnte es ein arger Trugschluss sein, aus dieser Feststellung herauszulesen, dass es nur eines anderen Planeten bedürfe; vorausgesetzt, ein Wechsel dorthin wäre so einfach möglich. Die Sehnsucht nach einem Planeten, auf dem es keine Probleme und nur Glück und Freude gäbe, hat in unserer Welt schon viele Fantasien darüber entstehen lassen. Dabei ist diese Sehnsucht nicht neu, sondern vielleicht so alt wie die Menschheit. Während der sogenannte „aufgeklärte" Geist heute erwägt, andere Planeten ins Visier zu nehmen, so waren es früher, als man die Erde noch als eine Scheibe wähnte, andere fremde und noch unbekannte Länder, in denen „Milch und Honig" fließen sollten. Die Sehnsucht nach einem vollkommenen Planeten oder einem „Land des goldenen Lichtes" ist dem Menschen angeboren. Warum dies so ist, so zeigen unsere Lehren, liegt darin, dass er in sich die Erinnerung eines „heilen Lebens" trägt. Im Innersten seiner Seele trägt er die Vorstellung eines vollkommenen Lebens, was letztendlich auch die Voraussetzung dafür ist, dass er sich danach sehnt; und dies mag bei uns Menschen die verschiedensten

Vorstellungen darüber auslösen. So verschieden die Menschen in ihren Persönlichkeiten sind, so verschieden ist auch die Vorstellung darüber.

Als Studierender der Rosenkreuzer-Lehren wird uns wohl kaum nur ein irdischer Ort genügen, wenn man Erfüllung und Meisterschaft sucht. Wir können durch unser Studium herausfinden, dass es hier mehr um einen Zustand geht, den der Mensch im Allgemeinen vermisst – und wonach er strebt. Woher kommt dies?

Den Lehren können wir entnehmen, dass jeder Mensch mit einer Seelen-Sequenz ausgestattet ist, die vollkommen ist. Sie ist ein Teil der vollkommenen All-Seele und mit dieser verbunden. Von Beginn seiner Inkarnationen an ist er mit ihr ausgestattet, und es hat sich in ihm eine Seelen-Persönlichkeit gebildet, die aber noch unvollkommen ist. Sie sammelt Erfahrungen, um sich zu vervollkommnen. Dass sie dies kann, liegt vor allem in der Tatsache begründet, dass sie die aus dem Vollkommenen herstammende und mit ihr verbundene Seelen-Sequenz in sich trägt. Die Verbundenheit damit lässt schließlich die Sehnsucht entstehen, dies zu erreichen. Aus dieser Tatsache heraus haben sich Religionen gebildet, aus Mysterienschulen heraus, mit denen das Rosenkreuz immer verbunden war. Die Art dieser Verbundenheit ist aber vor allem eine übergeordnete, womit gemeint ist, dass dieses traditionelle Rosenkreuz, das AMORC vertritt und von dem er seinen Auftrag erfüllt, in seiner Lehre und seiner Symbolik den Anspruch vertritt, zur Vervollkommnung zu führen. Gemäß dem Auftrag als seriöse Weisheitsschule, zur Weisheit der Schöpfung zu führen und von deren Ursprung zu künden, ermöglicht er aus den daraus gebildeten Lehren Stufen, die den an sich selbst Lernenden dorthin führen.

Diese Welt, von der wir sprechen, ist eine geistige Welt, von welcher die materielle oder physische Welt nur ein Abglanz ist. Wenn wir daher von ihr erfahren wollen und wenn wir uns auf die Suche nach ihr machen wollen; auch wenn wir sie für unsere Meisterschaft nutzen wollen, so müssen wir uns auf den geistigen Pfad begeben. Mit „geistigem Pfad" ist nicht einfach nur unsere mental-rationale Welt gemeint, die uns hilft, wissenschaftlich zu forschen oder Computer-Programme zu studieren und sie uns nutzbar zu machen. Dies ist immer noch die rationale Welt der materiellen, physischen Ebene. Die intellektuelle Erforschung darüber ist lediglich die gedankliche Entsprechung davon, aus der sie allerdings hervorgegangen ist.

Die Welt des Geistes, von der wir sprechen, liegt dahinter und ist höchstens erfahrbar durch die Meditation, durch Einfühlungsvermögen und die Erfahrung durch die rosenkreuzerischen Rituale. Wir sprechen deshalb von einem rosenkreuzerischen Ritual, weil man heute viele Vorstellungen von dem Begriff ‚Ritual' kennt, die aber mit jener hohen und edlen Bedeutung eines mystischen Rituals im rosenkreuzerischen Sinne kaum zu vergleichen sind.

Ein Ritual im rosenkreuzerischen Sinne hat den hohen Anspruch, die Ewigkeit zu berühren und durch diese Berührung dem Leben einen höheren und erfüllteren Sinn zu geben.

Eine Schwester sagte einmal, unsere Rituale wären unsere Art von „Wellness", die aber das ganze Wesen berührt. Ein interessanter Vergleich, da diese Rituale uns stark und ausgewogen machen. Sie bringen unser Wesen für eine Weile in Einklang, sodass wir eine höhere Überschaubarkeit unseres Lebens erhalten.

Die rosenkreuzerischen Rituale sind über die Jahrhunderte und Jahrtausende überliefert und in ihrer hohen Bedeutung unverändert, auch wenn sie selbstverständlich immer der modernen Zeit angepasst wurden. Der Mensch in seiner geistigen Zusammensetzung wird sich nie verändern, so wie auch die kosmische Ordnung immer gleich bleiben wird. Würde sie auch nur für ein Minimum ihre Ordnung verändern, bräche die Schöpfung zusammen. So dienen diese Rituale, die wir heute in moderner Form kennen, dazu, die Seele zu berühren, und sie gewähren uns einen Einblick in die Vollkommenheit der kosmischen Ordnung, lassen uns vom Kosmischen Bewusstsein erfahren und darüber hinaus von der Göttlichen Welt.

Wir berühren damit in der Tat jene Welt, die kein „Übungs-Planet" mehr ist, sondern die Welt der unveränderten und ewigen kosmischen Ordnung. Daraus schöpft schließlich der Eingeweihte im Zeichen des Rosenkreuzes. Er schöpft nicht nur positive, aufbauende Kräfte, sondern lernt immer mehr, seine eigene Ordnung zu erschaffen, die er für ein sinnvolles und erfülltes Leben benötigt.

Dies ist auch der Grund dafür, warum wir immer wieder dazu ermuntern, dieses Privileg der Teilnahme an einem rosenkreuzerischen Ritual zu nutzen, das für alle eingerichtet wurde, ganz gleich, wo man sich im Studium befindet. Dies, da es für den Weg der Einweihung notwendig und für das alltägliche Leben eine wertvolle und bereichernde Lebens-Begleitung ist; ganz gleich, wie unser Alltag und unser Berufsleben aussehen mögen. Mit der Zeit wird sich unser Leben ordnen, und zwar so, wie es zu uns gehört; so, wie gerade für unsere Persönlichkeit schon jene Ordnung aufbewahrt ist und in uns ruht, die uns ganz alleine zur angestrebten Bereicherung und Meisterung unseres ureigenen Lebens führt.

Immer wieder können wir den Lehren unseres Ordens entnehmen, dass wenn wir unsere Welt dauerhaft zum Guten und Aufbauenden hin verändern wollen, dies in uns und nicht außerhalb von uns geschieht. Es ist die Welt, die wir in uns tragen, die unsere äußere Welt gestaltet. Begleitet wird diese unsere Welt vom Gesetz des Karmas, das für Ausgleich in allem sorgt, was wir heute und gestern getan haben. Auch hierbei sind unsere Gedanken von hoher Bedeutung. Dabei kommt es nicht nur darauf an, auf das zu achten, was wir denken. Wir Menschen tragen auch viele Gedanken in uns, die uns gar nicht so richtig bewusst sind. Dies ist der Grund, warum es sehr hilfreich ist, von Zeit zu Zeit eine Gedanken-Überprüfung vorzunehmen. Während wir generell angehalten sind, auf unsere Gedanken und unsere Worte zu achten, so besteht eine solche Gedankenreinigung vor allem darin, auf jene Gedanken zu achten, die unseren sogenannten „inneren Dialog" ausmachen. Dieser ständigen Gedanken, die diesen inneren Dialog ausmachen, sind wir uns kaum bewusst; sie tragen aber ebenso – und dies sehr – zur Gestaltung unserer Welt bei, wie sie ist. Diese Gedanken sind von unseren Empfindungen begleitet. Beide, unsere Gedanken und unsere Empfindungen, gestalten schließlich unsere inneren Bilder, die wir ebenso mit uns herumtragen. Es sind unsere geistigen Bilder, als eine in uns entstandene Ebene, durch unsere Gedanken bewirkt, die sich schließlich in unserer Außenwelt kristallisieren.

Wenn in den Lehren immer wieder dazu ermuntert wird, die Kunst der Visualisation zu üben, so resultiert diese Übung vor allem auch daraus, dass es unsere Vorstellung ist, die unsere Welt prägt. Wir können dies nutzen, indem wir diese menschliche Eigenschaft bewusst anwenden, um jene Dinge zu verwirklichen, die wir für ein sinnvolleres Leben im Einklang und zum Wohle unserer Mitwelt ersehnen.

Wenn wir die Monografien studieren, unseren Studienabend einhalten und, so gut wir es vermögen, am Leben in den Städtegruppen und sonstigen Aktivitäten zur Vertiefung im rosenkreuzerischen Geiste teilnehmen, so haben wir eine ideale Begleitung für unser Leben gefunden, das uns hoch bereichern wird. Wir müssen es nur tun. In der Tat werden wir jene Befreiung finden; selbst wenn wir dabei nicht immer den Erfolg haben, den wir uns ersehnen. Stets aber werden wir dabei in uns Schlacken lösen, auch wenn uns dies nicht immer bewusst ist. Nicht immer können wir die wirklichen geistigen Errungenschaften und Erfolge äußerlich wahrnehmen. Oft entzieht sich geistige Entwicklung unserer rein äußeren Wahrnehmung. Seien wir aber gewiss, dass eine positive, aufbauende Veränderung nicht ausbleiben wird. Sie kommt so selbstverständlich, dass es uns

MEDITATION

„Wie sollte die Meisterung meines Lebens aussehen?“

Wir empfehlen eine Meditation über unsere Vorstellung, wie unser Leben beschaffen sein sollte. Sie sollten also im Vorfeld dieser Meditation schon darüber nachdenken, was Sie darunter verstehen. Betrachten Sie dann diese Notizen und fragen Sie sich, inwieweit Sie von sich sagen können, dabei bereits vorangeschritten zu sein. Bereiten Sie dann alles für die Meditation im Heimsanktuarium vor. Ist dies geschehen, nehme man Platz und führe die Übung zur Harmonisierung des Bewusstseins durch.

Entzünden Sie dann zu Beginn Ihrer Meditation den Moosrose-Räucherkegel, sowie die Kerze. Sodann entlasse man all seine Gedanken und lasse nur noch die Frage vor seinem inneren Bildschirm erscheinen, die man für die Meditation vorbereitet hat. Sie soll wie folgt lauten: „Wie sollte die Meisterung meines Lebens aussehen?"

Man visualisiere diese Frage richtig plastisch auf seinem geistigen Bildschirm und verlebendige diese mit dem aufrichtigen Verlangen seines Herzens. Schließlich entlasse man diese Frage in den kosmischen Raum und bitte den Gott seines Herzens, über einen zu verfügen, wie ER dies für richtig hält. Dann trete man frei von allen Gedanken in die Große Stille ein.

Man beende diese Stille nach etwa sieben Minuten und achte auf die Eindrücke, die kamen oder noch kommen können. Anschließend bedanke man sich dafür und beende die Meditation. Die Erfahrung aus der Stille heraus sollte man sich notieren.

DIE UNIO MYSTICA ALS HOHE STUFE DER ERLEUCHTUNG

Wenn wir von der Seele sprechen, so ist es uns oft schwer zu unterscheiden, was denn der Unterschied zwischen Herz und Seele sei. Wir kennen den Ausdruck „herzlich", und dass etwas „von Herzen kommt"; wir kennen die Ausdrücke „seelisch", wie auch, dass etwas „aus tiefster Seele" kommt". Im landläufigen Sinne unterscheidet man hier kaum, und doch gibt es Unterschiede. Es ist im Grunde gar nicht so einfach, dies zu zergliedern, denn es sind Empfindungen, die tief aus unserem Inneren kommen und eigentlich für eine rationale Analyse gar nicht so zugänglich sind.

Bei einem Gespräch darüber in einem Seminar sagte ein Bruder, dass es seiner Ansicht nach immer noch besser ist, die Unterschiede nicht so genau zu kennen, aber doch so zu empfinden, und es eben mal so oder so auszudrücken, wie einem gerade danach ist. Es geht uns hier ähnlich wie mit der mystischen Symbolik: Neben aller

Definition ist doch das Entscheidende daran, dass man das Symbol innerlich wahrnimmt und so von innen heraus erkennt, was es für einen bedeutet.

Dem ist gerne zuzustimmen. Und trotzdem müssen wir manches Mal aus der reinen Empfindung heraustreten, um nachzuforschen, woher diese Begriffe kommen. Denn auch dies dient der Bewusstwerdung und unserem Zugang. Die Erfahrung zeigt, dass hinterher, wenn wir die Analyse wieder verlassen – und dies sollten wir unbedingt –, ein tieferes Verstehen dessen, was wir innerlich empfinden, die Folge ist.

„Wir sind ein Herz und eine Seele!" sagte mir kürzlich ein lange zusammenlebendes Paar. Und man freut sich gerne mit, wenn sich zwei Menschen so gut ergänzen, was nicht selbstverständlich ist. Wenn wir sagen, dass man etwas „von Herzen gerne" tue, so kann man dem entnehmen, dass es mit Freude getan wird. Diese Freude kann verschiedene Ebenen haben. Ein hoch emotionaler Mensch wird dies wahrscheinlich anders meinen als ein stiller, in sich gekehrter Mensch, dem Emotionen nicht so sehr liegen. Wenn beide sagen, dass sie etwas von Herzen gerne tun, dann können wir uns vorstellen, dass sie zwei verschiedene Vorstellungen darüber haben. „Etwas mit ganzer Seele" tun, geht schon etwas tiefer, und wir können, wenn wir unsere Empfindung mit einbeziehen, schon wahrnehmen, dass da noch etwas anderes gemeint ist, als etwas „von Herzen" tun.

In der Mystik unterscheidet man zwischen „Herz" und „Seele". Natürlich wissen wir, dass hier nicht das physische Herz gemeint ist, wenngleich wir feststellen können, dass „ohne Herz" etwas tun, auf Dauer auch dem physischen Herzen nicht gut bekommt. Doch ist die Herzlichkeit eines Menschen eine Regung bzw. eine Empfindung, die vor allem vom äußeren Menschen kommt. Man könnte dieses „Herz" als die Quint-Essenz positiver äußerer menschlicher Regung betrachten. In den Rosenkreuzer-Lehren sprechen wir vom Äußeren Ich und dem Inneren Selbst und unterscheiden damit diese beiden Wesensarten, die dem Menschen so eigen sind. Manche gelangen vielleicht zu der falschen Ansicht, das Äußere Ich nicht mehr so wichtig zu nehmen, wenn sie erkennen, dass die Seelen-Persönlichkeit vor allem im Inneren anzusiedeln ist.

Dies wäre aber ebenso ein Trugschluss, wie umgekehrt. Auch das Äußere Ich brauchen wir, denn damit handeln wir und drücken uns im Leben aus. Wenngleich wir dem Inneren Selbst den Vorrang geben, so ist es doch das Äußere Ich, das dem Inneren Selbst Ausdruck verschafft. In der Tat: Je mehr das Innere Selbst mit dem Äußeren Ich in Einklang kommt, umso mehr befindet sich der Mensch im Allgemeinen, im ganzheitlichen Sinne im Einklang.

Herzlichkeit ist der angenehme Ausdruck des Menschen in seinem äußeren Habitus und seiner äußeren Empfindung. Wenn wir etwas herzlich tun, so wollen wir damit sagen, dass wir es gerne tun, also mit der positiven Einstellung, die Freude ausdrückt, was wiederum positive Kräfte sammelt und zum Ausdruck bringt, was der andere auch verspüren kann. Manches Mal mögen wir in Situationen geraten, in denen wir uns gezwungen fühlen, etwas zu tun, was wir eigentlich nicht so gerne mögen. Wir können für uns entscheiden, ob wir dies dann ablehnen.

Dies ist aber nicht immer so einfach, denn oft sehen wir eine Notwendigkeit, etwas zu tun, obwohl das Äußere es nicht so gerne mag. Hier ist es dann notwendig herauszufinden, wie wir dies trotzdem von Herzen tun können, „beherzt" sozusagen, denn alles, das wir ohne Herz tun, ist leblos und bringt keinen wirklichen Gewinn. Hier kann unsere Vernunft helfen, eine Entscheidung darüber zu fällen. Und wir können nach innen gehen und unsere Intuition befragen. Wenn uns dann die sanfte, unaufdringliche, neutrale Intuition eine Antwort gibt, so können wir davon ausgehen, dass sie aus unserer Seele kommt.

Dadurch aber, dass wir unsere Intuition mit einbeziehen, haben wir bewusst unsere Seele mit einbezogen, und unserer Herzens-Angelegenheit, ob wir etwas tun sollen oder nicht, haben wir auch eine bewusste seelische Verbindung gegeben. Wenn wir aber unsere Seele durch Befragung unserer Intuition mit einbeziehen, so befleißigen wir uns einer ganzheitlichen Herangehensweise. Erfahren wir eine bejahende Reaktion aus unserer Seele, also nicht alleine vom Herzen, so ändert sich unser Bezug zu jener Angelegenheit, weswegen wir tiefer schürfen wollten, und sie erhält eine umfassendere und bedeutendere Komponente. Was wir unserer Seele anheim geben, lässt diese wirksam werden.

Wenn wir unsere Seele mit einbezogen haben, so ist unsere Angelegenheit nicht nur besser behütet; sie wird auch wirklich bewusster in ihrer Bedeutung für uns und für die Allgemeinheit. Unserer Angelegenheit, weswegen wir uns an unsere Intuition bzw. unser Inneres Selbst gewandt haben, gesellen sich, wenn unsere Seele diese befürwortet, weitere Seelen-Kräfte hinzu, die einen guten Erfolg begünstigen. Wir können nun auch besser wahrnehmen, ob das, was wir tun sollten und auch von unserem Herzen getragen wird, zu uns gehört oder nicht. Unsere Seele betrügt uns nicht; davon können wir mit Gewissheit ausgehen. Unser Herz aber kann schon einmal einer Täuschung unterliegen, da es mehr das Empfindungs-Zentrum des Äußeren Ichs ist. Wenn aber beide – Herz und Seele – verbunden sind, so kann man davon ausgehen, wie immer der äußere oberflächliche Erfolg beschieden sein mag, dass diese Erfahrung zu uns gehört.

Es ist das Herz, das den äußeren Menschen bewegt, und es ist die Seele, welche die innere Welt regiert. Diese innere Welt der Seele ist aber nicht nur mit unseren inneren Bildern und Erfahrungen gleichzusetzen, die meist im psychologischen Sinne lediglich die geistige Aufarbeitung von Erfahrungen sind.

Die Seele befindet sich mehr dahinter. Nur wenn ein auf dem mystischen Pfade Wandelnder bereits weiter fortgeschritten ist, so kann man sagen, dass die Seele sein Herz regiert und beide eine Hochzeit eingegangen sind. Dann sind sie zu Braut und Bräutigam geworden, und der mystische Schüler hat eine weitere bedeutende Ebene seiner Entwicklung erreicht.

Wenn wir also den Gruß gebrauchen: „Mit herzlichen Grüßen", so meinen wir diesen Gruß auch mit herzlicher persönlicher Freude. Dieser Gruß wird in der Regel benutzt, wenn man sich mehr vertraut ist und dadurch seiner persönlichen freudigen Verbundenheit Ausdruck verleihen möchte.

Es ist das Herz, das geläutert werden muss, nicht die Seele. Dort aber, wo das Herz ist, dort ist der Seele eine Wohnstatt bereitet, in die sie Einzug halten kann. Dort wo kein Herz ist, vermag auch die Seele nicht zu sein.

Man könnte folgende Herzens-Hierarchie bilden:

Die Menschlichkeit ist die Wohnung der Herzensbildung;

das Herz ist die Wohnung der Seele;

die Seele aber ist die Wohnung des Göttlichen.

Dort wo Menschlichkeit gepflegt wird, wächst auch die Herzensbildung, und der Mensch erlangt verstärkt Zugang zu seiner Seele, die sich verbunden mit dem Inneren Meister und seiner Intuition kundtut.

Dort, wo die Seele Einzug hält, hält auch das Göttliche Einzug, denn es befindet sich in deren Zentrum.

Die Seelen-Essenz, die jedem Menschen eigen ist, beherbergt diesen Göttlichen Funken, der den Menschen durch die geistigen Welten hindurch mit dem Höchsten verbindet.

Wenn wir von dem „Gott unseres Herzens" sprechen, so ist es jenes Göttliche, das in unserer Seele wohnt und von dem jeder Mensch eine sachte, beinahe verborgene, da an der Schwelle befindliche innere Vorstellung hat. Mit dieser verbindet er sich, wenn er den „Gott seines Herzens" mit einbezieht.

Wenn wir den Pfad des Rosenkreuzes beschreiten, so wird dies unweigerlich auch diese hohe Erfahrung mit unserer Seele bedeuten, und darüber hinaus die höchste Erfahrung, die als die Erfahrung mit dem Göttlichen bezeichnet wird. Der mystische Weg hat dies immer zum Ziel.

Wenn wir daher in den Monografien lesen, dass „Mystik" soviel bedeutet wie: „die Augen schließen", so bedeutet dies natürlich mehr als nur diesen physischen Vorgang. Es bedeutet, den Weg der höheren Erfahrungen zu gehen und zu lernen, wie unsere Welt im Inneren beschaffen ist und wie sie erfahren werden kann. Es bedeutet aber auch, die Augen wieder zu öffnen und das Erfahrene in der Alltagswelt umsetzen zu lernen.

„Die Augen schließen" heißt im mystischen Sinne, zu erfahren, dass die eigentliche Welt hinter der sichtbaren verborgen ist, und dass wir, wenn wir diese Welt verändern wollen, dort beginnen müssen. Wenn wir die Augen im mystischen Sinne schließen, wofür vor allem auch die Meditation steht, so beschreiten wir den Weg, der zu unserer Seele führt.

Wenn wir die Augen wieder öffnen, so ist es unser Herz, das die Seele durch diese Welt führen soll, und umgekehrt. Wenn das Herz die Seele in ihrer Wohnung bewahrt, so geht der Mensch einen guten Weg. Wenn in der Seele das Göttliche erwacht, was ein langsamer Prozess des Reifens ist – auch, ja vielleicht gerade in unserer schnelllebigen Zeit –, der aber durch die Einweihungen und die Tempelgrade bewirkt wird, dann beginnen die hohen unaussprechlichen Erfahrungen, die den Menschen zu einem wahren Mystiker und Adepten machen. Der

Mensch erfährt von der hohen kosmischen Ordnung, in der die Kräfte unverändert wirken, ohne Unterlass, solange die Schöpfung besteht. Gelenkt aus der Göttlichen Welt, ist sie der Garant der Schöpfung und der Ausgangspunkt jeder Höher-Entwicklung.

In der „Fama Fraternitatis", erstmals im 17. Jahrhundert veröffentlicht als das erste rosenkreuzerische Manifest, können wir davon erfahren. Doch ist diese Schrift höchst symbolisch und kann nicht verstanden werden ohne mündliche Einführung. So ist es auch mit anderen allegorischen Schriften, wie zum Beispiel der „Genesis", dem symbolischen Grundwerk des „Buches der Bücher", der Bibel.

Solche Werke können wir nur verstehen, wenn wir Herz und Seele mit einbeziehen, diese zu verbinden wissen und eine der größten Tugenden der Mystiker üben: die Geduld. Denn die seelische Entwicklung ist nicht nach äußeren Zeit-Maßstäben ausgerichtet. Eine andere Tugend kommt hinzu. Dies ist die Toleranz. Gemeint ist im mystischen Sinne mit Geduld die positive Geduld und nicht jene, die einfach nur ungefiltert hinnimmt. Dies gilt auch für die Toleranz, die eine positive Toleranz sein muss. Nicht jene Toleranz ist gemeint, die einfach träge und unbedacht alles geschehen lässt, sondern die von Respekt getragen auch das Andersartige respektiert, anders im Vergleich zu dem, was man zu seinem Guten und Edlen gemacht hat.

Ohne Herz sollte der Mensch nicht durch das Leben gehen. Doch braucht nicht nur der Verstand, sondern auch das Herz eine Bildung, was man als die Herzens-Bildung bezeichnet. Dies wird gerne vergessen und ist gerade heute in der Ära der Hochtechnologie sehr wichtig geworden.

Auf dem Pfade der Mystik sollten wir neben der Herzensbildung nicht ohne Seele durch das Leben gehen. Sie gehört zur Herzens-Bildung unbedingt mit dazu. Sie aber braucht selbst keine Bildung, sondern sie bildet, wenn wir sie mit einbeziehen. Wenn der Mensch die Seele erfahren hat und sie in sein Leben mit einbezieht, dann wird die Welt sich zum Positiven zu verändern beginnen. Dann ist die Vorstellung des Göttlichen nicht mehr einfach nur auf Dogmen aufgebaut, sondern wird zur tiefgreifenden inneren und persönlichen Erfahrung.

Dann wird der Schüler der Mystik gut vorbereitet sein für die höchste aller Erfahrungen im Leben: das Erwachen des Göttlichen, das die alten Mystiker als die „Unio Mystica" bezeichneten.

Wenn wir also mit herzlichen Grüßen grüßen, so seien wir uns bewusst, was wir damit meinen. Mit „seelischen Grüßen" kann man schlecht sagen, denn dies kann man eigentlich nicht ausdrücken und mit Worten darstellen. Dies kann man höchstens wahrnehmen: von Seele zu Seele.

Einen Wunsch aber gibt es, der nur von der Seele kommen kann: wenn wir „wahren, inneren Frieden" wünschen. Mögen diese Worte Sie auf dem Weg des Rosenkreuzes in den nächsten Wochen begleiten und auf Ihrem Lebensweg eine Hilfe sein.

„Ich bitte um eine Erfahrung des Einsseins mit dem Göttlichen!“

Wir empfehlen eine Meditation über den Einklang mit dem Göttlichen. Sie sollten im Vorfeld dieser Meditation schon darüber nachdenken, was Sie darunter verstehen.

Bereiten Sie dann alles für die Meditation im Heimsanktuarium vor. Ist dies geschehen, nehme man Platz und führe die Übung zur Harmonisierung des Bewusstseins durch. Entzünden Sie dann zu Beginn Ihrer Meditation den Moosrose-Räucherkegel, sowie die Kerze.

Sodann entlasse man all seine Gedanken und lasse nur noch die Bitte vor seinem inneren Bildschirm erscheinen, die man für die Meditation vorbereitet hat. Sie soll wie folgt lauten: „Ich bitte um eine Erfahrung des Einsseins mit dem Göttlichen." Man visualisiere diese Bitte richtig plastisch auf seinem geistigen Bildschirm und verlebendige diese mit dem aufrichtigen Verlangen seines Herzens. Schließlich entlasse man diese Bitte in den kosmischen Raum und bitte den Gott seines Herzens, über einen zu verfügen, wie ER dies für richtig hält. Dann trete man frei von allen Gedanken und Vorstellungen in die Große Stille ein. Man beende die Stille nach etwa sieben Minuten und achte auf die Eindrücke, die kamen oder noch kommen können. Anschließend bedanke man sich dafür und beende die Meditation. Die Erfahrung aus der Stille heraus sollte man sich notieren.

GLÜCK AUS DEM EIGENEN GARTEN

Ein neues Kalenderjahr hat begonnen und gibt mir Gelegenheit, Ihnen alle guten Wünsche zu übermitteln, insbesondere, was Ihre Vorhaben angeht; auf dass es Ihnen gelingen möge, Ihre Persönlichkeit weiter zu entwickeln und zu einem glücklichen, bewussten und zufriedenen Leben zu finden. Glück ist etwas, das den Menschen sehr viel bedeutet. Zu allen Gelegenheiten wünschen wir uns Glück und freuen uns auch am Glück anderer Menschen. Doch sind auch die Vorstellungen von Glück so verschieden, wie wir Menschen es sind. Da es dem Menschen so viel bedeutet, lohnt es sich auf unserem mystischen Wege, auf dem wir uns alle befinden, darüber nachzudenken, was denn Glück eigentlich ist.

Allen voran steht natürlich die Frage an sich selbst: „Kann ich von mir sagen, ein glücklicher Mensch zu sein?" Kann man diese Frage positiv beantworten, so kann man die Frage hinzufügen, warum ich ein glücklicher Mensch bin. Das heißt also: „Was ist es, das mich zu einem glücklichen Menschen macht?"

Dies erinnert mich an die Frage eines unserer Studierenden anlässlich eines Forum-Gespräches, ob ein Mystiker Glück anstreben soll. Ein Frater stellte die Frage in den Raum, ob es nicht egoistisch sei, wenn ein Mystiker oder ein auf dem Pfad der Mystik Befindlicher Glück anstrebt. Es müsse doch vor allem gelten, allein Erkenntnis anzustreben sowie die Erleuchtung, die im Vordergrund stehen müsse. Dies löste ein langes Gespräch aus, zu dem sich viele Brüder und Schwestern zu Wort meldeten. Schließlich fragte man, was denn der Orden mittels seiner Lehren dazu sage. Meine Antwort war, dass es für den Menschen auf dem Wege zu höheren Erfahrungen und auch zur Meisterung seines Lebens sehr wichtig sei, ein glückliches Leben anzustreben. Dies habe nichts mit Egoismus zu tun. Trotzdem sei es genauso wichtig, darauf zu achten, auf welcher Grundlage dieses Glück erstrebt wird.

Glück, das für die Mystiker von Bedeutung ist, hängt sehr von der inneren Beschaffenheit des Menschen ab. Die mystische Lehre sagt uns, dass ein Mensch nicht wirklich glücklich sein kann, wenn er zu wenig auf seine innere Beschaffenheit achtet und darauf, Harmonie mit den kosmischen Gesetzen und auch mit der menschlichen Ordnung zu erstreben. Glückserfahrung bedeutet auch, sich zu befreien von unnötigen Ängsten, die sich oft in uns Menschen aufstauen, aus den verschiedensten Gründen. Diese gilt es zu erkennen und zu erforschen, um sie aufzulösen. Auch dies gehört zu unserer Arbeit auf dem mystischen Pfade. Glück steht vor allem mit

Zufriedenheit in Verbindung. Was aber ist Zufriedenheit? Zufriedenheit hat wiederum mit Harmonie, mit Frieden, Wohlwollen und auch mit innerer Freude etwas zu tun.

Wenn wir die Begriffe Zufriedenheit, Wohlwollen, Harmoniestreben, innerer Friede und innere Freude als Bestandteile nehmen, so sind dies die besten Grundlagen dafür, ein glücklicher Mensch zu sein. Diese innere, eigentlich spirituelle Freude, die gerne mit emotionaler Begeisterung verwechselt wird, aber lediglich die gesunde Grundlage davon ist, hat Friedrich Schiller gemeint, als er den so bereichernden Text verfasste, den Beethoven wiederum zur große Hymne hoher spiritueller Menschlichkeit in seiner „Ode an die Freude" komponierte. Diese Freude aber entsteht nicht von selbst. Man kann sie auch nicht direkt machen, so wie wir dies von der kreativen Gestaltung von äußeren Dingen her kennen. Sie ist sozusagen das Ergebnis rechten Denken, Handelns und rechter Wahrnehmung. Sie ist das Ergebnis davon, wie wir in dieser Welt, von der wir umgeben sind, stehen und wie wir sie wahrnehmen, aufnehmen und ihr das wiedergeben, was ebenso zu unseren Lebensaufgaben gehört.

Es ist ein Ergebnis von Freiheit und Verantwortung gegenüber allem, mit dem wir zu tun haben, ganz gleich, in welcher Situation wir uns befinden. Ja, selbst in der schwierigsten Situation, in welcher wir uns hin und wieder befinden mögen, sollten wir fähig sein, ein geistiges Lied zu singen.

Wenn wir diese innere Freude erfahren, so ist diese auch ein Ausdruck unserer Verbundenheit und Harmonie mit den geistigen Gesetzen, ein Ziel, nachdem sich jeder

Rosenkreuzer sehnt. Indem wir an uns selbst arbeiten, drückt sich diese innere Freude in uns als ein Ergebnis aus und wird zur Grundlage von Glück.

Wenn wir im mystischen Sinne von Glück sprechen, so meinen wir nicht den Lottogewinn, den wir erhofften und der eingetroffen ist. So erstrebenswert dies für manche sein mag, so ist er doch nichts anderes als ein Erfolgserlebnis eines langen materiellen Wunsches, den wir hegten. Dieses Anstreben soll nicht geschmälert werden. Es kommt nur darauf an, zu unterscheiden zwischen innerem und diesem äußeren Glück, das sehr wechselhaft sein kann und von äußeren Ereignissen abhängig ist.

Vielmehr ist, wenn wir im mystischen Sinne von Glück sprechen, jenes Glück gemeint, das unsere innere geistige und wahre Persönlichkeit erfasst und nicht von äußeren Ereignissen ausgelöscht werden kann, da es ein Ergebnis unserer geistigen Entwicklung ist. Es ist wie ein Werden und Manifestieren der geistigen Kräfte in uns, die uns Stabilität geben und uns jenes besondere Empfinden vermitteln, das wir als Glück bezeichnen.

Daher sind es nicht die äußeren Umstände, die uns Menschen glücklich machen; es sei denn, wir gehen davon aus, dass die äußeren Umstände das Ergebnis unserer inneren Zustände sind. Doch sind es nicht die äußeren Erstrebungen, die den Menschen glücklich machen. Es ist nur allzu bekannt, dass Menschen, die ein sogenanntes leichtes Leben haben, deswegen nicht glücklicher sind als andere. Oft sind es gerade

Schicksalsschläge, die Menschen zu einem glücklichen Leben geführt haben, da ihnen bewusst wurde, worauf es im Leben eigentlich ankommt.

Eines der Ergebnisse des mystischen Weges ist diese innere Festigung von Glück und Freude, die eng mit dem verbunden sind, was wir als wahren, inneren Frieden bezeichnen. Erreichbar wird dies umso mehr, je mehr wir unser Inneres erkennen; vor allem jenes Innere, das sich hinter all der unaufgearbeiteten Problematik unseres Lebens befindet.

Die Meditation führt uns dorthin, aber auch die regelmäßigen kosmischen Abstimmungen; sei dies zuhause im Heimsanktuarium oder bei den Konvokationen in den Tempeln unseres Ordens. Denn diese spirituellen Erfahrungen, die wir in den Meditationen, in den kosmischen Abstimmungen und durch die Konvokationen machen, stärken unsere Persönlichkeit ungemein. Erstens dadurch, dass wir immer mehr mit den kosmischen Kräften in Harmonie gelangen, aber auch dadurch, dass durch diese Harmonisierung mit den kosmischen Kräften unsere geistigen positiven, aufbauenden Kräfte erstarken. Dies macht den Studierenden der Mystik zum Mystiker und schließlich den Mystiker zum Adepten, wenn die Zeit gekommen ist. Dies ist das hohe erstrebenswerte Ziel des Menschen überhaupt. Wenn wir uns fragen, was denn das Ziel der Menschheit sei, so ist es gerade diese Meisterung des Inneren seines Wesens, um damit mit der kosmischen Einheit wieder in Einklang zu gelangen. Dies ist im Grunde das Menschheitsziel und auch das Ziel jedes einzelnen strebenden Menschen. Der eine mag noch weit davon entfernt sein, der andere aber schon weiter vorangeschritten, sodass er daran bewusst arbeitet, wie wir dies auf dem Wege im Zeichen des Rosenkreuzes tun.

Glück ist kein Zufallsprodukt, sondern doch ein Ergebnis unserer inneren Einstellung, die wiederum unsere Gedanken, Worte und Taten prägt. Man kann am Glück arbeiten, vor allem durch Findung unseres inneren Wesens und durch die immer vertrauter werdenden kosmischen Gesetze, mit denen in Einklang zu gelangen Harmonie und Zufriedenheit bewirkt.

In den Oberen Graden sprechen wir gerne von den zwei symbolischen Gärten, welche die Menschen in sich tragen. Das eine ist jener Garten, den wir gerne als das Paradies bezeichnen. Dieser besondere mystische Ort beschäftigt den Menschen in den vielfältigsten Formen, seit es den Menschen gibt. Es ist jener vollkommene Garten, in welchem auch der geistige Mensch selbst noch vollkommen ist. Diesen hat er aber durch eine Weisung verlassen.

Dadurch trägt der Mensch einen weiteren Garten in sich. Dies ist sein eigener Garten, in dem er arbeitet, um ihn zu vervollkommnen – so lange, bis er sich dem paradiesischen Garten immer mehr annähert, sodass diese beiden Gärten schließlich wieder eins sind.

Der eine vollkommene Garten ist im kosmischen Raum vorhanden. Der Mensch kann nichts daran ändern. Der andere Garten aber ist sein eigener. Er ist unvollkommen. An ihm arbeitet der Mensch und vervollkommnet sich, indem er die Aspekte dieses Gartens erkennt und diese sinnvoll zur Blüte und Reifung bringt. Es sind die Aspekte seines eigenen Wesens, die Aspekte seines Charakters, welche seine Persönlichkeit bilden. Die Lehren unseres Ordens helfen ihm dabei, diesen schönen und bereichernden Weg zu gehen und seinen Garten so zu hegen und zu pflegen, dass eine Annäherung erfolgen kann, die schließlich dieses innere Glück und diese innere Freude auslöst, die ihm zeigen, wie weit er bereits vorangeschritten ist.

Bleiben Sie daher neugierig, legen Sie Ihre Hände nicht in den Schoß und pflegen Sie Ihren Garten mit den Aspekten der Erfahrungen, die Ihnen dieser Weg im Zeichen des Rosenkreuzes beschert.

MEDITATION

„Ich bitte um eine Erfahrung, in welcher Weise mein geistiger Garten von mir gepflegt werden soll."

Wir empfehlen eine Meditation über die Bedeutung des eigenen geistigen Gartens, als Umgebung der inneren Persönlichkeit. Im Vorfeld unserer Meditation sollten wir uns damit befassen, wie wir uns einen solchen geistigen Garten vorstellen. Er kann eine Umzäunung haben. Von welcher Beschaffenheit ist diese? Was befindet sich alles in diesem Garten? Lassen wir diese Imagination einfach in uns entstehen, ohne sie groß mit unseren Wünschen zu beeinflussen. Achten wir auf deren Farben ebenso, wie auf die Gegenstände, die sich in diesem Garten befinden. Die Bitte für die Meditation kann lauten: „Ich bitte um eine Erfahrung, in welcher Weise mein geistiger Garten von mir gepflegt werden soll." Diese Bitte sollte man richtig plastisch auf dem inneren Bildschirm visualisieren. Man gebe diese aufrichtige Bitte um eine Antwort ab in den Kosmischen Raum und denke nicht mehr weiter daran. Anschließend bitte man den Gott seines Herzens, über uns frei zu verfügen, und trete dann, frei von allen Gedanken, in die Große Stille ein. Achten wir darauf, wie auf unserem geistigen Bildschirm etwas zum Entstehen kommt, das mit dieser Vorstellung des eigenen Gartens zu tun hat und in Verbindung mit der ausgesprochenen Bitte steht. Man beende diese Stille nach etwa sieben Minuten und achte auf die Eindrücke, die kamen oder noch kommen können. Anschließend bedanke man sich dafür und beende die Meditation. Die Antwort aus dieser Meditation sollte man sich notieren. Dabei bleibe man in entspannter Haltung und achte bei den Notizen darauf, was die Intuition übermittelt. Oft kann eine Antwort auch erst später ins Bewusstsein dringen. Dies geschieht oft dann, wenn man eine zu hohe Erwartungshaltung hegte.

ANHANG

DIE MEDITATION

WEG ZUR INNEREN SCHAU UND ZUR ERWECKUNG DER SEELENKRÄFTE

Meditation ist heute ein sehr aktueller Begriff, und viele Institutionen greifen diese Technik zu höheren Erfahrungen auf, um die Menschen zu tieferen Erfahrungen anzuregen. Allerdings gibt es eine Fülle an Vorstellungen, auch Phantasien, was Meditation überhaupt bedeutet, vom einfachen Nachdenken hin bis zur Erfahrung der Stille und dem Eintauchen in eine Meta-Ebene.

Für die Sammlung des menschlichen Geistes kennt AMORC, als die authentische Weisheitsschule der traditionellen Rosenkreuzer, drei wichtige Anwendungsmethoden bzw. Stufen: die Konzentration, die Kontemplation, sowie als höchste Stufe die Meditation.

Auch hier ist das Verständnis in den verschiedensten Institutionen oft unterschiedlich.

Konzentration bedeutet in den Lehren des AMORC geistige Sammlung. Diese Sammlung ist aber nicht einfach nur ein Auswendiglernen, wie es oft scheint. Vielmehr ist die Visualisation, die Fähigkeit der geistigen Vorstellungskraft, ein wichtiger Teil für das Gelingen der Konzentration, die eine innere Sammlung bewirkt, was für eine erfolgreiche Konzentration Voraussetzung ist.

Kontemplation – in manchen Institutionen sind die Begriffe Meditation und Kontemplation umgekehrt – bedeutet, sein Inneres sprechen zu lassen. Es ist in der Schule des AMORC gleichbedeutend mit dem lateinischen Wort ‚contemplatio', das ‚Betrachtung' bedeutet. Denn eine wirkliche Betrachtung braucht diese Verinnerlichung, damit die Intuition sprechen kann.

Meditation aber bedeutet in der traditionellen rosenkreuzerischen Terminologie vor allem, sich zur Mitte seines Wesens hin zu versenken, um von dort tiefgreifende Antworten und seelisch-geistige Kräftigung zu erhalten, die auf herkömmlichem Wege üblicherweise nicht erreicht werden können. Sie bringt uns mit dem Ausgangspunkt der Seele in Verbindung, wo die Seelen-Persönlichkeit im Innersten des Menschen zuhause ist, wie auch das, was man als das Göttliche bezeichnet. Dort befindet sich auch seine persönliche innere Schatzkammer des Gedächtnisses, worin alles aufbewahrt ist, was die gereifte Persönlichkeit ausmacht, und wo sich auch der Zugang zur kosmischen Schatzkammer, der sogenannten „Akasha-Chronik", befindet.

Dorthin wendet man sich in der rosenkreuzerischen Meditation, die aber leider nur wenig bekannt ist, mit diesem Buch vielleicht aber einen höheren Bekanntheitsgrad erreicht.

Die Meditation des AMORC, der authentischen Weisheitsschule der Rosenkreuzer, ist uralt. Sie war stets ein wichtiger Bestandteil der Übermittlung und für das Verstehen der Lehren, die seine Studierenden sich für die Meisterung ihres Lebens erarbeiteten, sehr bedeutsam. Vom hohen Meister Jesus, der mit den Essenern, einer spirituellen Gemeinschaft der damaligen Zeit, verbunden war, ist überliefert, dass er in seinen Belehrungen des inneren Kreises, dem auch die meisten Apostel angehörten, stets am Ende nach seinen Unterweisungen eine Meditation folgen ließ. Dies war notwendig, damit von innen her ein tieferes Verständnis erfolgen konnte und es somit vervollständigt wurde.

Für eine sinnvolle Meditation gibt es traditionelle Stufen, die helfen, diesen Zustand zu erreichen, denn es genügt nicht, sich einfach hinzusetzen, um still zu werden, und zu glauben, dies wäre bereits Meditation. Dies wäre eher als eine geistige Harmonisierung zu verstehen. Auch ist es notwendig, über eventuelle Ängste und unbewältigte Probleme, die unser Gemüt aufwühlen, hinauszugelangen; nämlich dorthin, wo die tiefe Stille unseres Wesens uns wie ein ruhiger See jenen inneren Frieden gibt. Dort können wir die Antwort finden und auch die Seelenkräfte veranlassen zu fließen, weswegen wir schließlich in die Meditation gegangen sind.

In der authentischen rosenkreuzerischen Tradition geht man nicht ohne einen Anlass in die Meditation. Der Anlass und das Thema, das man sich für die Meditation festlegt, ist sozusagen der geistige Köder, der an der Angel hängt, die man für die Meditation in den See der inneren Schau auswirft, um von dort die Antwort als Ergebnis der Meditation zu erhalten.

ANLEITUNG ZUR MEDITATION

Wenn wir ein Problem haben, über das wir nicht mehr weiter wissen, und worüber wir bereits auf herkömmlichem Wege Wissen gesammelt haben, so wird uns die Meditation hier weiter helfen.

Wenn wir das Thema dafür ausgewählt haben, so sollten wir zur Vorbereitung schreiten. Zur Vorbereitung sollten wir im Vorfeld alles notieren, was uns dazu einfällt. Wenn wir durch unsere Kontemplation darüber unsere Vorarbeit vertieft haben, sollten wir zur Meditation übergehen.

Bereiten wir uns dann für eine Meditation vor.

Für die Meditation empfehlen wir, sich bereits die Bitte bzw. Frage dafür zurecht zu legen, damit wir, wenn wir diese dann an unser Inneres richten, nicht erst überlegen müssen, da dies störend wäre. Dabei sollten wir darauf achten, dass die Auswahl der Worte so ist, dass sie positiv aufbauend wirken, und niemand dadurch zu Schaden kommt. Wir sollten uns dabei bewusst sein, dass auf schädliche Worte bzw. Fragen oder Bitten der Kosmos nicht antwortet, der stets nur Aufbauendes vermitteln kann. Die Worte sollten darüber hinaus so gewählt sein, dass sie Bilder bewirken, denn unser Inneres Bewusstsein reagiert vor allem auf Bildhaftes.

Begriffe wie „nicht“ oder Ähnliches können von der geistigen, inneren Seite unseres Wesens nicht erkannt werden.

Wenn wir uns zum Beispiel von irgendetwas geschädigt fühlen, so wird es nicht helfen, wenn wir darum bitten, „nicht geschädigt“ zu werden. Das Wort „nicht“ ergibt kein Bild; das Wort „schädigen“ aber schon eher. Besser wäre es dann zu formulieren, dass wir um „Hilfe und Schutz“ bitten, was wir natürlich noch näher definieren können, wenn es sich um eine ganz bestimmte Situation handelt. Wir müssen uns bewusst sein, dass die Ratio eine Sprache unseres Äußeren ist. Unser Inneres kennt eher die Bildersprache, wie wir dies auch aus der Psychologie, allen voran von Carl Gustav Jung her kennen. Von ihm wissen wir, dass er den Rosenkreuzerweg gut kannte.

Die Meditation gliedert sich dabei in drei Stufen:

Reinigung – Opferung – Stille.

1. Stufe: Reinigung

Bevor man zu dem ausgewählten Platz der Meditation geht, wasche man sich die Hände und das Gesicht mit Wasser und spüle vielleicht auch den Mund. Dann halte man ein kleines Glas frisches Wasser bereit.

Nachdem wir einen ruhigen, angenehmen Platz ausgewählt haben, an dem wir uns wohlfühlen können und ungestört sind, sollten wir dort Platz nehmen.

Dann sollte man das Glas frisches Wasser in beiden Händen halten, eine Weile entspannt hineinschauen und es dann in langsamen Schlucken trinken.

Danach sollten wir die weiße Kerze entzünden, die wir auf einem Tischchen platziert haben. (Die Studierenden der AMORC-Lehren haben sich hierzu ohnehin einen persönlichen Platz für ihr Studium und ihre Meditationen eingerichtet, als Heimsanktuarium bezeichnet, den sie mit entsprechenden meditativ stimulierenden Gegenständen ausgestattet haben, wozu auch eine weiße Kerze gehört.)

Dann nehme man vor der brennenden Kerze auf einem Stuhl Platz, schließe die Augen und atme erst einmal tief aus. Anschließend atme man dreimal tief ein und aus.

Normal atment führe man dann eine Übung zur Harmonisierung des Bewusstseins durch. (Die Studierenden des AMORC kennen hier eine genaue Anleitung, nach der sie vorgehen können. Sollte man schon einmal die Gelegenheit gehabt haben, ein AMORC-Forum in einer Stadt des deutschsprachigen Raums zu besuchen, so ist man vielleicht auch schon als Gast damit vertraut geworden.)

Ist man damit nicht vertraut, so sollte man etwa drei Minuten in der Stille verbringen und auf das ruhige Ein- und Ausatmen achten und dafür sorgen, dass die Gedanken still werden, wie auch die Emotionen, und am Ende schweigen.

Von Bedeutung für ein Gelingen der Meditation ist vor

allem dieses Stille-Werden. Daher gehört zur Stufe der Reinigung nicht nur die sogenannte äußere Reinigung von Händen und Gesicht, das Trinken des Wassers, sondern auch das geistige Frei-Werden von Gedanken und Emotionen. Erst dann ist ein freier Zugang zu den inneren Erfahrungen gewährleistet.

Nach dieser Übung kann man einen Kegel Weihrauch entzünden, der unseren Zugang zu den inneren Gefilden unseres Seins unterstützt.

2. Stufe: Opferung

Dann praktiziere man die nächste Stufe, die als Opferung bezeichnet wird.

Opferung ist ein Wort, das häufig missverstanden wird. Oft finden wir in alten Schriften Darstellungen von Opferungen, die uns eher auf eine falsche Vorstellung über diesen Begriff bringen, als uns wirklich weiterzuhelfen. Hinzu kommt, dass viele alte Allegorien und Bilder aus einer symbolischen Darstellung kommen und nicht wörtlich genommen werden dürfen, sondern ein mystisches Verstehen brauchen, damit man herausfinden kann, was damit wirklich gemeint ist. Ungeachtet dessen war die Opferung stets ein wichtiger Bestandteil für die Entwicklung des Menschen, zu allen Zeiten. Es ist nur notwendig, sie richtig und unvoreingenommen zu verstehen, um ihren wirklichen Wert für den Menschen zu erkennen.

Im Sinne einer erfolgreichen Meditation bedeutet dieses Opfern, sich von etwas aus den irdischen Gewohnheiten, das uns nachteilig binden könnte, zu lösen und es aufzugeben; an das Höhere, das Göttliche in uns, das stets helfen will, das zu erreichen, was uns ein aufrichtiges Anliegen für unsere wirkliche Entwicklung ist. Hierdurch darf niemand geschädigt werden, sondern es soll auch für das Gesamte zum Wohle sein.

Die Studierenden von AMORC sprechen in diesem Zusammenhang von der Hinwendung an den „Gott meines Herzens", womit die höchste, edelste und erhabenste Instanz in uns angesprochen ist.

An diese Instanz wendet man sich mit der Frage bzw. Bitte, die man für die Meditation vorbereitet hat. Man formuliert diese, so dass sie richtig auf dem inneren Bildschirm erscheint. Man kann diese auch leise aussprechen. Wir sollten sie mit unserer Empfindung beleben, sodass es tatsächlich ein aufrichtiger Wunsch bzw. eine aufrichtige Bitte von uns ist.

Stellen wir uns dann vor, wie wir diese nach oben abgeben in den kosmischen Raum, voller Vertrauen, dass sie dort aufgenommen wird. Denken wir dann nicht mehr weiter daran, sondern werden ganz frei davon.

In einer weiteren Stufe der Meditation wendet man sich dann an die höchste göttliche Instanz, indem man sich hingibt und dieses Höchste, Edelste, Erhabenste, mit dem wir verbunden sind, vertrauensvoll darum bittet, über einen zu verfügen, so wie sie dieses für richtig hält. Eine solche Vertrauens-Bekundung von uns kann wie das Öffnen der notwendigen Pforte sein, wohinter sich die Antwort und die damit verbundenen helfenden Kräfte befinden.

Man kann im Sinne dieser Opferung folgenden Spruch sagen:

„Ich bitte den Gott meines Herzens, frei über mich zu verfügen, so wie er dies für richtig hält."

Nach diesem Vertrauensbeweis sollte man alles aus seinem Bewusstsein entlassen, die Bitte bzw. Frage für die Meditation ebenso wie die Worte der Opferung, und ganz frei werden von Gedanken und Emotionen. So kann man eintreten in die Stille.

3. Stufe: Die Stille

Nun werde man ganz frei von Gedanken und Emotionen und verweile in der Stille. Dies ist für den Ungeübten meist nicht ganz einfach. Man mag dabei erfahren, wie man eigentlich ständig von Gedanken umgeben ist, sodass das Freiwerden davon einiges Üben erfordert. Schließlich aber wird dies gelingen.

In dieser Stille verweile man etwa sieben Minuten, wobei man sich aber nicht allzu strikt an diese äußere Zeitangabe halten muss. Mit der Zeit nimmt man dies selbst wahr, wie die Phase der Stille nun zu Ende geht, sodass man dann wieder die gewohnte rationale Ebene erreicht. Gerade zu Beginn ist es aber sehr hilfreich, sich an diese Zeitangabe zu halten.

Rückkehr

Man bedankt sich am Ende geistig mit eigenen Worten für die Erfahrungen und kehrt dann wieder bewusst zur irdischen Ebene zurück. Die Gedanken haben sich wieder wie gewohnt eingestellt, und man sollte sich nun die gemachten Erfahrungen notieren.

Es geht nun als nächstes darum, die Erfahrungen richtig zu analysieren, wozu man seine Intuition zu Rate ziehen sollte, um herauszufinden, wie man das Ergebnis in der rechten, sinnvollen Weise umsetzen könnte. Oft geschieht es, dass innere Bilder erst richtig verstanden werden müssen. Bei intuitiver Betrachtung nach einer Meditation kann man häufig feststellen, dass die wirkliche Bedeutung ganz anders sein kann, als man dies bei erster äußerer Betrachtung vermutete. Hier ist es hilfreich, wenn man sich auch im rechten eigenen Deuten von Traumbildern übt, da die Antworten aus Meditationen ähnlich sind.

Mit dankbaren Worten beendet man die Meditationsstunde wieder, löscht die Kerze mit einem Kerzenlöscher und kehrt wieder zu seinem Tagesgeschehen zurück.

Antworten aus einer Meditation sind immer hilfreich und aufbauend. Niemals schädigen sie auf irgendeine Weise, und schon gar nicht andere. Ganz im Gegenteil: Der Kosmos, jene hohe geistigen Ebene, mit dem unser inneres Wesen verbunden ist, reagiert stets mit aufbauenden, stärkenden Einflüssen, die auch für das Allgemeinwohl aufbauend hilfreich sind. Etwas anderes kennt der Kosmos nicht.

Sollte man dennoch ein anderes Empfinden nach einer Meditation haben, kann man davon ausgehen, nicht richtig in die Stille gelangt und somit nicht in die Nähe dieser kosmischen aufbauenden Einflüsse gelangt zu sein, da man sich vielleicht zu sehr von eigenen Ängsten hat leiten lassen, die gerne falsche bzw. verzerrte Bilder bewirken können. Auch um dies zu verhindern, sind die oben beschriebenen Stufen von so großer Bedeutung.

Die Antworten aus der Meditation sollte man sich stets notieren. Daher sollte man es sich zur Gewohnheit machen, Notizzeug bei sich zu haben und dieses vor und nach der Meditation zur Hand zu nehmen. Dabei bleibe man in entspannter Haltung und achte bei den Notizen darauf, was die Intuition übermittelt. Erfahrungen aus der Meditation können auch noch später einströmen, wenn wir vielleicht bereits zu unseren gewohnten Tätigkeiten zurückgekehrt sind.

Sieben hilfreiche Dinge für eine sinnvolle Meditation:

1. *Für einen vorher gelüfteten, angenehmen Raum sorgen, in dem man für eine Weile ungestört sein kann.*
2. *Ein Tischchen mit einer angenehmen dunklen Decke*.*
3. *Eine weiße Kerze* in der Mitte.*
4. *Davor, wenn möglich, ein kleines Räuchergefäß* mit Räucherwerk*. (Traditionell dazu verwendeter Weihrauch kann über den AMORC-Shop bezogen werden.)*
5. *Streichhölzer, Mittlerkerze* und Kerzenlöscher* sind hilfreich.*
6. *1 kleines Glas frisches Wasser (ohne Kohlensäure).*
7. *Notizzeug.*

Musik: Musik kann für die Vorbereitung zur Meditation hilfreich sein. Doch kommt es darauf an, gute Musik, die als Meditationsmusik* geeignet ist, auszuwählen. Wo auf dem Cover „Meditationsmusik" steht, muss noch nicht gute Musik drin sein. Gerne werden nur verkaufsträchtige Schlagworte gewählt, die aber noch keine gute Qualität bedeuten müssen. Generell gilt, dass zur Meditations-Vorbereitung geeignete Musik nicht dominant sein darf; eher wie ein feiner Teppich, der das Bewusstsein zu heben vermag und nicht festhält.

Vor dem Höhepunkt der Meditation aber, beim Eintritt in die Stille, sollte die Musik schweigen, um leichter den Zugang in die Stille zu finden. Am Ende, wenn wir wieder aus der Stille zurückgekehrt sind und zum Notieren unserer Erfahrungen übergehen, kann die Musik wieder einsetzen.

Die mit einem * gekennzeichneten Gegenstände können über www.amorc-shop.de bezogen werden.

AMORC - Die Rosenkreuzer
ist eine philosophisch-mystische Vereinigung, die sich zum Ziel gesetzt hat, die höheren Gesetze der Natur und des Kosmos zu erforschen. Es geht dabei um eine praktische Lebensphilosophie. Viele suchende Menschen gehen diesen Weg - heute wie vor Hunderten von Jahren. Rosenkreuzer, die den Einweihungsweg des AMORC beschreiten, findet man in allen Altersstufen, in allen beruflichen und gesellschaftlichen Schichten. Menschen auf dem Weg des AMORC haben die unterschiedlichsten Weltanschauungen und finden sich in den verschiedensten Religionen oder gehören keiner Religion an, was allein der Entscheidung des Einzelnen obliegt.

Besuchen Sie unsere Website oder nehmen Kontakt zu einer unserer folgenden Städtegruppen auf:

AACHEN
AUGSBURG
BADEN-BADEN
BASEL (Schweiz)
BERLIN
BERN (Schweiz)
BIELEFELD
BONN
BRAUNSCHWEIG
BREMEN
DORTMUND
DRESDEN
DÜSSELDORF
DUISBURG
ESSEN
FRANKFURT-HÖCHST
FREIBURG
GRAZ (Österreich)
HAMBURG
HANNOVER
HEIDELBERG
HEILBRONN
KARLSRUHE
KIEL
KLAGENFURT (Österreich)
KÖLN
LEIPZIG
LINZ (Österreich)
MÜNCHEN
MÜNSTER
NEUSTADT/WEINSTRASSE
NÜRNBERG/FÜRTH
OSNABRÜCK
REGENSBURG
SAARBRÜCKEN
SALZBURG (Österreich)
SCHÜTTORF
STUTTGART
ULM / NEU-ULM
VORARLBERG (Österreich)
WESTERWALD / EHLSCHEID
WIEN (Österreich)
WÜRZBURG
WUPPERTAL
ZÜRICH (Schweiz)

www.amorc.de